KB003159

울산대학교병원노동조합 30년사

울산대학교병원노동조합 30년사

초판 1쇄 발행 2018년 6월 10일

발주 민주노총 전국공공운수노동조합 의료연대본부 울산대학교병원분회
기획·집필 울산대학교병원노동조합 30년사 편찬위원회
대표 집필 이장우

표지 디자인 김선태_토가디자인
본문 디자인 양돌규
인 쇄 디자인단비

펴낸 곳 한내 http://hannae.org
등 록 2009년 3월 23일(제318-2009-000042호)
주 소 서울특별시 마포구 신촌로 14안길 17, 2층(노고산동 56-8, 2층)
전 화 02-2038-2100
팩 스 02-2038-2107

ISBN 979-11-85009-19-3 93330
값 28,000원

이 도서의 국립중앙도서관 출판시도서목록(CIP)은 서지정보유통지원시스템 홈페이
지(http://seoji.nl.go.kr)와 국가자료공동목록시스템(http://www.nl.go.kr/kolisnet)에서 이
용하실 수 있습니다. (CIP제어번호 : CIP2018014302)

울산대학교병원노동조합 30년사

울산대학교병원노동조합 30년사 편찬위원회
대표 집필 이장우

한내

지난 30년처럼 앞으로 30년을 향하여

우리 노동조합은 87년 노동자대투쟁 속에서 태어났습니다.

1987년 7, 8, 9월로 이어지는 노동자들의 거대한 투쟁은 인간선언임과 동시에 자신을 지키는 노동조합이란 성벽을 쌓는 절호의 기회였습니다. 울산대학교병원노동조합의 전신인 해성병원노동조합은 그러한 투쟁의 역사 속에서 출범하였습니다.

노동자와 노동조합의 투쟁사는 그간 여럿 편찬되었습니다. 하지만 그 가운데서 우리 노동조합의 기록을 찾기는 쉽지 않습니다. 지난 2년 동안, 선배 조합원의 기억과 산재해 있는 자료들을 찾고 모아 우리들의 30년 역사를 복원하였습니다. 비록 글과 사진이지만 선배 조합원들과 우리들의 치열했던 기록들을 살펴봐 주십시오.

그리고 우리가 함께 지켜온 민주노조의 정신, 낮은 곳으로 흐르는 물처럼 약자와 연대하고, 평등의 길로 나아가는 노동조합의 정신을 지켜 나갑시다.

지난 30년처럼 앞으로 30년을 향하여….

민주노총 전국공공운수노동조합 의료연대본부
울산대학교병원분회 분회장 김태우

30년을 기념하면서

1987년 노동자대투쟁의 길목에서 울대병원노조를 결성한지 어언 30년, 역사 속에 울산대학교병원노동조합이 보건의료노조운동의 주체로 우뚝 설 수 있었다는 건 민주노조를 지키고 발전시키고자 한 후배들의 열정적인 노력이 있었기 때문이 아니었나 생각합니다.

30대에 노조를 결성하고 이제는 촌노라는 닉네임을 갖고 살아가는 제게 울대병원노조 30주년 역사를 기념하고 기록하기 위해 인터뷰를 청할 때 가슴 뭉클함을 느끼는 건 비단 저뿐만 아니라 그때 함께한 모든 동지들의 감정일 것입니다.

그동안 지나온 시간 만큼 앞으로도 조합원들의 구체적 요구를 담아낼 수 있는 힘 있는 노동조합이 되길 바랍니다.

해성병원노동조합 초대위원장 송영대

'노동조합이 거저 만들어진 것이 아니다.'라는 것을 알아주었으면 좋겠습니다. 30년 전과 지금은 조합원의 요구사항도 달라졌습니다. 우리가 품었던 기본 뜻은 똑같습니다. '노동자 처우 개선' 그걸 잘 이어 나갔으면 좋겠습니다. 30~40년 이어 나갔으면 하는 바람이고 그렇게 된다면 더 이상 바랄 게 없습니다.

7인 대책위원회, 1대 부위원장 윤태술

벌써 노동조합 창립 30년이라니 진심으로 축하드립니다. 30년, 나이 30이면 "입지(立志)" 뜻을 세우는 나이라고 하는데 그동안 갖은 탄압에도 불구하고 흔들림 없이 노동조합을 지켜 온 선배 노동자와 울산대병원노조분회 집행부에 감사와 존경의 말씀을 올립니다. 90년 병원을 입사하여 92년부터 노동조합 풍물패와 총무차장 대의원과 3대 사무국장을 거치고 5대 조직부장으로서 복지와 권익 향상을 위해 세 번의 파업을 치렀습니다. 노동조합은 소금과 같은 존재여야 한다고 봅니다. 항상 정도를 가며 병원 노동자들의 권익과 복지를 추구하면서 우리 삶의 터전인 병원이 공익을 실현하는데 이바지할 수 있도록 노력하고 투쟁하여야 한다고 봅니다. 앞으로 미래 100년을 설계하는 노동조합이 되길 바랍니다.

3대 사무장 김태욱

노동조합이 사는 길은 단 하나입니다. 노동자의 단결과 투쟁입니다.

4대 사무장, 8대 부위원장 윤태희

해성병원, 울산대학교병원노동조합 30년은 우리가 당당한 노동자로 바로 서기 위한 투쟁을 단 한순간도 멈추지 않았던 도전과 응전의 시간이었습니다.

6대 지부장, 11대 분회장 이장우

노동조합 30년! 그간의 조합원 수만큼의 수많은 희로애락의 역사를 담은 울산대학교병원분회 30년사 발간을 축하합니다.

6대 부지부장, 7대 사무장 주재명

노동조합 30년사 출간 축하합니다. 앞으로도 조합원들이 중심이 되는 노동조합으로 발전하기를 기대합니다.

10대 분회장 한성기

우리 노동조합 30년은 조합원의 조합원에 의한 조합원을 위한 역사였습니다. 그 30년 역사 한 모퉁이에 함께할 수 있어 영광입니다. 울산대학교병원 민주노동조합으로 영원하기를 염원합니다.

11대 사무장 강연주

지난 30년 민주노조를 지켜온 만큼 더 발전적인 민주노조로 영원히 이어지길 간절히 바랍니다.

11대 부분회장 박창원

울산대학교병원노동조합 30년사에 함께할 수 있어서 제게는 너무나 큰 영광입니다.

2014년 처음 문화부장을 맡으며 조직부장, 부분회장까지 노동조합 간부로서 짧은 시간을 보냈지만, 선배님들이 열정과 노력이 담긴 30년 세월의 단체협약을 보면서 얼마나 대단한지를 보았습니다. 선배님들의 신념과 정신을 이어 받아 울산대학교병원노동조합이 병원을 견제하고 노동자가 세상의 중심이 될 수 있는 디딤돌이 되겠습니다.

12대 부분회장 김재선

노동조합의 역사 함께 만들어 갑시다

공공운수노조 의료연대본부 울산대학교병원분회 조합원 동지 여러분 반갑습니다. 민주노총 지도위원이자 가까운 현대중공업 해고자인 이갑용입니다.

울산대학교병원분회 30년사 발간은 역사를 기록하는 일인 동시에 앞으로의 미래를 준비하는 일입니다. 저는 지난 30년간 울산대병원 노동조합의 투쟁에 가까이 있으면서 초대 송영대 위원장님부터 지금의 김태우 분회장님까지 역대 위원장님과 간부들 대부분을 알고 함께 활동해왔습니다. 이 덕분에 노동조합 30년사 편찬위원회 위원장이란 중요하고 영광스런 직함을 받았습니다. 30년사 기록을 위해 여러 동지들의 기억을 모으고 자료를 정리하기 위해 뛰어주신 동지들에게 고맙고 수고하셨다는 인사를 전합니다.

울산대병원 노동조합의 조합원이라면 30년의 노동운동 기록 속에 나의 위치는 어디쯤에 있는지 관심을 가지고 보실 것입니다. 입사가 늦어 이 기록에 속해 있지 않은 노동자라 할지라도 노동조합이 지금까지 어떤 일을 해 왔는지 돌아 볼 수 있는 소중한 자료가 될 것입니다.

과거 일제의 압박에 변절한 친일파들은 독립이 되지 않을 것이라 확신하고 친일을 했다고 합니다. 그러나 끝내 독립은 이루어졌습니다. 쿠데타로 집권한 박정희의 권력, 그 딸인 박근혜의 무개념, 몰상식의 권력, 모두 그것을 끝장내고자 하는 민중들의 힘에 의해 무너졌습니다. 썩은 권력을 무너트리는 힘은 노동자들의 집단적인 단결이 없었다면 생기지 못할 힘이었습니다. 세상을 밝히고 새롭게 만드는 힘의 근원인 노동조합에서 서로를 격려하고 함께 손잡고 한다면 못할 일, 안 되는 일은 없습니다.

노동조합이 없었던 1987년, 지금은 영화로 만들어진 그때를 기억하는 노동자들이 하나 둘씩 퇴직으로 이직으로 떠나 이제 그 기억들은 기록으로만 남았습니다. 피땀으로 지키고자 했던 노동조합을 어떻게 발전시켜 가야 할지는 현재의 집행부와 활동가들 그리고 조합원들의 몫이라 생각합니다. 이제 여기에 지난 30년의 기억을 남겼습니다. 앞으로 진행되는 노동조합의 역사는 우리 모두가 주인공입니다. 함께 만들어 갑시다.

울산대학교병원노동조합 30년사 편찬위원회 위원장 이갑용

울산대학교병원노동조합 30년사 편찬위원회
이갑용, 이장우, 윤태희, 주재명, 박창원, 박창모, 최현주, 손인숙, 김남일

차 례

1부 노동조합을 건설하다(1987)

1부 노동조합을 건설하다(1987)

1. 1987년 노동자대투쟁

1) 1987년 이전 한국의 노동자

조선시대 후기 한반도에서도 자생적인 근대화의 싹이 터가면서 근대적 의미의 노동자가 탄생했다. 조선이 일본제국주의의 식민지로 전락한 이후에는 그러한 현상이 더욱 가속화되었다. 일제시대 한국의 노동자들은 점차 조직의 틀을 갖춰가며 한편으로는 노동 착취와 빈곤에 맞서 싸우고 다른 한편으로는 일본제국주의와 맞서면서 발전해 갔다. 1929년 원산총파업과 1930년대 혁명적 노동조합운동은 이들 노동자의 어깨 위에 노동해방과 민족해방이라는 두 가직 과제가 짊어져 있었음을 잘 보여준다.

1945년 일제로부터 해방된 이후 한국의 노동자는 일제시대 노동운동의 조직적 성과 위에서 11월 조선노동조합전국평의회(전평)를 창립한다. 광산, 금속, 철도, 교통 등 산업별 조직과 지역별 조직을 바탕으로 1194개의 지부, 총 50만 명의 조합원을 거느린 최대 조직이었다. 그러나 미군정과 우익 세력은 전평을 좌익공산세력으로 몰아 탄압하고 1947년 불법화시켰다. 또 우익 세력은 전평에 대립하는 조직으로 대한독립촉성노동총연맹(대한노총)을 세웠다. 대한노총은 1960년대부터 한국노동조합총연맹(한국노총)으로 이름을 바꿨다. 한국노총은 친 정부, 친 자본 어용노총으로 노동자들을 대변하기보다는 상층 권력 다툼에만 급급했고 때로는 노동자 투쟁을 앞장서 봉쇄하고 탄압하기까지 했다.

급속한 산업화가 이루어지던 1970년대 노동자들은 인권이 유린된 산업현장에서 극도로 착취 당했고 열악한 노동조건 하에서 신음했다. 이러한 현실에 여성노동자들의 투쟁이 파열구를 냈고 노동운동을 선도했다. 이 시기 여성들은 국가의 경제성장의 밑거름으로, 가정에선 살림의 밑거름으로 희생을 강요 받았다. 1970년 평화시장의 재단사 전태일의 분신으로 시작된 민주노조운동의 부활은 박정희 군사독재를 무너뜨리고 민주화를 끌어올리는 마중물이 되었다.

독재자 박정희가 부하의 총에 제거된 10·26 이후 한국은 민주화의 봄이 오는가 싶었지만, 전두환 신군부의 1980년 광주항쟁 진압으로 역사는 거꾸로 흘러갔다. 그러나 역사를 뒤로 돌리기에는 민주주의에 대한 민중의 열망이 너무도 컸다. 1987년 1월, 민주화 운동의 시발점이 된 박종철 열사 고문치사 사건이 불씨를 당겼고, 이후 전국을 휩쓴 독재 타도의 외침은 6월 항쟁의 불길로 타올라 마침내 군부의 6·29 선언을 이끌어냈다.

민주화투쟁 가운데서 노동조합도 부활했다. 민중항쟁은 정권의 무자비한 탄압의 칼날을 무디게 만들었고 민주화의 바람은 노동자들에게로 번져갔다. 인간답게 살고자 했던 노동자들은 1987년 7월 도시마다 이글거리는 거리로 뛰쳐나왔다.

2) 1987년, 울산을 휘감은 민주화 바람

1987년 6월, 울산에서도 '박종철 군 고문치사 조작·은폐 규탄 및 호헌철폐 국민대회'가 열렸다. 시내에 모인 사람들은 독재타도를 외쳤다. 외곽에서 시작한 태극기 물결이 당시 번화가인 옥교동으로 모여들어 장관을 이뤘다. 대부분의 사람들이 생전 처음 집회에 나온 사람들이었

1987년 6월 민주항쟁

다. 시위 참여자들이 최루탄을 맞고 울면서 상가로 몸을 피하면 상인들이 물도 주고 음료수도 주며 시위대를 격려했다. 밤늦도록 흩어졌다 모이기를 반복했다.

　시내에서 가두 행진과 집회가 열린다는 소식은 금세 알려졌다. 현대그룹은 전 직원 야간 근무 명령을 내렸다. 특별한 사유가 있어야만 정시에 퇴근할 수 있었다. 언론에서는 연일 민주화 운동에 대한 소식이 나오고 세상이 뒤숭숭하니, 현대그룹은 특히 젊은 노동자들이 민주화 운동에 참여하지 못하게 막았다. 노동자들은 개인 휴가를 내거나 퇴근 후에 집회로 나왔다. 역사모임, 독서모임 등 소규모 동아리 모임을 중심으로 집회에 참가하는 사람들도 있었지만 개인적인 분노와 울분으로 참여한 노동자들도 있었다. 집회에 나온 노동자들은 최루탄을 맞으며 경찰에게서 도망 다니다 숙소로 돌아와 동료에게 무용담을 전하기도 했다. 그러나 듣기만 할 뿐 함께 나갈 생각을 하는 사람은 많지 않았다. TV를 통해 요즘 시국이 어찌 돌아가는지 알고 있었고 궁금해 하면서도 그게 자신의 일이라 생각하지 않았다. 시내 집회에서 작업복 입은 노동자들 모습을 보기가 어려웠다.

자본가들은 왜 노동자가 정치 집회를 못 나가게 막았던 것일까? 독재 정권이 기업마다 지시했을까? 사회의 민주화와 공장의 질서는 어떤 관계가 있었을까? 여기에 대한 답은 1987년 노동자대투쟁을 통해 깨우치게 되었다.

공장 담 너머 바깥 세상에서 끓어오르던 투쟁과 열정과 생명의 아우성들은 아무리 막으려 해도 막을 수 없는 바람처럼 미포만 현대조선소의 담장을 조용히 타 넘고 있었다. 그것은 조용하지만 아주 뜨겁고 강렬한 바람이었다.

3) 남목고개를 뒤덮은 동구 노동자의 함성

1987년 민주화 바람이 불면서 얼어 있던 노동 현장이 움직이기 시작했다. 특히 노동자들이 수만 명씩 모여 일하는 울산은 그 움직임이 심상치 않았다. 동구에 위치한 현대중공업은 100만 평이 넘는 큰 공장 안에 엔진, 조선, 목재, 중장비, 플랜트, 해양, 철탑, 중전기, 로봇 등 여러 개의 사업부와 사업장이 모여 있었다. 2만 명이 넘는 대형 사업장 현대중공업을 중심으로 2,000명부터 100명까지 크고 작은 사업장이 동구에 어우러져 있었다. 현대중공업 정문을 나서면 바로 앞에 현대백화점, 현대호텔, 해성병원 등 현대그룹 사업장들이 있었고, 조금 더 나가면 현대미포조선, 한국프랜지, 고려화학, 현대자동차. 현대강관, 현대정공 등 현대그룹 계열사가 있었다.

1987년 8월 18일, 노동자들이 남목고개를 넘어 염포로를 행진하고 있다.

　노동조합 결성의 첫 방아쇠는 울산 동구의 현대엔진에서 당겨졌다. 노동조합 결성은 들불처럼 전국적으로 번져 나갔다. 사업장별 사용자의 탄압이 있었지만 노동자들의 열망을 막을 수는 없었다. 1987년 7월부터 숨 가쁘게 일어난 노동조합 결성은 노동자의 삶에 새로운 길을 제시했다. 시작은 두발 자유, 임금인상, 노동시간 단축, 휴게시간 확대 요구였다. 노동조합이 생기기 전에 노동자들은 15분 만에 식사를 해결해야 했다. 현대중공업노동조합 개편대책위원회가 처음으로 한 요구는 임금인상이 아니라 '두발 자유'였다. 공장 문 앞에서 경비들이 일명 바리깡을 들고 두발 단속을 했다. 그래도 되는 시절이었다. 1980년까지 노동자의 삶은 인간의 삶과 멀리 있었다.

　각 사업장마다 노동조합을 결성했다. 두발 단속, 복장 단속, 15분 만의 점심식사, 관리자들의 폭언이 사라졌다. 그러나 단위 사업장만의 투

1987년 울산 노동자대투쟁 주요 일지

7월 5일 현대엔진노동조합 결성

7월 15일 현대미포조선노동조합 결성

7월 16일 현대미포조선노동조합 설립신고 서류 사측이 탈취

7월 21일 현대중공업 노사협의회 출신 중심 어용노조 결성(8월14일 이형
　　　　건 민주집행부 출범)

7월 24일 현대자동차 일과 중 노사협의회 출신 관리자 중심으로 어용노조
　　　　결성. 시청 신고서 접수. 같은 날 저녁 이상범 씨 등 48명이 노조
　　　　결성

7월 25일 현대자동차 어용노조규탄 파업, 민주노조 집행부(위원장 이상
　　　　범) 및 대책위원 선출

7월 26일 현대중전기노동조합 결성

7월 28일 현대중공업 노동자 어용노조 퇴진 파업농성 4일간 계속

7월 31일 현대정공노동조합(울산, 창원) 결성

8월 1일 현대종합목재노동조합 결성

8월 3일 현대알루미늄노동조합 결성

8월 5일 고려화학노동조합 결성

8월 5일 현대강관노동조합 결성

8월 7일 금강개발노동조합 결성

8월 7일 한국프랜지노동조합 결성

8월 7일 해성병원노동조합 결성

8월 8일 현대그룹노동조합협의회(현노협) 결성

8월 13일 현대엘리베이트노동조합 결성

8월 14일 현대전자노동조합결성

8월 17일 현노협 주도 거리 시위, 4만 노동자 남목 삼거리에서 회군
8월 17일 고려산업개발노동조합 결성
8월 18일 5만 노동자 시내 공설운동장까지 진출, 한진희 노동부 차관 교섭
8월 20일 현대중기노동조합 결성
9월 1일 현대자동차서비스노동조합 결성
9월 2일 2만 현노협 노동자 울산시청까지 행진
9월 4일 새벽 5시 현대중공업 공권력 투입. 83명의 노조간부 연행

쟁으로는 인간다운 삶을 쟁취하는 데 한계가 크다는 것을 노동자들은 금방 깨달았다. 자유로이 민주노조들은 단결했다. 업종연대를 만들고, 지역연대와 기업별 연대를 만들었다. 함께하는 투쟁의 위력은 대단했다. 8월 18일 현대중공업을 비롯한 현대그룹노동조합협의회(현노협) 소속 사업장 5만 노동자들이 공장의 장비들을 이끌고 경찰의 저지선을 넘어 15km를 걸어 울산 시내 공설운동장까지 진출하였다. 덤프트럭, 지게차와 같은 중장비들이 노동에서 투쟁의 무기로 바뀌어 노동자들에게 강력한 힘을 주었다. 그날의 현장은 1987년 노동자대투쟁의 상징이 되었다. 정권과 자본은 노동자들의 거대한 물결에 기겁을 해 민주노조를 인정할 수밖에 없었다. 노동조합을 건설한 지 한 달도 되지 않은 상황에서 일어난 노동자 대행진은 민주노조 운동사에 길이 남을 이정표가 되었다.

이후로 현대중공업노동조합은 1989년 128일간의 투쟁과 1990년 골리앗 투쟁을 전개했는데 이는 파업이 노동자들의 학교이고 세상을 이해하는 가장 빠른 길이라는 것을 가르쳐주었다.

자본은 투쟁하는 노동자들에게 식칼테러, 회유, 협박에 납치까지 온 갖 수단을 동원해 노동조합을 포기하라고 강요했다. 이런 만행에 당하지 않은 노동자가 없었다. 수만 명의 공권력을 동원한 육해공 삼면으로 치고 들어오는 진압 작전, 길거리에 깔린 최루액과 뿌연 가스, 숙소에 난입한 경찰에 의한 연행과 구속, 공포와 아픈 기억들은 동구 노동자들과 가족들의 가슴에 깊이 새겨졌다.

아프고 힘든 기억들 속에 '노동자는 하나'라 외치며 연대했던 동지들, 농민들이 보내준 쌀, 학생들이 용돈을 모아 보내준 투쟁 격려금처럼 수도 없이 많은 연대와 사랑도 경험했다. 해고자와 구속자들, 열사들의 모습들은 하나하나가 잊히지 않는 기억들이다.

1987년 이후, 노동조합이 생기기 전에는 상상도 하지 못한 일들이 이루어졌다. 가장 큰 변화는 임금 인상이었다. 1987년 이전에는 10년 동안의 임금 인상폭이 20%를 넘지 않았다. 노동조합이 생긴 해의 임금 인상 폭은 이전 10년치의 임금 인상폭보다 더 컸다. 1990년 초까지 해마다 임금이 올랐다. 원자재 값이 떨어진 것도 아니고, 노동조합을 만들고 2년 만에 임금이 2배가 됐다. 성과금의 차등지급과 임금인상의 차등을 없애니 노동자들 사이에 동지애가 생기고 경쟁은 없어졌다. 단체협약을 맺으면서 각종 혜택도 누릴 수 있게 되었다. 다쳐도 공상처리가 최고인 줄 알던 시절, 산재를 인정받아 보상을 받고 쉴 수 있는 권리를 찾았고, 공장 내 각종 편의 시설을 갖추어 인간다운 삶을 누릴 수 있게 되었다. 이런 일이 가능하게 된 것은 노동조합을 만들어 분배 구조를 바꿀 수 있었기 때문이다.

2. 현대조선소와 해성병원

1973년 12월 울산 동구 방어진 미포만에 현대조선중공업주식회사가 설립되었다. 대형선박을 건조하는 현대조선중공업에는 필연적으로 노동자가 다치는 사고가 발생했다. 조선소 설립과 함께 부설병원 개설이 결정됐다. 조선소가 설립되고 1년이 지난 1974년 10월, 해성병원 설립 위원회가 발족했다. 1975년 10월 현대조선 부속병원 해성병원이 9개과 120병상으로 개원했다가 1976년 3월 종합병원으로 승격됐다. 해성병원은 울산 동구 주민들의 유일한 종합병원이었지만 본래 역할은 현대조선소 노동자들의 건강관리와 산업재해에 대응하는 것이었다.

현대조선중공업 부속병원인 해성병원은 1979년 현대중공업 부속병원 해성병원으로 변경되었고 1982년에는 지금의 본관 건물을 신축하여 19개과 523병상 규모로 확대되었다. 1987년 7월 현대중공업에서 아산재단이 병원을 인수하여 아산재단 소속 해성병원이 되었다. 아산재단은 1977년 7월 현대그룹 정주영 명예회장이 설립한 공익재단으로 의료사업을 비롯한 복지사업을 하는 사회복지재단이었다. 전국에 8개 병원을 설립했고 1987년 7월에 해성병원을 인수했다.

해성병원은 현대그룹의 필요에 따라 소속과 이름이 몇 차례 바뀌었다. 병원 소속은 현대조선소와 중공업의 회사 분할이나 합병에 따라 변화되었고 사회복지재단과 학교재단으로 변하였다. 1997년에는 울산대학교 의과대학 필요에 따라 아산재단 해성병원에서 울산공업학원 울산대학교병원으로 소속을 변경하였다. 울산대학교병원은 조선소 노동자의 산업재해를 주로 담당하는 병원에서 지역주민 건강까지 책임지는 종합병원으로 성장하였고 현재는 연구와 인재육성을 위한 교육기관의 역할까지 하게 되었다.

해성병원의 소속이 몇 차례 바뀌는 동안 실질적인 운영은 현대중공업이 해왔다. 해성병원에서 총무·인사·재정 관리는 현대중공업에서 배치된 관리자가 운영했다. 초기에는 현대조선소의 계장을 진급시켜 병원에 관리과장이나 경리과장으로 보내다가 나중에는 차장이나 부장을 보내는 등 낙하산 식으로 관리자들이 임명되었다. 1979년 2월에는 2대 병원장으로 약사 자격을 가진 수녀가 취임했다. 간호 업무나 검사 업무에는 수녀들이 많이 근무했는데 이는 정주영 회장이 천주교 지역교구와 연계해 병원을 운영하고자 하는 의지가 있었기 때문이었다.

3. 열악한 환경의 병원 노동자들

1) 임금체계도 없었다

1980년대에 해성병원에 입사하는 방식은 공개채용보다는 아는 사람의 소개로 들어오는 일이 흔했다. 임금에 대한 기준은 있었지만, 그 기준을 적용하거나 임금을 책정하는 것은 관리자의 마음먹기에 달렸다. '경력을 얼마나 인정할 것인가, 임금을 얼마나 올려줄 것인가'는 관리자들의 마음에 따라 개별로 결정됐다. 지원자가 많으면 기본급을 낮게 부르기도 하고 지원자가 적으면 기본급을 올려 부르기도 했다.

그러다 보니 서로의 임금을 이야기하지 않는 분위기가 만연했다. 동기여도 임금이 다르기도 했다.

당시 해성병원을 실질적으로 운영하던 현대중공업의 임금체계도 관리자들이 주도하는 개인별 성과급제로 되어 있었다. 그러한 영향으로 현대중공업의 지배권 아래 있는 주변 사업장에서도 불합리한 임금체계가 자연스럽게 허용되고 있었다. 대부분의 노동자들은 불합리한 임금체계와 열악한 저임금 문제에 대해 체념했다. 상대적으로 높은 임금을 받는 사람을 보면 '끗발 있는 사람이 뒤를 봐 주는구나'라고 생각하며 크게 문제시하지 않았다. 하지만 한편에서는 불합리한 임금체계에 대한 불만을 제기하며 임금을 더 많이 받기 위한 충성 경쟁을 하기도 하고 임금인상을 개별적으로 요구하기도 했다. 1978년도 입사한 권기호 씨는 임금인상을 개별로 요구하였다.

나 같은 경우도 처음에 78년도 왔을 때 12만 원을 받기로 하고 입사했는데 첫 달 봉급을 받으니까 8만 원이 안 돼. '이거 받을 거면 나 여기 안 다닌다고' 했더니 나중엔 봉투를 따로 받고. 그때만 해도 일 년에 2번 봉급이 올랐거든. 3

월, 9월. 내가 4월에 입사했으니 9월에 올려주겠다고 하더라고. 12만 2천 4백 원을 받았다가 9월에 가서 19만 5천 4백 원 받았어. 내가 임금 때문에 나간다고 하면서 20만 원을 요구했는데 치과 송과장이 조금 양보해서 19만 5천 4백 원으로 합의하자고 했지. 중간에 올린 거라서 수당으로 나왔어. 그 이듬해 3월에 가서 전부 봉급으로 인정해줬지.

치과기공사 권기호 씨 인터뷰

당시 일반 직원의 월급은 10만 원을 겨우 넘겼다. 임금인상은 아예 생각도 하지 못했다. 그러다 보니 인력이 항상 부족한 부서의 직원들은 퇴사를 하겠다는 말로 관리자들을 압박해 개별로 임금을 인상하기도 하였고, 시시때때로 추가수당을 요구해 지급받다가 정기 인상 시기에 전부 기본급으로 전환 받는 일도 있었다. 그러나 이런 일들은 특정 전문 자격을 가진 직원에 한해서였다. 대다수의 직원들은 임금인상 요구를 꿈도 꾸지 못했다. 매년 경영진에서 정해주는 임금을 받아들여야 했다. 현대중공업의 임금체계와 수준을 참고한 해성병원의 임금은 당시 다른 대학병원과는 비교도 할 수 없을 정도로 열악했다.

2) 부족한 수당과 복지시설

임금에 기준이 없으니 수당이 제대로 나올 리 없었다. 저녁에 연장노동을 하면 500원을 주었고 밤새 연장노동을 해도 직종과 연차에 따라 당직비라는 이름으로 하루에 1,500원에서 최고 2,500원 정도가 지급되었다. 휴일근무도 마찬가지로 초과수당이 아닌, 당직비로 퉁쳐 지급됐다. 그러다보니 연차가 낮은 직원들이 당직을 도맡아 하는 것이 관행처럼 자리 잡았다.

병원에서 시행하는 체육대회나 행사·교육, 봉사활동을 근무로 인정하지 않는 것은 당연한 것이었다. 그러나 참여는 의무였다. 일부 관리자는 주말마다 직원들을 산으로 불러 등산을 함께했고 주말 행사 참석률을 인사고과에 반영하기도 했다. 회사가 제공하는 복지라곤 직원식당과 기숙사가 다였다. 그나마 직원들의 기숙사가 있었던 것은 울산 방어진이라는 변두리 지역병원에서 직원들을 구하기 위해서 반드시 갖추어야 할 시설이었기 때문이었다. 특히나 3교대 근무자는 시내 중심지에서 버스를 타고 1시간이나 걸리는 동구까지 출퇴근하기가 힘들었다.

3) 병원 내 권위주의로 고통 받는 직원들

현대중공업 관리자들은 해성병원을 현대중공업의 하청회사 정도로 생각하며 병원 직원들에게 스스럼없이 갑질을 하곤 했다. 병원진료를 볼 때에도 원무 직원들과 간호사에게 병원비를 깎아 달라고 하거나 자신의 마음에 들지 않으면 '책임자 나와'라는 말과 함께 폭언을 퍼부었다. 병실에서도 '내가 중공업 과장인데!', '부장인데!' 하면서 부당한 요구들을 늘어놓기 일쑤였다. 중공업 관리자를 병문안 온 보호자들이 병동에서 담배를 피우거나 술을 마시는 일도 다반사였다. 간호사들의 만류에도 좀처럼 개선되지 않았다. 중공업 고위 관리자들의 새치기 진료는 일반적인 일이었다.

환자의 건강과 안정을 책임져야 하는 병원에서 하루가 멀다 하고 난동을 피우는 사람들도 있었다. 만취한 사람들이 응급실로 실려와 술주정을 하거나 동네 폭력배들끼리 싸움이 나서 응급실에 왔다가 응급실에서 싸움이 이어지는 경우도 있었다. 조직 폭력배들은 자신들을 빨리 치료해주지 않는다며 시비를 걸거나 의료진을 폭행하기도 했다. 이런 문제들을 수습하는 것은 간호사와 안내 부서 직원의 몫이었고 그 과정에서 폭력에 노출됐다. 난동을 제압하다 다치는 직원에게 산재는커녕 공상 처리도 쉽지 않았다. 보호자와 환자들의 폭언 앞에도 관리자들은 피해 직원들을 보호하지 않고 보호자에게 무조건 사과할 것을 강요했다.

직원 사이에 갑질도 만연했다. 의사들은 간호사를 비롯한 일반 직원들을 하대하거나 업무 관계는 물론이고 개인적인 일까지 권위적으로 지시하곤 했다. 특히 의사들은 간호사들을 비롯한 직원, 심지어 환자와 보호자에게까지 폭언을 내뱉었다. 의사 직종 내에 만연한 폭언·폭행 문화와 위계 문화가 밖으로 표출된 것이었다. 이런 위계 문화는 간호사 조직 내부에도 뿌리내렸다. 간호사들이 머리에 착용하는 캡은 표시된 줄의 숫자에 따라 계급을 나타냈다. 간호사 조직은 군대 같다는 평가를 받을 정도로 경직되어 있었다. 보건직이나 일반 직원들도 의사·간호사 서열 문화에 영향을 받아 권위적인 분위기가 전반에 깔려 있었다. 일반 직원들은 환자와 직장 상사, 의사 직종 갑질에 시달리면서도 쉽게 문제를 제기하거나 시정을 요구하지 못했다.

환자나 보호자가 병원 내 직원을 부르는 호칭도 제멋대로였다. 병원에 가면 많은 노동자를 만나지만 호칭은 대체로 직종이나 직급을 빌려 부른다. 그러나 80년대에는 의사는 '선생님'이었지만 병원 노동자는 '아가씨, 아줌마'나 '아저씨, 형씨' 아니면 '야, 거기'라고 불리는 경우가 많았다. 병원에서 일하는 노동자들은 호칭에 대해 상당한 불만을 가지고 있었다. 엄연히 이름이나 직책이 명찰에 표시되어 있는데 아무렇게나 부른다는 문제의식도 있었지만, 여성노동자들을 막 대해도 되는 존재로 인식하고 아가씨, 아줌마라고 부른다는 것을 실감했기 때문에 더욱 싫어했다. 호칭 문제는 환자와 관계에서 문제가 되거나 직원들 간에도 갈등의 소재가 되었다.

4) 여성 사업장에서 지워진 여성 인권

해성병원에서 여성 노동자들의 결혼과 임신은 퇴사를 의미했다. 여성노동자 비율이 높은 병원 사업장임에도 여성노동자들은 결혼과 임신에 대해 눈치를 볼 수밖에 없었다. 당시 직장 문화에 더불어 사회적인 분위기도 있었지만 많은 여성 직원들은 결혼 또는 임신 후 퇴직하는 경우가 많았다. 임신을 해도 교대근무를 남들과 똑같이 해야 했기 때문에 임신 초기에 유산을 하는 사례도 종종 발생했다. 직원들은 휴직을 하자니 눈치가 보여 퇴사를 하게 됐다. 생리로 쉬는 일도 강심장을 가지지 않으면 불가능한 일이었다. 특히 병동 간호사는 생리통으로 쉬고 싶어도, 병가조차 쓸 수 없었다.

관리자들은 여성 노동자들을 이중으로 착취했다. 병원에 건물을 착공하거나 준공할 때, 대규모의 진단 장비가 들어올 때, 관공서와의 협약식, 병원장 이·취임식 등 병원 관련 행사가 있을 때에는 총무 직원도 아닌 여성간호사들 중에서 용모단정한 사람을 차출해 행사 진행에 봉사하도록 했다. 개인 의사는 묻지도 않았다. 지시하면 따라야 하는 분위기였다. 송년회나 각종 행사, 회식에서 직원들의 의사와는 무관하게 부서 막내나 신입사원이 장기자랑을 해야만 했고 불필요한 신체 접촉을 강요하기도 했다. 환자와 보호자가 성희롱을 해도 항의조차 못했다. 병원 여성노동자들은 권위주의와 만연한 성차별적인 문화에서 저항하지 못하고 숨죽이고 살았다.

4. 해성병원노동조합이 생기다

1) 해성병원 노동자 노동조합을 꿈꾸다

1987년 7월 5일 현대엔진에서 노동조합이 결성되었다는 소식을 들은 해성병원 직원들은 '우리도 노동조합 만들어 볼까?'라는 말들을 농담처럼 주고받았다. 이런 직원들의 농담 섞인 기대는 실현되고 있었다. 안내 직원이었던 송영대와 간호조무사였던 이말수를 중심으로 노동조합 결성 논의가 진행되고 있었고, 한편에서는 방사선과 김영태와 김종학이 노동법전을 공부하고 다른 노동조합의 규정집을 살펴보는 등 나름 독자적으로 노동조합 결성을 위한 사전 준비를 진행하고 있었다. 김영태는 병원 남자 직원들의 친목 모임인 동우회 총무를 맡고 있던 치과기공사 권기호를 만나 '노동조합을 준비하고 있는데 함께할 것'을 제안하였다. 권기호는 흔쾌히 동의했다. 동우회 명단을 놓고 직종별로 노동조합을 함께 만드는 데 동의하고 적극적으로 나설 사람들을 선정했다.

두 집단은 비밀리에 준비를 해 가던 중에 서로의 소식을 듣고 함께 준비하기로 하고 그동안 각 직종별로 조직한 사람들 중 핵심적인 사람들을 모아 노동조합 설립 대책위원회를 결성하였다. 간호조무사 회장을 맡고 있던 김귀애도 합류했다. 7인 대책위원회에 참여한 사람들은 '송영대, 이말수, 윤태술, 김영태, 민무웅, 권기호, 김귀애'였다.

해성병원노동조합 설립 대책위원장은 권기호가 맡았는데 그는 노동조합 준비 자금으로 사비 200만 원을 내놓았다. 당시 권기호가 노동조합 활동기금으로 제공한 돈은 현대중공업에 다니던 처남이 리비아에 가서 일하며 번 돈을 송금한 것이었다. 이 기금은 노동조합 결성을 위해 사용했고 노동조합을 설립한 뒤 조합비를 모아 몇 개월에 걸쳐 원금만 상환했다. 활동비까지 마련한 대책위는 활동을 본격화했다.

결혼은 78년도에 했어. 그때는 내 주머니에 돈 떨어지면 우리 집 생활비 떨어졌거든. 그때만 해도 내가 관리해서 생활비를 줬으니까 마누라는 몰랐지. 지금은 경제권을 뺏겼지만. 그 돈도 처남이 해외에 가 있었는데 처남이 총각이라서 봉급이 내 통장으로 들어왔거든. 그래서 여윳돈이 있었던 거지. 리비아에 가 있었지. 그때 200만 원이면 큰돈이거든. 내 봉급이 20만 원이었는데.

권기호 해성병원노동조합 설립 대책위원장

대책위원회는 7월 초 처음 모였고 소문이 나기 전에 서두르기로 했다. 노조 결성을 7월 말로 한다는 목표였다. 일주일에 한두 번씩 회의를 하고 조직을 점검하고 향후 진행할 방향에 대해 논의하였다. 발각되지 않으려고 비밀리에 만났다. 병원 근처 거북다방에서 만나기도 하고 권기호의 집이나 이말수가 운영하던 명덕 당구장에 딸린 방에서 회의를 하기도 했다. 다른 병원 사업장의 노동조합에 대해 알아야 한다는 생각으로 노동조합이 있다는 병원을 찾아다녔다. 송영대와 김영태가 찾은 곳은 서울에 있는 세브란스병원노동조합이었다. 회사에서 만든 어용노조였다. 두 번째로 간 한일병원은 한국전력공사 소속이었다. 두 사람은 별 수확을 얻지 못했다.

송영대는 중앙일보 국장급이던 사촌 형님에게도 부탁했지만 '노동조합 만들면 큰일 난다'고 하며 적극적으로 만류했다. 그러다 우연히 한국노총을 알게 됐고 연합노동조합연맹(연합노련)의 이철구 사무차장을 만났다. 이철구 차장이 실무를 도우면서 노동조합 결성에 박차를 가했다. 연합노련 주최로 비슷한 시기에 노동조합을 준비하던 서울대병원 노동자들과 함께 교육을 듣기도 했다.

대책위원회는 노동조합을 조직하기 위한 발기인들을 비밀리에 조직하였다. 7인 위원회가 중심이 되어 점조직 형식으로 각자가 담당하고 있는 직종에서 사람들을 모아나가기 시작했다. 간호사는 이말수와 윤태술, 의료기사는 윤태술과 김영태, 고용직은 송영대, 사내 남성 직원 친목모임인 동우회는 권기호, 간호조무사는 김귀애, 남자직원들은 민무웅이 맡아 조직했다. 최소 30명을 넘겨야 하니 대책위 7인이 한 사람당 7, 8명씩 조직하자는 목표를 세웠다. 7월 말까지 조직한 발기인이 30명을 넘기긴 하였으나 약속한 사람들이 당일에 오지 않을까봐 불안했다. 발기를 한 번에 성공해야 한다는 판단을 내렸다. 대책위 논의 결과 노동조합 설립총회를 일주일 연기하기로 하였다. 그 사이 조직한 발기인이 50명이 넘었다. 발기인들은 대부분 노동조합을 만들자는 제안에 흔쾌히 동의하였고 어떤 직원은 소문을 듣고 왔다며 자발적으로 발기인이 되기도 하였다. 노동조합을 만들어야 한다는 생각은 대다수의 직원들에게 이미 자리 잡혀 있었다.

7인 대책위원회는 연합노련과 협의해 1987년 8월 7일을 노동조합 결성일로 정했다. 대책위는 발기인들을 최대한 은밀히 조직하는 한편 실무 준비도 착착 진행하였다. 노동조합 규약을 만들면서 '가입대상을 누구로 할 것인지'가 고민이었다. 의사 직종에 대해서는 어떻게 할 것인지? 근로기준법으로 정한 사용자의 범위를 어디까지 봐야할지? 병원 노동조합의 특성을 살릴 집행 조직 구조는 어떻게 할 것인지? 등등 한국노총 연합노련이 도와주긴 했지만 연합노련도 병원노동조합 조직 경험이 없는지라 대책위가 하나하나 토론해서 결정할 수밖에 없었다.

조직된 발기인들은 단 한사람의 배신도 없이 노동조합 결성의 비밀을 지켜주었다. 노동조합 설립신고증이 울산시청에 접수된 뒤 사측이 알기 전까지 병원에서 노동조합 결성 비밀은 철저히 유지되었다. 노동조합을 준비했던 사람들조차 놀랐다. 사측 관리자들은 현대중공업의 노동조합 결성을 보면서도 병원에서 노동조합이 만들어질 것이라고는

꿈에도 생각하지 않고 있었다. 당시 현대중공업을 담당하던 정보계 형사인 신 경사는 병원 관리자를 찾아 병원에 노동조합 결성 움직임이 있다는 정보를 전했지만 병원 관리자는 "그럴 리가 없다. 우리 병원에 노조 만들 만한 사람 없다"라고 호언장담했다고 한다. 관리자들은 '우리도 노조 한번 만들어 볼까'라며 농담 식으로 이야기하는 직원들의 분위기는 알고 있었지만 실제로 나서서 노동조합을 결성할 만한 사람이 없으리라 판단했다.

2) 8월 7일 발기인대회

1987년 8월 7일 노동조합 결성대회는 울산시 남구 신정동 농협 2층에 있는 한국노총 근로자회관에서 열렸다. 해성병원에서 노동회관이 있는 신정동까지는 버스를 타면 넉넉잡아 한 시간 정도 가야 했다. 5시가 지나자 근무를 마친 발기인들이 다이아몬드 호텔(현 호텔현대 울산)을 지나 현대백화점 맞은편 버스 정류장으로 모였다. 대책위원회에서는 한꺼번에 많은 사람들이 이동하면 들킬 것을 염려해 분산해서 이동하기로 했다. 발기인들을 2~3명씩 택시와 버스로 나누어 이동시켰다. 택시를 타야 하는 사람들에게는 택시비를 지급하였다. 목적지에 도착할 때까지 다른 점조직끼리는 서로 발기인인지 모를 정도로 조합원들 사이에 노동조합 결성에 대한 비밀 유지가 철저하였다. 그만큼 노조를 결성한다는 것이 긴장된 일이었고 무서운 일이기도 하였다. 1987년 6월 항쟁 후 전국적인 노조 결성의 흐름에도 현대자본의 감시와 탄압으로 울산 동구의 분위기는 험악했다. 매일같이 경찰에 의한 노동자 폭행과 납치, 사측의 테러, 노동조합 결성 방해 및 서류 탈취 사건이 일어났다. 경찰 정보계 직원이 병원에도 상주하다시피 하였다. 숨 막히는 첩보 작전을 방불케 했다.

1987년 8월 7일 해성병원노동조합 설립총회

약속한 7시가 다 되었는데 노동회관에 도착한 사람이 몇 명 되지 않았다. 개인 휴대폰도 없던 시절이라 전화해서 확인해 볼 수도 없었다. 미리 도착해 출범식을 준비했던 사람들은 '중간에 일이 잘못 되었구나', '회사에서 막았나 보다' 오만가지 생각에 조바심이 났다.

그러나 얼마 지나지 않아 사람들이 속속 도착하였다. 발기인들이 늦은 이유는 갑자기 소나기가 많이 오는 바람에 효문 사거리 근처 도로가 물에 잠겨 차량 통행이 어려워져 한동안 정체를 빚었기 때문이었다. 그렇게 노동회관에서 진행된 결성대회에 54명의 발기인이 모였다. "지금부터 해성병원노동조합 발기인 대회를 시작하겠습니다" 김영태가 마이크를 잡았다.

임상병리 검사실의 윤태술이 의장으로 선출되어 정해진 순서에 따라 회의를 진행했다. 먼저 노동조합 규약을 발표하고 결정했다. 규약에 따라 위원장, 부위원장, 사무장과 감사까지 선출을 마쳤다. 7인 위원회는 의장과 선출될 위원장 그리고 부위원장 사무장을 비롯한 간부들을 사전 합의했다.

회의가 끝나고 발기인들은 노동조합 출범에 대한 비밀 유지를 약속하고 택시를 이용해 귀가하였다. 간부들은 사측의 압박에 견디기 위한 마음의 준비를 하고 있었지만, 일반 발기인들에게 압박이 가해질 경우 탈퇴로 이어질 가능성이 있었다. 설립신고증이 나와 노동조합 결성이 공식화되기까지는 발기인들의 신상에 대해서는 서로 비밀을 유지하기로 하였다. 노동조합을 설립한 8월 7일에는 사측이 회유 협박할 것에 대비해 선출된 간부들은 귀가하지 않고 합숙하면서 함께 지냈다. 이미 미포조선에서 노동조합 설립신고서를 탈취당한 사례가 있었기 때문에 간부들의 긴장감은 이루 말할 수 없었다. 다음날 토요일 아침 9시 울산시청의 문이 열리자마자 노동조합 설립을 신고하였다. 다행히 시청 앞에 사측의 관리자가 나타나는 일은 일어나지 않았다. 그만큼 54명의 발기인들이 노동조합 결성의 비밀을 지켜주었던 것이다. 시청은 해성병원노동조합 설립신고 접수를 즉각 사측에 통지하였다. 설립신고서에 이름이 올라간 간부들은 다음날 출근해 처음 들은 소리가 "빨갱이 왔다"였다.

〈노동조합 초대 집행부〉

위원장 - 송영대
부위원장 - 이말수, 윤태술
사무장 - 김영태
회계감사 - 민무웅, 권기호, 김귀애
조직부장 - 조한석
여성부장 - 김정인
총무부장 - 김장희

3) 회유와 탄압

8월 7일 노동조합 결성대회 후 송영대 위원장과 김영태 사무장은 2주 동안 시내 여관에서 숨어 지내며 설립신고서가 나오기까지 기다렸다. 다른 간부들도 회사의 회유와 탄압을 피해 출근해서는 사측 관리자들과의 접촉을 최대한 피하고 퇴근하면 사측 관리자가 집으로 찾아올 경우에 대비해 이말수가 운영하던 명덕 당구장의 작은 방에 모였다. 지금이야 산별노조 시대이다 보니 전국노조에 가입만 하거나 새로 노조를 결성해도 3일 만에 설립신고증이 나오지만, 당시에 정권이 노조 결성을 극도로 꺼리다 보니 이런저런 핑계를 대다가 2주가 지나서야 설립신고증을 내주고 설립신고서가 나와서야 공식 노동조합으로 인정했다. 그러다 보니 노동조합 설립을 신고하고 설립신고서가 나오는 2주 동안은 사측과 경찰 행정 당국이 수단과 방법을 가리지 않고 노동조합을 무너뜨리기 위해 집중하는 시기였다. 병원 관리자들이 송영대 위원장과 김영태 사무장 집에도 찾아가고 가족들도 회유했지만 해성병원노동조합의 간부들은 2주를 무사히 버텼다. 초대 송영대 위원장과 김영태 사무장은 설립신고증이 나왔는지 매일 시청에 전화해 확인해야 했다.

8월 21일 송영대 초대 위원장이 시청에 설립신고증을 받으러 가자 사측과 행정당국은 온갖 회유와 협박을 해대기 시작했다. 시청 담당 공무원은 사측과 결탁해 설립신고증을 교부하지 않고 버티면서 "노동조합을 하지 않고 노사협의회 정도로 하면 재정을 지원하겠다"고 하고 사측은 위원장에게 진급과 임금 인상을 미끼로 회유하기도 하였다. 한편으로는 병원에서 근무하지 못하게 하겠다는 말을 흘리고 불이익을 주겠다고 협박했다. 설립신고증을 받으러갔던 송영대 위원장과 김영태 사무장은 "헛소리하지 말고 설립신고증이나 달라"며 면담 책상을 엎어 버렸다. 작은 병원의 노동조합이라고 얕잡아 보았던 시청 사회과장은 기가 질려 설립신고증을 내놓았다.

해성병원노동조합 설립 과정에 현대중공업 등 제조업 사업장 노조 설립보다는 탄압이 많지 않았다. 전반적으로 노조가 만들어지는 지역 분위기에 사용자들이 일정 부분 탄압을 포기한 측면도 있었다. 그러나 노동조합을 설립했던 간부들이 느꼈던 긴장감은 마찬가지였다. 드디어 8월 21일 노동조합 설립신고증이 나왔고 두 사람은 당당히 출근했다.

4) 설립보고대회와 사측의 노동조합 인정

병원 관리자들은 현대중공업을 비롯한 노동자들의 전반적인 노동조합 설립 운동과 민주화를 열망하는 사회적 분위기에 기가 질려 있었다. 8월 7일 이후 노동조합이 공개되고 송영대 초대위원장과 간부들은 조합원 확대에 주력했다. 간호사들을 조직하는 것이 쉽지 않았다. 병원 노동자들은 당시만 하더라도 자신들이 노동자라는 사실을 인정하지 않는 직원들이 많았다. 특히 간호사들은 노동자라기보다 봉사하는 직업이라는 신념을 가진 사람들이 많았다. 천주교 교구에서 파견 나온 수녀들이 병원 간호과장을 비롯한 간부로 자리 잡고 있었기 때문에 더욱 그러했다. 노동조합을 만드는 노동자라고 하면 그저 기름때 묻히며 일하는 사람들에 대해 일컫는 말이려니 생각했다.

현대중공업 등 다른 사업장의 노조 탄압 소식도 노동조합 가입 분위기를 위축시키는 요인으로 작용하였다. 고참 간호사들은 이런저런 핑계를 대며 노조 가입을 미루었다. 관리직 계장들은 노조 출범 전에는 생기기만 하면 당장 가입하겠다며 호언장담하다가 막상 노동조합이 만들어지고 병원 사용자와 관계가 심각해지자 발을 빼고 가입 의사를 철회했다. 이런 움직임은 노동조합의 조직에 상당한 영향을 미쳤다.

초대 집행부는 노동조합 활동 방해에 대해 항의하며 노동조합 활동

노동조합 설립보고대회

보장과 사무실 제공, 전임자 2명을 요구하였다. 사측은 '사무실 제공은 하겠다. 그러나 전임은 안 된다'라며 노동조합의 요구를 거부했다. 사측의 거부에 송영대 위원장이 무단으로 전임 활동을 시작했다. 송영대 위원장은 퇴근도 포기하고 밤낮으로 조합원들을 조직했다. "병원에서 일하는 사람도 노동자다. 노동조합에 가입하자"라며 설득하고 외쳤다. 전국적인 노조 결성과 노동조합을 인정하는 분위기가 확대되고 대형병원도 노동조합이 결성되었다는 소식을 전하자 노동조합에 가입하는 사람들이 늘어나기 시작했다. 노동조합에 가입하는 직원들이 늘어나자 계장급과 수간호사들도 노동조합에 합류했다. 결국 사측은 위원장의 전임을 포함한 노동조합 활동을 인정할 수밖에 없었다.

본관 5층 강당 맞은편에 노동조합 사무실이 만들어지고 병원의 부원장이 참석한 가운데 사무실 개소식을 진행하고 고사를 지냈다. 8월 25

일 5층 강당에서 노동조합 결성보고대회가 열렸다. 노동조합이 생기자마자 가입한 100여 명의 조합원과 직원들, 당시 병원장이던 이돈영 병원장이 참석한 가운데 해성병원노동조합 결성을 공식화하고 스스로 해성병원의 주인임을 선언하였다.

노동조합 현판식

지금 생각하면 부끄러운 과거이지만, 솔직히 털어놓자. 노동조합에 참여하기 전까지 내가 얼마나 비뚤어진 노동자 의식에 갇혀 있었는지… 1987년 이전까지 내 머리 속에서 노동조합이란 신발 공장이나, 용접공들이 많은 제조 공장에서 일하는 사람들이 결성하는 조직이었다. 아침 출근길에 만나는 수많은 사람들을 보며 나는 '노동자'란 기름때 절은 시커먼 작업복 차림으로 길거리에서 방뇨도 서슴지 않는 천한 일을 하는 사람들을 일컫는 호칭이라고 생각했다. 그런 내가 노동조합 결성에 나서게 될 줄이야. 1987년 대투쟁이 없었다면 나는 '노동자'라는 이름이 얼마나 소중하고 아름다운지 평생 깨닫지 못하고 살았을지도 모른다.

병원은 청소부부터 의사까지 30여 직종이 모여 있는 현장이다. 직종 간, 계층 간의 갈등도 다른 현장보다 심하고 복잡하다. 노조 결성도 철저한 입막음과 준비가 없으면 깃발을 꽂아보기도 전에 병원에서 쫓겨날 상황이었다. 노동조합 결성 요건과 절차는 왜 그리도 까다로운지, 신고필증은 병원이 공익사업장이라는 이유로 21일 이상을 기다려야 했다. 그 21일 동안 울산대학병원(당시 해성병원) 노조 결성의 주축이었던 '7인 위원회' 멤버들은 집에도 들어가지 못하고 여관에서 숨어 지냈다. 신고필증을 손에 쥐고 병원 현관문을 들어섰을 때의 감격은 14년이 지난 지금도 어제 일처럼 생생하다.

송영대 울산대학병원 조합원(초대 지부장),

「껍데기를 벗고서」, 『사라지는 깃발은 없다』(2002, 시대와 사람), 68쪽

2부 민주노조의 기틀을 마련하다
(1987~1998)

2부 민주노조의 기틀을 마련하다(1987~1998)

1. 초대 집행부 임금·단체협약 체결

1) 임금교섭·단체협약 체결

해성병원노동조합은 서둘러 조합원 여론과 주변 사업장의 노동조합 요구안을 참고해 첫 임금인상 요구안을 만들었다. 87년 현대중공업을 비롯한 노동조합들은 설립과 동시에 임금교섭을 요구했다. 현대중공업 노조는 25% 임금인상을 요구했다. 물가상승률에 비해 임금인상이 거의 이뤄지지 않았던 80년대이기에 마땅한 요구였다. 해성병원노조 초대 집행부도 현대중공업노동조합과 같은 수준의 임금인상을 요구했다. 그러나 사측은 지난 3월에 이미 임금인상을 했다며 교섭을 거부했다. 노동조합도 물러서지 않아 결국 9월 임금단체협약(임단협) 교섭이 시작됐다. 교섭위원은 노사가 6명에서 8명으로 구성했다. 노동조합은 간호사, 의료기사, 간호조무사, 사무직, 시설, 기능직 등 직종별로 고르게 교섭위원을 선정했다.

송영대 위원장이 병원에서 밑바닥에서 올라왔다는 이미지 때문에 평등 의식이 높았다. 조무사라는 직종도 당시만 하더라도 병원에서 밑바닥인데 조합 간부하면서 내 위치를 찾으려고 노력했다. 승진, 승급도 다 닫혀 있었고 교섭에서도 서러운 말을 많이 들었다. 조금씩 넓혀가려고 노력했다. 아직도 평준화되지 않아서 아쉽기도 하다. 누가, 어느 직종이 위원장이 되는가에 따라서 세상을 보는 눈이 다르기 때문에. 내 위치에서는 조무사가 차별 받지 않게 임금이나 대우 향상에 신경을 많이 썼다.

7인 대책위원회 김귀애

현대중공업은 공권력을 투입해 9월 5일부터 권용목 현대그룹노동조합협의회(현노협) 의장을 비롯한 간부들을 구속했다. 현노협의 투쟁이 9월이 되도록 이어지는 것에 위협을 느낀 현대그룹이 강경책을 쓴 것이다. 외부 상황이 이러니 해성병원 임단협도 순탄치 않았다. 현대중공업과 현대그룹이 움직이는 대로 아산사회복지사업재단 소속인 해성병원도 따를 수밖에 없다는 사실을 병원 측은 알고 있었다. 병원 경영진은 현대중공업 노사관계 눈치를 보며 임금인상안을 제시했다. 그러나 노동조합 요구에 못 미쳤다. 몇 차례 교섭이 진행됐지만 합의점을 찾지 못했다. 송영대 지부장과 교섭위원들은 논의에 들어갔다.

교섭위원 회의에서 송영대는 "내가 병원장과 담판을 짓고 오겠다."며 나섰다. 교섭위원 회의를 거쳐 송영대 위원장과 병원장의 독대가 이루어졌다. 송영대 위원장은 이돈영 병원장에게 "조금만 더 올려 주이소. 수당 몇 개와 기본급 22,000원만 올려주면 내가 도장 찍겠습니다."라고 했다. 이돈영 병원장은 송영대 위원장의 요구를 수용했고 송영대 위원장은 그 자리에서 합의서에 도장을 찍었다. 당시 병원장은 다른 사업장의 경영진과 비교해 상대적으로 노동조합에 호의적이었다. 협상은 무리 없이 성사됐지만, 조합원에게 직권조인이라는 상황을 설명해야만 했다.

합의 내용을 조합원 총회에 안건으로 올리지 않고 교섭위원회의에서만 진행한 게 화근이었다. 타결 내용을 설명하는 간부 회의에서 조한석 조직쟁의부장이 문제를 제기했다. "왜 직권 조인한 겁니까?" 간부들은 술렁였다. 노동조합을 처음 해보는 간부들은 직권조인이 뭔지도 몰랐다. '첫해부터 위원장이 직권조인을 하다니 어용노조냐'는 소리도 들렸다. 현대중공업에서 어용노조를 갈아엎고 민주노조가 만들어지는 과정을 지켜봐왔던 터였다. 현대중공업노동조합이 파업을 하다 지도부 구속까지 되는 상황에서 해성병원은 투쟁이 아니라 위원장 직권조인으로 첫 임금교섭을 끝냈으니 나올 만한 소리였다.

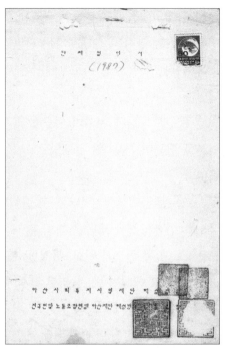

1987년 최초 단체협약서

조직쟁의부장의 문제제기에 송영대 위원장은 직권조인이 독단적인 결정이 아니었으며 교섭위원들과 논의를 거친 결정이었다고 항변했다. 대의원의 반발에 당황한 송영대 위원장은 "니가 위원장 해라!" 하고 자리를 박차고 일어나 나가 버렸다. 조합원은 파업까지 각오하는 분위기였지만 노동조합이 결성된 지 채 2달 만에 파업에 들어가기엔 무리라는 교섭단의 판단이 있었다. 간부들은 위원장의 판단을 따르기로 했다.

송영대 초대 위원장이 위원장으로 추대 받을 수 있었던 이유는 노동조합 결성이라는 중대한 결단의 과정에서 남다른 배포와 강단을 보여주었기 때문이었다. 민주적 형식 보다는 누가 책임질 것인가라는 지도력이 더 중요한 것으로 인식되던 시기였다.

다른 대의원들과 간부들이 송영대 위원장을 설득해 다시 회의를 진행해야했다. 당시의 문제제기는 단발적인 헤프닝으로 끝났지만 추후 노동조합을 이끌었던 지도부에게는 직권조인에 대한 중요한 경계가 되었다.

민주노조 정신을 지키며 임금협상 투쟁을 이끌지는 못했지만 당시 기본급 평균이 15만 원 정도였으니 2만 2천 원은 15%에 가까운 인상이었다.

노조는 임금협상이 마무리되고 단체협약을 준비했다. 단체협약은 한국노총 연합노련의 도움을 받아 당시 전국 병원노동조합들과 교류해 노동조합 활동 인정과 인사, 복지 등 기본적인 단체협약 내용을 구성하였다. 그리고 해성병원노동조합 특성에 맞게 요구안을 접목시켰다. 10월 단체협약 교섭이 시작됐다.

10월 25일 조합원 단결을 위해 조합원 산행대회를 열었다. 교섭을 진행하는 과정에서 조합원 단결 강화는 필수적이었다. 단합대회에는 60여 명의 조합원이 함께했다. 단체협약은 12월 21일 최종 체결됐다. 최초로 체결한 단체협약은 80개 본 조항과 5개 부칙 조항으로 이루어졌다. 이후 단체협약은 해성병원 시절을 거쳐 울산대학교병원 노동자들의 노동조합 활동, 노동조건과 복지, 인사, 산업재해 등을 총망라하는 기준이 되었다.

해성병원노동조합이 임금협약을 체결하고 얼마 후 현대중공업 임금인상이 체결되었다. 현대중공업은 1987년 9월 21일 기본급 14% 인상을 우선 합의하고 차기 집행부에서 추가인상이 이루어지면 1987년 9월 1일부터 소급한다는 내용을 합의했다. 1988년 2월에는 기본급 4만 4천 원과 가족수당 1만 8천 원을 인상했다. 송영대 집행부는 해성병원 측에 현대중공업 수준의 추가 임금인상을 요구했다. 병원 측은 기본급 인상이라는 노동조합 요구를 받아들이지는 않았지만 1988년 3월에 일시금을 지급했다. 그리고 1988년 9월 정기 임금교섭에서 2월 현대중공업의 임금인상 수준에 맞춘 기본급 인상에 합의하였다.

87년부터 현대 계열사가 해마다 파업을 했었어. 나는 그때 실리를 중시했어요. 조합원들 편하게 해주는 게 중요했어요. 근무 조건 좋게 하는 게 인력 확충 아닙니까. 인력 확충에 주안점을 두고 임금 인상을 위주로 교섭을 했고 파업을 피했어요. 첫해에 내가 직권조인을 했어요. 처음 협상할 때 노동조합 생리도 모르고 '얼마 인상 해주소. 이거 해주면 내가 도장 찍겠소' 이러면서 병원이 제시한 몇 가지 사항을 덥석 물었어요. 내가 직권조인을 하고 대의원대회를 열었는데 조한석 조직쟁의부장이 '왜 직권조인을 하느냐' 반발을 하더라고. 그래서 위원장 명찰을 던져주면서 '니가 위원장 하라'며 나갔어요. 다른 대의원이 만류해서 다시 돌아갔지. 그런 시절이었지.

두 번째 교섭이었나? 그때는 조정 신청하러 가서 '파업을 안 할 테니 현대중공업 계열사 중에 최고로 임금 올려 달라'고 했더니 중공업에서 파견 나온 김홍근 부장이 나더러 '차라리 파업을 한 3일 하라'고 하더라고. 그래서 '노동조합이 병원이 시키는 대로 파업을 하라면 하고, 하지 말라고 하면 안 하나?'며 싸웠어요. 결국 그해 파업을 안 했어요. 안 하고 임금은 중공업 계열사 중에 제일 많이 올랐어요.

송영대 해성병원노동조합 초대 위원장

2) 정액 정률 논쟁

1988년 4월에는 현대그룹 정몽준과 현대중공업노조 김진국 부위원장이 총선에서 격돌했다. 김진국 부위원장은 구속된 상태에서 옥중 출마하여 22,641표(30.6%)를 획득했다. 정몽준은 노조 탄압의 주역으로 비난 받던 인물이었으나, 울산 동구 주민의 노동자 의식이 확고해지지 않은 상태에서 현대 자본의 엄청난 금권선거에 밀릴 수밖에 없었다. 그러나 막대한 자본과 경쟁에서 노동자 후보가 30.6%나 득표한 것은, 또 한편 동구 노동자의 집결을 보여주는 일이었다.

총선에서 벌어진 자본가와 노동자 세력의 격돌은 개별 노동조합에게 힘을 실어주었다. 해성병원노동조합도 내부적으로는 현장순회와 조합원 야유회, 체육대회, 간부 극기훈련 등 조합원 단합 활동을 통해 단결을 다지고, 외부적으로는 각종 연대 집회에 참석하면서 의식을 높였다. 1988년에 들어 관리자급을 제외한 직원들 대부분이 노동조합에 가입하고 재정과 조직구조도 제대로 된 모습을 갖추었다. 1988년 9월 정기 임금협상에서 현대중공업 노조 인상률만큼 임금인상을 쟁취한다.

그러나 해성병원노동조합의 첫 번째 위기는 88년 9월 임금협상 과정에서 일어났다. 만족스러운 교섭이었지만 임금 분배 과정에서 조합원 사이에 갈등이 생겼다. 대의원회의에서 임금을 배분하는 방식에 의견차가 드러난 것이다. 송영대 집행부는 기본급 정액 100% 적용을 결정했다. 연차가 높은 조합원들은 기본급 인상을 일정한 금액이 아닌 임금 인상 비율로 환산해 적용하자고 주장했다. 그렇게 되면 기존 기본급이 상대적으로 높은 사람들이 더 많은 금액을 인상 받게 된다. 하지만 송영대 집행부는 기본급 인상분을 정액으로 확정해 전체 직원에게 동일한 금액이 인상되도록 하였다. 현장에서 반발이 일어났다. 간호사 직종과 의료기사 직종 가운데 연차가 오래된 직원들이 기능직 또는 후배 직원들과 같은 금액으로 임금이 인상되는 것에 불만을 토로했다. 병원 관리자들은 이런 분위기를 부추겼다. 결국 수간호사를 중심으로 간호사 80여 명이 노동조합을 탈퇴했다. 이들은 임금인상을 정액으로 적용하면 후에 연차가 높아져도 임금 인상액이 얼마 되지 않는다는 논리로 후배 조합원들의 탈퇴를 종용했다.

　사측은 임금인상 시기마다 정률 적용이 유리한 것처럼 직원을 선동했다. 임금인상분을 정률로 적용하면, 연차가 오래되어 정년이나 퇴사일이 얼마 남지 않은 사람들은 더 많은 임금인상액을 받게 된다. 그러나 연차 높은 직원이 퇴사하면 병원이 부담해야 할 인건비가 현격히 줄어들게 된다. 또한 연차가 낮은 사람들에게 지급해야 하는 임금 인상액은 줄어들기에, 새롭게 입사하는 사원의 초봉은 낮출 수 있다. 병원 입장에서 보면, 장기적으로는 고르게 임금을 인상하는 것보다, 정률 적용이 훨씬 큰 이익이 된다. 반면 전체 직원의 평균 임금보다 적은 기본급을 받고 있는 대부분의 조합원들은 정률 적용이 불리하다. 대다수에게 기본급 인상분의 정액 적용이 유리함에도 조합원들은 "정률로 적용해야 나중에 고참이 되면 더 유리해질 수 있다"는 관리자들의 논리와 선동에 흔들렸다. 탈퇴했던 조합원들은 진급한 직원들을 제외하고 대부분 1990년에 노동조합으로 재가입 했다. 임금인상을 어떻게 적용할 것인가 하는 정액, 정률 적용 논쟁은 이후에도 계속되었다.

2. 전국 병원 노동조합 연대

1) 병원노동조합협의회

1987년 7월 31일 서울대병원노동조합이, 8월 7일 해성병원노동조합이 결성되었다. 이미 몇몇 병원에 노동조합이 있었지만 민주노조의 시작은 서울대병원과 해성병원으로 본다. 87년 말까지 전국적으로 55개 병원노동조합이 결성되고 88년에 41개가 더 결성됐다.

1987년 12월 12일 전국 병원 노동조합이 모여 전국병원노동조합협의회(병노협)를 창립했다. 병노협은 단사별 단체협약과 임금을 공유하고 비교하는 사업을 통해 병원 사업장에 맞는 임금협약과 단체협약 체계화를 모색하였다. 한편으로 한국 의료제도를 파악하고 그 속에서 노동조합 역할에 대해 고민했다. 병노협은 1988년 12월 17일 전국병원노동조합연맹(병원노련)으로 조직을 변경한다.

1989년 1월 5일 병원노련은 노동조합 설립신고서를 접수하였지만 한국노총 산하 연합노련과 조직대상이 중복된다는 이유로 거절당한다. 이후 병원노련은 1993년 6월 연맹인준증이 발급될 때까지 합법화 투쟁을 전개했다. 6월 13일 노동조합법 제3조 5호에 대한 위헌제청을 신청하고 11월 2일에는 '병원노련 합법성쟁취특별위원회'를 구성하였다. 합법성쟁취특별위원회는 합법성 쟁취 결의대회를 열었다. 연합노련 항의 방문과 노동운동 탄압분쇄 및 연합노련 규약개정 촉구 결의대회가 이어졌다.

2) 제3자 개입금지

1989년 12월 19일에는 병원노련 양건모 위원장과 임원진 9명이 한국노총 사무실에서 구속된 노조원의 석방과 연맹 인준증명서 발급을 요구하며 무기한 단식농성에 돌입했다. 병원노련 부산지부 소속 조합원 4명이 연대집회에 참석했다가 제3자 개입혐의로 구속되었다. 제3자 개입 금지 조항은 다른 사업장 노조 집회에 참석만 해도 처벌이 가능한 악법조항이었다. 병원노련 간부가 단위사업장 투쟁에서 연설을 하거나 집회에 참석하는 것이 제3자 개입금지 조항 위반이 되었다. 그야말로 노동자 단결과 연대를 저해하는 악법이었다.

노태우 정권은 병원노련이 합법적인 연합단체가 아니라는 이유로 양건모 위원장에 대해 제3자 개입 금지 조항을 적용해 사전 구속영장을 발부했다. 병원노련은 즉각적으로 전국 산하 노동조합에 민주자유당사 항의 방문과 농성 지침을 내렸다. 1992년 6월 12일 해성병원노동조합은 병원노련 지침에 따라 울산 동구에 있던 민주자유당사를 점거하고 1박 2일 농성을 진행했다. 8월 9일 병원노련 양건모 위원장 사전 구속영장이 철회되었다. 1992년 3월 3일 'ILO 기본조약 비준과 노동법 개정을 위한 공대위'는 노조법 제3조 5호로 노동자들의 기본권 탄압, 공무원노조의 단결권을 부정하는 한국 정부를 ILO에 제소하였다. 병원노련은 노조 설립을 인정하지 않는 노동부를 상대로 소송을 제기하였고 1992년 7월 16일 서울고등법원은 병원노련의 승소를 판결하였다. 93년 6월 공식적으로 합법화된 병원노련은 해성병원노동조합 상급조직이 되었다.

3) 병노련의 의료민주화 투쟁

의료민주화운동

1989년 12월 15일 병원노련 창립 1주년 기념행사에서 양건모 위원장은 '병원노련은 앞으로 병원 내 부조리 비리척결과 국민건강권 쟁취 투쟁에 적극 나설 것'을 선언했다. 이어서 진행된 '한국 의료 현실과 병원

병노련 양건모 위원장 제3자 개입 금지 조항 위반 사전구속영장 철회 민주당사 점거농성

노조의 역할' 토론회에서 발표자들은 우리나라 보건의료제도가 사적인 이윤추구의 장으로 전락했다며 병원노조가 임금인상 등 노동조건 개선에서 한 단계 발전해 병원 노동자에게 부여된 사회적 책임을 다하는 운동으로 나아가야 할 때라고 주장했다.

병원노련은 1989년 1월 중앙위원회에서 의료민주화 특별위원회(위원장 안덕희 병원노련 부위원장)를 구성하였다. 병원노련이 추진한 의료민주화 운동은 1989년 서울대병원 단체교섭에서 구체화 됐다. 서울대병원노동조합은 처음으로 '약품처방전의 성분명 기재 의무화'를 단체협약에 명시하도록 요구하였다. 약품처방전 성분명 기재 의무화 요구는 의사가 환자에게 약을 처방할 때 약품의 상품명이 아니라 성분명을 기재하게 함으로써, 의사와 제약회사 간에 약품 거래를 둘러싸고 오가는 뒷돈을 근절해 의약품 단가를 낮추고 환자들에게 그 혜택을 돌려준다는 취지였다.

의료민주화 투쟁은 병원 내 금연·병실 TV무료화·촌지근절·리베이트

토론회 신문기사

근절 운동 등과 같이 병원 내 문화를 바꾸는 일에서부터 건강보험 단일화 투쟁, 건강보험 강화 운동, 의료민영화 반대, 무상의료 쟁취 투쟁으로 이어졌다. 병원노련은 1990년 임단협에서 1노조 1의료민주화 요구를 단체협약 요구안으로 상정할 것을 결의하고 추진했다. 병원노련 의료민주화 요구와 투쟁은 병원 노동자들의 사회적 책임과 역할이라는 측면에서 사회민주화 운동의 일환이 되었다. 동시에 1987년 이후 노동조합을 결성하고 임금과 단체협약을 비롯한 노동조건 개선을 위한 투쟁에 대해 "환자의 생명과 건강을 저버린 파렴치한 행위"라며 노동조합의 요구와 투쟁을 폄하하고 사회적으로 고립시키고자 한 정권과 자본의 이데올로기 공세에 대응하기 위한 전략적 측면의 투쟁이기도 하였다.

병원 침상에서 환자가 담배 피우던 시절

90년대 초까지 병원 내에서 흡연하는 것이 일반적이었다. 환자들은 물론이고 직원들까지 계단이나 병원건물 내부에서 담배를 피웠다. 야간에는 노동자들조차 근무지에서 흡연하는 것도 아무렇지 않게 여겨졌다. 정형외과 환자들이 많은 5층에 지정된 흡연실이 있었지만 소용이 없었다. 병실 내 흡연을 간호사들이 단속하자 환자들은 화장실에서 흡연을 했다. 병원노동조합연맹은 병원 내 흡연을 법으로 금지할 것을 보건당국에 요구

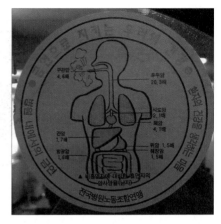

금연 스티커

하고 병원 내 금연운동을 진행했다. 노동조합은 선전물을 배포하고 매점에서 담배를 판매하지 않도록 요구했다. 병원노련에서 제작한 금연 스티커 붙이기 등 다양한 금연운동을 진행하였다.

하지만 금연운동은 90년대 초반까지 직원들에게조차 동의받기 힘든 문제였다. 결국 매점에서 담배 판매를 하지 못하게 하는 수준에서 금연운동이 마무리 되었다. 병원 내 금연운동은 병원노련 차원에서 진행한 최초의 의료공공성을 위한 현장운동이었다.

병실 TV 무료화 요구

1990년대 말까지 대부분 병원에서 병실 TV는 유료였다. TV 옆에 부착된 타이머에 100원짜리 동전을 넣으면 10분 정도 시청할 수 있었다. 그러다 보니 병실 내에서 누가 TV에 동전을 넣을 것인지 환자와 환자 보호자들 사이에서 신경전이 벌어지기도 했다. 병원노련은 병실 TV 무료화를 의료민주화 공동 요구로 정했다. 이러한 노력으로 무료 TV 설치가 점차 번졌고 얼마 가지 않아 전국적으로 정착했다. 애초에 해성병

원의 병실 TV는 무료시청이었다. 그러나 1997년 대학병원이 되고 병실을 리모델링하면서 병실 TV를 업체에서 전체 임대해 유료화 하겠다는 입장을 밝혔다. 의료민주화에 퇴행하는 조치에 노동조합은 TV 유료화 반대 입장을 병원 사측에 전달했다. 노동조합의 발 빠른 대응에 병원 측은 얼마 가지 못해 유료화 계획을 철회하였다.

4) 병원노련 경남본부 연대활동

노조 만들기

해성병원노동조합은 영남권에서 처음으로 설립한 병원 노동조합이었다. 울산을 비롯해 경남 지역 병원에서 노동조합을 만드는 데 도움을 얻기 위해 찾아왔다. 송영대 위원장은 연합노련 울산 부의장직을 겸하면서 병원 노동조합을 설립하는 데 앞장섰다. 87~88년을 거치면서 울산·경남 지역에 동강병원 노동조합을 비롯한 60여 개 병원 노동조합이 결성됐다. 노동조합 결성과 관련한 상담이 오면 해당 병원의 간부들을 교육하고 조합원을 조직하며 교섭과 투쟁을 통해 노동조합이 안정화될 때까지 자문과 연대를 아끼지 않았다.

많은 노동조합이 만들어지기도 했지만 소멸되기도 했다. 작은 병원 노동조합은 개인 원장의 지배력 하에서 버티기가 힘들었다. 울산 지역 바오로병원, 백천병원 등 작은 노동조합들이 사측의 탄압을 버티지 못한 데에는 지역 기반이 마련되지 못한 이유도 있었다. 울산·경남 지역의 병원노조 결성에 주도적인 역할을 한 해성병원노동조합의 노력은 1990년대를 지나 2000년대에 들어와서도 계속된다. 울산 적십자혈액원을 비롯해 양산의 새양산병원, 양산정신병원, 양산병원, 진주의 늘빛병원, 한일병원, 통영의 적십자병원, 최의원, 동남정신병원 등에서 노동조합 설립에 개입하고 함께 투쟁했다. 뿐만 아니라, 해성병원노동조합은 병원 사업장을 넘어 지역 내 타 업종 노동조합 결성에도 영향을 주었다.

내가 노조를 한 60개 만들었어요. 동강병원노조 설립도 도왔지. 동강병원은 정무형이라고, 그 사람이 자문을 구하려고 왔더라고. 그게 87년 아니면 88년 초인가. 언양휴게소 노조 만들 때는 죽다가 살았다니까. 밤에 노조 결성식을 휴게소에서 안 하고 회관에서 한다고 장소를 잡았어. 깜깜한데 논길을 타고 가다가 넘어져서 굴렀어. 나랑 연합노련 사람이랑 둘이 가서 결성식하고 다음날 신고하는 걸로 정했어. 그래서 그날 위원장도 선출했는데, 위원장이 회유에 빠져버렸어요. 그래서 주동한 사람이 빠지니까 뒤에 있는 사람들이 불이익을 당해서 나한테 찾아왔더라고요. 위원장 하려던 사람은 주방에 있었는데 사측에서 좋은 데로 배치해 줬어요. 재결집하는 게 그렇게 힘들더라고. 내가 다시 재건하려다가 못했어요.

송영대 해성병원노동조합 초대위원장

합동 임단투 교육과 문화 활동

1987년 12월 병노협이 만들어지고 1988년 12월 병노련으로 발전하면서 병노련 경남지부의 활동이 많아졌다. 1989년부터 경남지부 임금투쟁(이하 임투) 합동 교육을 진행했다. 경남 지역 병원노동조합 간부 40여 명이 함께 모여 89년 임투를 어떻게 함께할 것인가를 논의하고 모의 교섭을 진행하는 등 단결을 강화했다. 노동조합이 처음 만들어지던 시기 병원 노동자들이 서로 동질성을 확인하는 것은 매우 중요한 일이었다. 병노련 경남지부 연대 활동으로 임단투 교육, 가을 문화제, 하계 물놀이, 경남지부 간부수련대회를 매년 정기적으로 추진하고 참여했다.

1989년 4월 1박 2일 병노련 경남지부 임투 교육, 1990년 10월 6일 제

경남지부 가을문화제(김해 가야가든)

1회 병노련 경남지부 가을 문화제, 1991년 여름 물놀이, 가을 산행대회, 1992년 8월 1박 2일 병노련 경남지부 하계 수련대회, 10월 11일 영남 노동자 산행대회, 10월 18일 병노련 경남지부 가을 문화제, 1993년 3월 거제도에서 1박 2일 경남지부 전체 간부수련회, 8월 21일 1박 2일 경남 지부 하계 수련회, 10월 1박 2일 병노련 경남지부 가을 문화제, 11월 1 박2일 병노련 경남지부 전체 수련회, 1994년 8월 1박 2일 경남지부 하 계 물놀이, 1995년 10월 병노련 경남·부산지역본부 합동 가을 문화제 등. 경남 지역의 조합원들이 함께할 수 있는 단결행사가 정기적으로 진 행됐다. 이때 병노련 경남지부 행사에 참여 인원의 70%는 해성병원 간 부들과 조합원들이었다. 해성병원노동조합은 각종 행사에 주도적으로 참여하면서 경남 지역 병원노동자들의 단결과 동질성 확보에 크게 기 여했다.

3. 현총련

1) 현노협 결성

1987년 이후 현대그룹 내 기업마다 각각 노동조합이 만들어져 회사를 상대로 임금을 요구하고 투쟁했지만, 그룹 내 회사 사장들은 하나같이 '현대그룹의 종합기획실에서 결정해야 한다. 정주영 회장이 결정해야 한다'는 이유로 임단협 교섭에서 결정을 회피했다. 이미 정주영 회장은 "내 눈에 흙이 들어가도 노동조합은 인정할 수 없다"라고 선언한 터였다. 노동자들은 각각의 기업 사장들에게 매달려서는 해결되는 일이 없다는 것을 알고 있었다.

현대쇼핑센터(현 현대백화점) 3층 예식장에 50여 명의 노동조합 간부들이 모여 즉각적으로 현대그룹노동조합협의회(현노협)를 결성했다. 결성보고대회에서 정상적인 노동조합 운영, 현재 진행 중인 쟁의행위를 현노협 결정에 따른다고 결정했다. 임금과 제 수당 등 교섭에 관해서는 협의회가 현대그룹 내 종합기획실과 직접 교섭을 추진한다는 데 결의를 모았다. 이날 결성에 참여한 조직은 11개 노동조합이었다. 해성병원 노동조합은 8월 7일 노동조합을 결성하고 설립신고증도 나오지 않아 결성대회에는 함께하지 못했지만 87년 8월 9일 현노협 주도로 진행된 행진과 집회 투쟁에 적극적으로 결합하였다.

현노협은 결성된 직후 그룹 종합기획실을 상대로 교섭을 요구했다. 8월 11일, 14일, 17일 세 차례 협상을 제안하고 아무런 응답이 없을 때에는 대규모 집회를 할 것이라고 선포했다. 그러나 현대그룹은 한마디로 거절하고 오히려 현노협을 불순한 단체로 매도했다. 16일에는 현대중공업 등이 휴업 공고를 내리고 정문에 바리케이드를 설치했다. 현노협은 대책회의를 열어 총파업을 결정하였다. 8월 17일, 1만여 명의 현

1987년 울산 시내를 향해 행진하는 노동자들

대중공업 노동자들은 정문 앞에 쳐진 바리케이드를 돌파해 운동장으로 집결했다. 운동장에 모인 조합원들의 요구에 따라 시내로 행진을 시작했다. "사용자들이 노동자들의 힘을 보고 판단할 시간을 주자"라는 지도부의 판단에 따라 남목까지 행진을 마치고 대오를 돌렸다. 다음날인 18일에는 더 많은 노동자들이 모였다. 노동자들은 지게차와 샌딩머신을 비롯해 자신들이 작업하던 기계들을 끌고 행진에 나섰다. 5만 명이 넘는 노동자들이 남목 고개에 다다랐을 때 4,500여 명의 전경이 기다리고 있었지만, 노동자들의 기세에 놀라 철수할 수밖에 없었다. 노동자들의 행진 대오는 총 15km를 행진해 오후 4시 25분이 되어서 울산 시내 공설운동장에 도착했다.

다급해진 정부는 노동부 차관을 비행기로 급파했다. 정부와 직접 교섭이 이루어진 것이다. 노동부 차관과의 협상에서 현대중공업 민주노조 집행부를 인정한다는 것과 현대그룹의 교섭권 일체를 사업장 대표에게 위임한다는 내용에 합의했다. 노동조합을 결성하고 한 달도 되지 않아 만들어진 현노협의 위력은 대단했다. 자본의 불성실한 태도로 실질적인 교섭이 이루어지지 않자 9월 2일 현노협 2만 노동자들은 또다시 공권력의 바리케이드를 넘어 울산시청까지 행진했다. 해성병원 노동자들도 현노협 일원으로 행진에 참여했다. 그러나 9월부터 진행된 정권과 자본의 탄압이 강해지면서 현노협의 단결력은 약화되고 9월 5일 현노협 간부들이 체포 연행되고 10월 19일 권용목 의장이 구속되면서 사실상 해체되었다.

1990년 1월 11일 현대그룹노동조합협의회는 현대그룹노동조합총연합회(현총련)로 부활했다. 해성병원노동조합은 같은 해 4월 12일 현총련에 가입했다. 1991년 6월 22일부터 23일까지 경주 도투락월드에서 현총련 1차 정기대의원대회가 열렸다. 의장에 손봉현 현대정공 위원장을 선출하였다. 노동조합 협의체에서 현총련은 명실상부한 대의기구를 갖춘 조직으로 발전한 것이다. 해성병원노동조합 송영대 위원장이 회계감사를 맡았는데 그 후로 해성병원노동조합 위원장들은 현총련이 해산할 때까지 회계감사를 겸임했다.

현총련은 이후 현대자동차 성과 배분 투쟁, 현대해상 투쟁, 현대중공업 128일 투쟁, 골리앗투쟁을 지나 정주영 대선 감시 투쟁과 1993년 공동 임단투로 나아갔다. 6월 30일 현총련 공동 임투 전진대회가 일산해수욕장에서 열렸다. 3만여 명 조합원이 함께했다. 현총련은 현대그룹에 직접교섭을 요구하며 이루어지지 않을 경우에는 7월 7일 파업에 돌입한다는 입장을 밝혔다. 그러나 정권과 자본의 강한 압력에 파업은 하루만에 끝이 난다. 그럼에도 현총련 공동 임투는 현대그룹 차원 노동통제 전략에 효과적으로 대응한 투쟁 전략이었다.

93년 이후 현총련이 해산할 때까지 몇 차례 공동 임투를 진행했다.

현총련의 공동 임투는 울산지역 노동조합의 임금투쟁에 절대적인 영향력을 행사했고 전국적으로 영향을 미쳤다. 그러나 노동조합이 저마다 결정구조와 집행구조가 존재했기 때문에 통일적인 조직 방침을 결정하고 실천하는 것이 쉽지만은 않았다. 정권도 현총련을 3자 개입 금지 조항을 앞세워 탄압했다. 1995년 민주노총이 창립되어 산별연맹 구조가 강화되는 가운데 1996년 현대중공업노동조합이 현총련을 탈퇴하였다. 이 후 민주노총의 산별노조 건설운동이 본격화 되면서 현대그룹노동조합협의회로 전환하였다가 2001년 해체를 결정한다.

2) 현총련과 해성병원노조

해성병원노동조합은 1987년 9월 2일 현노협 일원으로 울산시청까지 행진하는 대열에 함께 했다. 노동조합 간부와 조합원이 함께했는데 최루탄을 맞아가면서 시내로 나아갔다.

1990년 부활한 현총련은 월 1회 정기회의로 간부들 간의 유대를 강화하고 현안 문제들을 논의했다. 아무리 작은 사업장 노동조합이라도 현총련 내에서는 위원장의 위상을 동등하게 인정하는 풍토가 자리 잡았다. 현총련은 현대그룹 본사가 있는 서울 계동 사옥 투쟁을 주로 진행했는데 이런 투쟁 과정에서 노동조합 대표자들은 현대그룹 사업장 노동조합이라는 동질감을 고조시킬 수 있었다. 공동요구를 결정하고 요구사항을 사업장별 사용자에게 관철시키려 할 때에도 특별히 규율을 두거나 강제하지 않았다. 강제성은 없었지만 현총련 공동요구는 현장 이행 정도가 높았다.

해성병원노동조합은 현총련 호봉위원회와 조사통계팀에 주되게 참여했다. 호봉위원회는 호봉제를 쟁취하기 위해 임금체계를 연구하고 조사하는 활동을 하였다. 공동 조사통계 활동은 임단투를 대비해 재래

시장에 나가 실제 물가 조사를 통해 임금요구안 기초를 작성하는 활동을 맡았다. 그 외에도 현총련 차원으로 진행된 지역 집회와 서울 현대그룹본사 투쟁에 해성병원노조는 적극적으로 결합했다. 해성병원노동조합의 출정식이나 집회 때에는 현총련 간부들이 대거 참여했다. 현대그룹노동조합의 간부들이 해성병원노동조합과 함께 연대하는 분위기는 사측에게 상당한 압박으로 작용하였다.

서울에 있는 사람들은 울산에서 집회한다고 하면, 지금은 성남 쪽에 있는 케피코, 인천제철, 그 다음에 현대증권. 현대해상. 이런 데서 다 내려왔어. 차 대절해 가지고 아니면 자기네들 승용차 가지고 연대 쫓아오고. 이렇게 해서 한번 모이면 2만 5000~3만 명 인원이 모이는 거야.

임상구 해성병원노동조합 3대 위원장

4. 노동조합 단결을 위한 투쟁과 일상 활동

1) 해성병원노동조합의 상황

조직 상황

초대 집행부는 송영대 위원장과 김영태 사무장을 중심으로 꾸려졌다. 기능 직종이었던 송영대 위원장과 간호 직종의 지지를 받고 있던 의료기사 직종의 김영태 사무장의 결합은 고용 직종과 의료기사직을 중심으로 한 간호직의 연합을 의미했다. 초대 집행부는 위원장과 사무장 외에 부위원장 이말수, 윤태술, 회계감사에 민무웅, 권기호, 김귀애 조직쟁의부장에 조한석, 총무부장 김장희로 구성되었다.

초창기 집행부의 조직 구성과 지도력은 다소 불안했다. 의료기사직 일부에서 노동조합 집행부 구성에 대한 이견으로 갈등이 유발된 적도 있고, 간호사들이 노동조합에 가입했다가 탈퇴하는 일도 있었다. 1987년 최초 단체협약에서 수간호사를 사용자 범위로 합의했다가 1988년 사용자 범위를 간호 감독 이상으로 합의해 수간호사들이 노동조합에 가입할 수 있도록 하였다. 1987년 12월 단체협약이 체결되고 노동조합 전임 인력으로 사무원 1명을 인정받아 회계 업무를 담당하게 하였다. 조합원 야유회, 체육대회, 산행대회 등 단합을 위한 활동들이 진행되면서 서서히 안정기에 접어들었다.

1990년 6월 29일 2대 집행부 선거에서 송영대 위원장이 재선했다. 사무장은 김영태 조합원이, 조직쟁의부장을 이수기 조합원이 맡았다. 1년 후 김영태 사무장이 그만두고 손인숙 조합원이 사무장을 맡았다. 1990년 단체협상에서 사무국장의 전임이 명문화되면서 전임 인력은 위원장, 사무장, 사무원으로 3명이 되었다. 1990년 노동조합에 가입된 조합원은 간호직(간호사, 간호조무사) 186명, 고용직 여성직원 41명, 남성직원(관리직, 시설직, 고용직) 46명, 관리직 사원 56명, 의료기사 36명으로 노동조합 전임자를 포함해 360여 명이었다. 1991년에는 간호사 152명, 간호조무사 88명, 고용직 여성 직원 42명 ,고용직 남성 직원 14명, 관리직 남성직원 36명, 관리직 여성 직원 78명, 의료기사 52명인 460명으로 100여 명이 늘어났다. 1991년 해성병원은 520개 병상에 평균 입원 환자 수는 350여 명이었다. 전체 직원 수는 의사 75명을 포함하면 587명이었다.

　1년 사이에 갑자기 100여 명 가량 조합원 수가 늘어난 이유는 1991년 종합건강검진센터와 응급의료센터가 개설되고 방사선과와 임상병리과 야간근무제도가 당직제에서 3교대로 전환된 까닭이다. 또한 1988년 임금인상 정률 적용 문제로 탈퇴했던 간호사들이 다시 노동조합에 가입했기 때문이기도 하다. 1994년 '채용과 동시에 조합원이 된다'는 입사하면 자동으로 노조에 가입되고 탈퇴는 자유로운 일명 '오픈 샵' 형식의 단체협약을 체결했다. 90년대 조합원은 92년 470명, 96년 480, 98년 500명, 99년 530명, 2000년 540명으로 점차적으로 늘어났다. 조합원 가운데 여성이 75% 정도이고 비혼이 65%를 차지했다.

　2대 집행부 선거를 앞두고 의료기사들이 주축이 되어 의료기사 출신 노동조합 위원장을 당선시키자는 논의가 진행되었다. 방사선사와 임상병리사들이 주축이 되어 후보를 결정하고 각 동문회별 결의를 다지는 등 적극적인 선거운동을 계획했다. 그러나 후보 등록 마지막 날 출마하기로 결의했던 후보가 나타나지 않았다. 결국 후보 등록을 하지 못했다. 이 사건을 두고 원내에는 사측으로부터 특정한 자리를 약속 받고 후보를 포기했다는 등의 다양한 추측들이 나돌았다. 내막이야 어찌 되었든 적극적인 선거운동을 결의했던 의료기사 직종 조합원들은 상당한 배신감을 느낄 수밖에 없었다.

3대 집행부 선거는 경선이 될 것이라는 예상을 뒤엎고 임상구 조합원이 단일 후보로 출마했다. 당시만 하더라도 학력에 대한 편견이 많았다. 간호사나 의료기사들은 전문대학을 졸업했지만 대부분 직원들은 고졸이었다. 사무직 남자 직원들도 고졸 입사자가 많았다. 그러다 보니 간호사 직종과 의료기사 직종 조합원들에게는 노동조합 위원장의 학력은 중요한 선택 조건으로 생각되었다. 3대 위원장에 출마한 시설팀 임상구의 전문대 졸업 이력이 적힌 대자보가 식당 앞에 붙자 조합원들 사이에는 의외라는 소문이 금세 퍼져나갔다.

1993년 4월 28일 3대 위원장으로 임상구 후보가 당선되었다. 3대 집행부는 부위원장 김장희, 전성용, 우향영, 강아미 회계감사 최흥룡, 류정옥, 사무장 김태욱, 총무부장 권순영, 총무차장 이곤문, 조상일 조직부장 윤태희, 조직차장 김형준, 문화부장 최현주, 문화차장 전중련, 유선희, 교육선전부장 이을례, 조사통계부장 정미선, 조사통계 차장 이미숙, 여성부장 이상희, 여성부차장 박희숙으로 구성되어 활동했다. 박기범, 김영상, 유정순, 이미현, 정유경 조합원이 편집부를 구성하여 노동조합 소식지를 발간하는 일을 했다. 노래패와 풍물패도 구성되어 활발하게 활동했다. 임상구 집행부는 1996년 1월 11일 임시대의원 대회에서 전국민주노동조합총연맹(민주노총) 가입을 결정하였다.

1996년 제4대 집행부 선거에서는 3대 집행부 위원장인 임상구 후보와 부위원장이었던 김장희 후보가 출마함으로써 최초의 경선이 벌어졌다. 기호 1번 임상구 후보는 집행부 경험을 발판으로 삼아 '깨끗한 노동조합! 당당한 위원장! 다시 뛰는 임상구!' 라는 슬로건으로 호봉제 개선, 병원경영 참여, 공조회 활성화, 하계휴가 3일 보장, 명예퇴직제 보완, 서클 등 문화 활성화, 병원노련·현총련·민주노총 연대 강화를 내세웠다. 기호 2번 김장희 후보는 초대 송영대 위원장의 지지를 받아 '가슴이

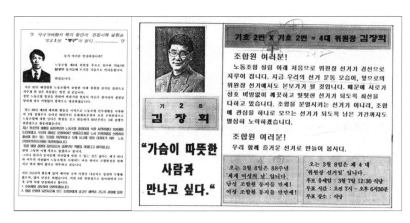

후보 선전물

따뜻한 사람과 만나고 싶다'라는 슬로건으로 탁아소 설치, 호봉제 개선, 현대중공업과 동일한 복지, 불합리한 인사제도 개선, 현총련 강화, 민주노총 산하 지역노조 건설, 자문위원 활성화를 공약으로 제시했다.

　각 후보 진영은 운동원과 지지 조합원을 조직하고 2월 26일 후보 등록을 시작으로 선거운동에 돌입했다. 선거운동 기간 동안 후보자 연설회와 선전전, 현장방문을 진행하면서 각자의 공약과 노동조합 발전 의지를 주장했다. 선거 기간에 후보와 선거운동원들에 대한 각종 유언비어들이 쏟아져 나오면서 혼탁 양상을 보이기도 했다. 3월 8일 실시된 선거에서 임상구 후보가 당선되었다. 해성병원노동조합 최초의 위원장 경선은 후보 진영 선거운동원들 간의 갈등의 고리를 만들었고 상당 기간 지속되어 노동조합 조직력에도 영향을 미쳤다. 1996년 경선은 2009년 10대 집행부 선거까지 '노동조합의 위원장 선거는 조합원의 분열을 막기 위해 단일 후보로 출마해야 한다'는 주장의 근거가 되기도 했다.

　4대 집행부는 사무장 윤태희, 부위원장 안월림, 박기범, 회계감사 여환숙, 김종학, 총무부 권순영, 한복순, 윤경미, 조직부 김태욱, 최건한,

문화부 최현주, 김수정, 신은옥, 교육선전부 정추영, 조사통계부 김영미, 이미숙, 여성부 서승일, 의료부 강현수로 구성되어 활동했다. 편집부에는 김영상, 이미현, 유정순, 주재명 조합원이 활동하면서 노동조합 소식과 주장을 담은 '하늘소리'를 발행했다. 4대 집행부 시기에는 문화패 활동이 활발히 진행되었다.

한편, 1997년 3월 해성병원이 울산공업학원 울산대학교병원으로 전환됨으로 해성병원노동조합도 울산대학교병원노동조합으로 명칭을 변경한다. 1997년 8월 7일 창립 10주년 기념식을 치렀다. 97년 전체 직원은 의사 110명을 포함해 639명이었다. 직원들의 급여, 상여, 연월차, 일시금을 포함한 월 평균임금은 1,518,115원이었다. 평균부양 가족 수는 0.7명이었고 근속년수는 5.74년이었다.

1987년 당시 8월에 노동조합을 건설해 초대집행부가 출범했지만 1990년에는 9월에 시작하는 임단협을 준비하기 위해 6월 말에 집행부 선거를 했다. 1993년과 1996년에는 임단협 때문에 3월로 당겨서 선거를 치르고 새 집행부가 임단협 교섭을 이끌었다. 1997년에 울산대학교병원으로 전환하여 병원의 회기가 3월 1일로 변경되었다. 임단협의 적용도 3월로 당겨지면서 노동조합의 임기는 10월 1일로 시작하는 것으로 변경하였다. 1998년 5대 집행부부터는 9월에 선거를 치렀다.

1998년 9월 30일 4대 임상구 위원장에 이어 5대 위원장에 송영대 후보가 단독 출마해 당선되었다. 그 다음해인 1999년 2월 26일 울산대학교병원노동조합은 산별노조로 재편된 전국보건의료산업노동조합(보건의료노조)에 가입, 울산대학교병원 지부로 조직을 전환했다. 1999년 울산대학교병원의 전체 직원은 749명, 그 중 의사직 144명, 일반 직원이 605명이었다. 울산대학교병원지부 조합원 수는 520여 명이고 노동조합의 1년 예산은 1억 3천여만 원, 적립금은 5천여만 원이었다.

단결을 위한 노조 일상 활동

임단협 투쟁 시기를 제외한 노동조합 집행부의 일상적인 활동은 현장순회 및 불편사항 처리와 쟁점사항에 대한 간담회, 지역 및 업종별 회의 참석이 주를 이뤘다. 집행을 위한 일반적인 결정은 상집간부 회의에서 이루어졌다. 대의원회의는 매년 8월에 개최하고, 조합원 총회는 연차 총회의 성격으로, 전체 조합원이 모여 창립 기념행사도 하고 중요한 사항을 결정하기도 했다.

그러나 주기적인 조합원 총회는 1991년 제4회 정기총회를 마지막으로 정기 대의원대회로 대신하게 되었다. 총회를 대의원대회로 대신하게 된 것은 조합원이 늘어나면서 총회 성사가 어려워졌기 때문이었다. 연차 정기총회와 별도로 대의원대회를 연 1회 개최했다. 정기 대의원대회에서는 1년의 사업과 예산을 결정하였다.

3대 집행부 들어서 임시 대의원회의를 월 1회 정기적으로 개최하여 현장의 의견을 듣고 현안사항을 함께 결정하는 풍토가 정착되었다. 대의원들은 각 부서에서 노동조합의 결정사항을 전달하고 의견을 모아내 집행부에 전달하는 역할을 했다. 대의원은 조합원 20명당 1인으로 선출하였는데 조합원이 적은 부서를 제외하고 부서별 한명이 선출되었다. 간호부서를 제외한 대부분의 부서는 입사 순서대로 돌아가면서 대의원 역할을 수행했다. 간호부서 병동에서는 3년차 정도의 간호사가 대의원을 맡았다.

대의원 역량은 부서별 개인별 차이가 많았다. 그렇기에 일상적인 교육이 더 필요했다. 노동조합은 조합원 교육을 중요한 사업으로 설정하고 매년 정기적으로 진행했다. 1990년까지는 임단협 투쟁을 앞둔 시점에 부서별 철야 농성을 하면서 조합원 교육을 배치하였다. 1991년에는 1월 12일부터 27일까지 퇴근 후 조합원 교육을 진행했다. 직원 교육 중

조합원 여름 물놀이

일부를 조합원 교육 시간으로 사용하는 것을 병원과 합의하면서, 노동
조합은 오후 시간을 이용해 공식적으로 조합원 교육을 진행할 수 있었
다. 이후 1997년 단체협약에 조합원 교육을 연 8시간으로 확대하는 것
을 명시하며, 하루 공가 조합원 교육이 정착되었다. 조합원 교육이 안
착되던 1994년까지는 조합원 70% 정도가 교육에 참가했지만, 1996년
이후 60%대로 참가율이 떨어졌다.

1987년 노동조합을 결성한 이후 조합원들의 단결을 위해 노동조합
은 꾸준히 행사를 기획하였다. 조합원 야유회, 1박 2일 여름 물놀이, 가
을 산행대회, 간부 극기 훈련, 체육대회를 정기적으로 진행했다. 1박 2
일 조합원 여름 물놀이는 조합원들이 조를 나누어 직접 텐트를 치고 식

사도 준비하며 미니 체육대회, 풍물놀이 노래자랑 등을 통해 친목과 소속감을 키워나가는 행사였다. 가을 산행대회도 매년 진행했는데 가을 문화제라는 이름으로 병원노련 경남지부 합동으로 진행하기도 했다. 90년대 말까지만 하더라도 노동조합 행사에 조합원 참여율은 높았다.

문화패 활동

1990년대까지 노동조합 행사에 빠지지 않았던 것이 풍물 공연이었다. 노동조합 행사 전에 조합원들의 참여를 독려하고 분위기를 살리기 위해 반드시 풍물공연을 진행했고 각종 집회 행진에도 가장 선두에 풍물패가 있었다. 당시 사람들의 관심을 끌고 이목을 집중시키기에는 풍물만한 것이 없었다. 처음에는 풍물공연을 주로 현대중공업이나 다른 노동조합의 풍물패의 지원을 받았다. 그러다가 자연스럽게 풍물을 배우고 싶다는 사람들이 나왔고 풍물패를 결성하고 강사를 모셔서 일주일에 두 번씩 7층 강당에서 강습을 받았다. 초기 풍물패에는 김장희, 전성용, 방준호, 김상철, 김종학 조합원이 함께했다. 2개월 정도 강습을 받은 후에는 자체 연습에 들어갔다. 전성용 조합원이 패장을 하고 꽹과리를 잡았다. 김장희 부위원장이 징, 김종학 조합원이 북, 김상철과 방준호 조합원이 장구를 잡았다.

3대 임상구 집행부가 출범하면서 새롭게 2기 풍물패를 결성했다. 풍물패 지원자를 모집하고 연습을 시작하였는데, 참가자들이 가락의 단조로움, 일을 마친 후 무거운 악기를 들고 연습하는 것을 힘들어하면서 점차 참여하지 않았다. 그러다 보니 주로 상집간부인 전성용, 서승일, 김영미, 전선금, 윤태희, 김태욱, 유미옥, 박정희 조합원이 2기 풍물패를 구성하였다. 강습은 동구 주민들을 대상으로 강습하던 김종길 씨가 맡았다. 2년여 동안 주 2회씩 영남농악을 배웠다. 주로 7층 강당에서 강

가을 문화제

습을 받는데 더울 때에는 명덕저수지나 한마음회관 농구장에서 하기도 했고 나들이 겸 토함산에 올라 배우기도 했다.

풍물패는 노동조합 출정식, 창립기념식, 야외집회, 체육대회, 단합대회, 산행, 가을 문화제 등 조합원들이 모이는 자리마다 큰 힘이 되었다. 4, 5대 집행부 시기 풍물패에는 윤상철, 여윤정, 이기희, 전중련, 신은옥, 최희선, 류은정, 정영철 조합원이 활동했다. 1997년 4월에는 전 조합원을 대상으로 7층 강당에서 풍물교실을 열었다. 1주일 동안 퇴근 후 풍물을 경험하고자 지원한 조합원들을 대상으로 풍물의 가락을 가르치고 풍물과 농악에 대한 이해와 흥미를 높이고자 했다.

1992년 2대 집행부 때는 임상구 문화 체육부장이 주도해 노래패가 결성됐다. 노래패에는 윤재수, 이수종, 김성주, 김장년, 김홍철, 차재훈,

풍물 교실

정추영, 이강림 조합원이 중심이 되어 활동했는데 많을 때에는 13명까지 늘어났다. 노래패는 병원 강당에서 노동가요를 포함한 대중가요 발표회를 가지기도 하였다. 발표회는 남성중창, 여성중창, 합창, 남여듀엣 등 다양한 팀이 참가하여 직원들은 물론 환자들에게도 큰 호응을 받았다. 발표회를 준비하면서 3개월 정도 연습기간을 가지고 함께하다 보니 노래패 구성원들 간에 유대가 매우 깊었다. 91년 10월에는 병원노련 경남지부 가을문화제에서, 12월에는 병원노련 3주년 기념식에서 초청 공연을 하기도 했다. 92년 병원노동자 가요제에서 병원연맹 경남대표로 참가해 장려상을 수상한 전적도 있었다. 노래패의 활동은 92년 6월 제1회 해성병원노동조합 가요제를 출발시킨 원동력이었다.

이후 1994년에도 최현주, 손인숙, 이상희, 박희숙 조합원이 민들레 노래패를 결성하고 활동했다. 노래와 율동을 주로 하는 문화패가 결성된 것이다. 97년에는 최현주, 이상희, 김소은, 김인자, 김수정, 이명복, 권현숙, 박우영, 허순옥 조합원이 문화패로 활동했다. 문화패는 조합원 교육에서 노동가 강습, 투쟁 집회에서 앞풀이 진행과 더불어 노래·율동 공연을 선보였다. 4대 집행부 시기에 풍물과 노래, 율동 등 문화패 활동이 활발했다. 문화패는 각 단위별로 연 2회 수련회를 가지고 노동조합 행사와 투쟁 과정에 적극적으로 결합했다. 또 울산 지역 문화패연합과 전국노동조합 문화패로 활동 반경을 넓혀 전국노동자대회, 지역집회, 병원연맹 행사에 주도적으로 참여했다.

제1회 해성병원 노동가요제

1992년 6월 19일 7층 강당에서 제1회 해성병원노동조합 가요제가 열렸다. 경남은행노동조합 노래패가 찬조출연을 했고 현대중공업노동조합의 밴드가 연대해 반주를 담당했다. 각 부서별 직종별로 노래공연대회에 참가했는데, 각 팀은 노동가요와 일반가요를 선택해서 참가신청을 했다. 처음 진행한 가요제임에도 참가신청이 많아 예선까지 치러야 했다. 예선을 통과한 각 부문별 7~8팀이 본선에서 겨루었다. 조합원들은 자신의 팀을 응원하기 위해 강당을 가득 메웠다.

해성병원 노동가요제는 울산대학교병원노동조합 송년가요제로 명칭을 변경해 1998년 7회까지 진행되었다.

해성병원노동조합 가요제는 90년도부터 진행된 전국 노동가요제와 울산 노동가요제의 영향을 받았다. 92년도에 제3회 노동자가요제(주간 노동자신문 주최)가 고려대 노천강당에서 열렸다. 서울에서 열리는 노동가요제 본선에 참가하기 위해서는 울산 지역 예선을 통과해야 했다. 해성병원노동조합 노동가요제에서 실력이 검증된 윤재수 조합원과 이강림 조합원이 듀엣으로 참가해 울산 지역 예선을 통과했다. 고려대학교 노

송년가요제

천강당에서 노동자가요제가 열리던 날 노동조합 간부들은 승용차를 끌고 서울로 상경했다. 수천 명의 노동자들이 운집한 가운데에 지역예선을 통과한 수십 개의 팀과 경쟁해 해성병원노조 팀이 금상을 수상했다. 전체 직원들이 모인 가운데 병원 식당에서 이들은 앙코르 공연을 펼쳤다. 노동조합에서는 매우 자랑스러운 일이었다. 안준모, 김흥철, 윤재수 조합원은 현대중공업노조에서 주최한 노동가요제에도 참가해 은상을 수상했다.

90년대 초 문화패 활동은 노동조합에 생기를 불어넣었다. 풍물과 노래를 배우고 연습하고 하는 과정에서 구성원들의 단합이 강해졌다. 노동조합 행사 때마다 참여해 역할을 담당하면서 문화패 구성원들이 노동조합 간부로 활동을 이어가게 되는 경우가 많았다.

전국노동가요제 금상 수상

병원 내 갈등과 대응

1992년 임단협이 한창이던 9월 병동에서 폭행사건이 발생했다. 사건 경위는 전공의와 간호사 간의 업무 갈등이었다. 당시 전공의 수련 과정에는 폭언과 폭행이 만연했다. 선후배 간의 폭언·폭행은 도를 넘었다. 병원 구석진 곳에서 전공의들이 폭행하거나 기합을 주는 장면을 쉽게 발견할 수 있었다. 폭언과 폭행이 만연한 환경은 의사 사회를 넘어 일반 직원들에게도 이어졌다. 일부 전공의들은 일반 직원들에게 상습적인 폭언과 인격 모독적 비하 발언을 일삼았고 가끔은 직원 간의 폭력으로 이어지기도 하였다. 이날도 전공의가 안하무인 태도를 보이자 싸움이 벌어졌고 그 과정에서 간호사가 전공의의 뺨을 때린 사건이었다.

병원은 즉각 징계위원회를 열어 간호사를 중징계하고 현대중공업 의무실로 강제 전출시켰다. 반면, 해당 전공의는 견책으로 마무리하려 했다. 심지어 노동조합과 한마디 협의도 없는 강제전출이었다. 단체협약은 노동조합 간부를 전환배치 할 때 노동조합의 동의를 받도록 명시하고 있었다. 당시 사건의 간호사는 대의원이었다. 노동조합은 해당 조합원 원직복직을 요구하고 부당징계를 주장하며 재심을 요구하였다. 그러나 병원 경영진은 '인사는 병원의 고유권한'이라며 묵살했다. 노동조합은 즉각 단체행동에 돌입했다. 전 조합원 리본달기, 대자보 투쟁, 중식집회 등 투쟁 수위를 조절하며 부당인사 철회를 요구했다. 노사가 아닌 의사와 일반 직원들 간의 감정이 격화되기 시작했다. 한 날은 노동조합이 중식집회를 하고 있는데 지나가던 의사가 욕설을 하며 침을 뱉었다. 이 상황을 본 노동조합 송영대 위원장이 즉각 항의했다. 오히려 병원 경영진은 노동조합 위원장을 징계위원회에 회부하며 조합원의 분열을 조장하였다. 의사 직종만을 우대하고 일반 직원은 무시해 온 그간의 경영진들의 태도가 고스란히 반영된 것이었다.

노동조합은 1주일이 넘도록 매일 중식집회를 이어갔다. 노동조합의 분투에도 개선되지 않는 현실을 본 조합원들이 투쟁에 힘을 보태기 시작했다. 리본착용, 중식집회 참여 등 노동조합이 내리는 지침에 따라 일사불란하게 움직였다. 그제야 병원장을 비롯한 경영진은 노조의 요구를 수용하겠다는 태도를 보였다. 그러자 이번에는 의사들을 중심으로 한 교육수련부와 병원 사측이 부딪혔다. 교육수련부장은 병원 경영진 태도에 반발해 전공의들에게 환자들을 퇴원시키도록 지시했다. 환자들이 의료진에 의해 강제 퇴원되고 진료도 부실해졌다. 교육수련부장의 이러한 행보는 노동조합과 전면전을 선언하는 것이었다.

해당 간호사 징계철회라는 노동조합의 요구에 노조위원장 징계회부철회, 교육수련부장 퇴진이 추가되었다. 조합원 징계철회 문제는 노동조합의 자존심을 넘어 존립 자체가 걸린 문제가 되어버렸다. 조합원들은 의사와 대립에서 밀리면 노동조합이 위험하다는 것을 직감했다. 노동조합도 요구와 투쟁의 수위를 높여 갔다.

노동조합 투쟁으로 수세에 몰린 교육수련부장은 급기야 전공의들에게 진료를 집단적으로 거부하도록 지시한 채 경주로 2박 3일 무단이탈을 강행했다. 전공의들의 업무 무단 중단과 병원 이탈은 병원 역사상 처음 일어난 중대한 문제였다. 노동조합은 교육수련부장 즉각 사퇴와 형사 처분을 요구했다. 국면이 전공의 무단 이탈로 확대되자 전체 직원들도 내심 놀랐지만 더욱 단결했다. 9월 28일에는 '92 임단투 승리 및 공정인사 확립을 위한 결의대회'를 열었다.

임단협과 맞물리면서 조합원들은 더욱 단결했다. 전공의 업무 이탈에 대한 미온적인 병원의 태도가 더욱 분노를 이끌었다. 조합원들은 간호사의 폭행이 잘못이긴 해도, 그런 폭행이 일어날 수밖에 없을 정도로 막말과 위압적인 행동을 일삼았던 전공의와 의사 집단의 태도를 문제 삼았다. 그간 의사들의 권위적 태도에 아무런 문제제기 하지 못해 왔던 억울함도 분노로 표출되었다. 직원들의 분노는 매일 열리는 중식집회로 모아져 표출됐고 경영진에게 그대로 전달되었다. 결국 경영진은 해당 전공의를 권고사직케 하고 교육수련부장에게 전공의 무단 이탈을 선동 조직한 책임을 물어 해고했다. 위원장의 징계는 철회되었다.

노동조합 재정 확보 투쟁

노동조합이 만들어진 지 1년이 된 1988년 8월 10일, 1주년 기념식을 준비하면서 노동조합은 조합 재정 확보를 위해 사측에 병원 매점 운영권을 요구하였다. 당시 병원 매점은 현대백화점에서 운영하고 있었는데 현대중공업과 현대백화점, 해성병원이 모두 현대그룹이었고, 병원 경영진은 현대중공업의 실질적인 지배권 아래 있었다. 그러다 보니 병

1988년 조합원 행진

원 경영진이 독자적으로 해결할 수 있는 문제가 아니었다. 송영대 집행부는 노동조합의 재정이 튼튼해야 노동조합이 굳건해질 수 있다는 생각에 병원 매점 운영권을 확보하겠다는 의지가 매우 강했다.

송영대 집행부는 노동조합 창립 1주년을 맞아 매점 운영권 쟁취를 위한 전체 조합원 집회를 계획했다. 노동조합의 요구를 담은 만장과 풍물패를 앞세우고 조합원들은 병원 현관 앞에서 집결해 현대백화점 앞까지 돌아오는 행진을 진행했다. 해성병원노동조합 첫 옥외집회 행진이었다.

노동조합의 투쟁에도 불구하고 매점의 운영권을 확보하지는 못했다. 대신 병원은 음료수 자판기 두 대를 설치할 수 있는 공간을 내주었다. 송영대 집행부는 자판기 두 대를 음료회사에서 임대해 5층과 1층 식당 앞에 설치해 직접 운영했다.

매점 운영권을 확보하려는 노력은 3대 임상구 집행부에서도 계속되었다. 임상구 집행부는 노동조합 운영비와 공조회비 마련을 위해 병원 매점 운영권을 요구했다. 사측은 거부했고 임상구 위원장은 매점 앞에서 노동조합이 가판대를 설치해 음료를 직접 판매하겠다고 사측을 압박했다. 그러던 중 해성병원 경영진이 노동조합에 매점 운영권 이전을 검토하고 있다는 것을 파악한 현대백화점이 해성병원에서 매점을 철수시키면 현대중공업 내의 매점도 전부 철수하겠다고 압박했다. 현대중공업의 지배 아래에 있는 병원 경영진은 현대백화점의 압박을 이겨낼 수가 없었다. 결국 노동조합에 자판기 운영 권리를 주겠다며 타협안을 제시했다. 매점 운영권보다 수익이 작지만, 노동조합은 병원 전체의 자판기 운영권을 받아들였다.

해성병원에서 울산대학교병원으로

1997년 3월 1일 아산사회복지사업재단 해성병원은 울산공업학원재단 울산대학교병원으로 전환하였다. 대학병원으로 위상을 변경했으나, 그동안 직원들과 지역 주민이 기대한 의과대학 부속병원이 아닌 울산공업학원 수익 사업을 목적으로 한 전환이었다. 울산공업학원은 현대그룹 계열의 교육재단이었다. 의과대학부속병원으로 전환하기 위해서는 병원건물과 부동산을 교육부에 등록해야 했는데 해성병원의 부동산이 현대중공업 소유로 되어 있어 불가능했다. 현대중공업에서 학교재단으로 부동산을 기부하면 가능할 수 있었지만 그렇게 하지 않았다.

울산대학교병원으로의 전환은 정주영 현대그룹 명예회장이 92년 대통령 출마 당시 공약이었고 14대, 15대 국회의원에 출마한 정몽준의 공약이었다. 직원들과 지역 주민들이 기대한 것은 의과대학의 부속병원으로 의료의 질이 높아져 지역주민의 건강을 책임지는 병원이었다. 그러나 이름은 해성병원에서 울산대학교병원으로 바뀌었지만 실질적인 변화는 없었다. 울산대학교 의대의 실질적인 대학병원 역할은 서울 중앙병원이 했다. 해성병원은 울산대학교병원으로 명의만 바뀌었을 뿐이다. 현대그룹의 꼼수에 지역민들과 노동조합은 배신감을 느꼈다. 노동

울산대학교병원 전환 성명

조합은 번갯불에 콩 볶듯이 진행된 울산공업학원재단 수익업체 전환에 대한 심각한 우려를 표명하는 성명서를 발표하였다. 아울러 울산대학병원 개원 행사 불참과 앞으로 병원이 주최하는 행사를 일체 거부할 것을 선언하였다.

2) 90년대 임단투

단체협약의 발전

1990년대 중반까지 임단투는 주로 임금인상에 관한 사항과 노동조합 활동을 확대하는 내용이 주를 이루었다. 1987년 최초의 임금합의 후 적용 시점을 9월 1일로 잡았다. 그러다 보니 병원의 회기와 맞지 않았다. 임금인상 시기를 연초로 당기는 것은 임금교섭 기간이 길어진다 해도 협의안 적용이 소급되는 기간이 늘어나기 때문에 매년 중요하게 다뤄졌다. 1991년 단체협약에서 임금인상 적용 시기를 7월 1일로 당겼다. 1997년에는 5월 1일로, 1999년에는 3월 1일로 단체협상에서 결정해 병원의 회기와 동일하게 맞추었다.

상여금은 기본급과 함께 임금인상에 주요한 부분을 차지했다. 87년 400%이던 상여금이 88년에 고정 성과급 100%를 추가해 실질적으로 500%가 되었다. 89년에는 고정 성과급 150% 90년에는 상여급 500%에 고정 성과급 50%와 별도 성과에 따라 추가 성과급을 지급하기로 했다. 91년에는 상여금 600%와 추가 성과급을 93년에는 상여급 650%, 94년에는 700%, 95년에는 상여금 700%와 고정 성과급 150%, 97년에는 상여급 850%, 98년 IMF 시기에는 50% 반납을 거쳐, 99년 다시 상여금 700%와 고정 성과급 150%로 변화되었다.

상여금에 포함되는 항목도 91년까지 기본급과 근속수당이 전부였으나 93년에 복지수당, 직무직책 수당, 자격면허 수당이 포함되고 94년부터 통상임금 항목을 개편해 통상임금에 상여금 포함을 명문화했다.

노조활동과 관련해서 87년 첫해엔 전임자가 1명이었다. 88년 2명, 90년 3명으로 확대했다. 이를 2001년까지 유지했다. 초기 조합가입 방식은 자율가입이었다. 94년에 와서 입사와 동시에 가입하는 오픈 숍 형태로 발전했다. 조합원 교육은 90년대 중반까지 병원교육시간에 병행하거나 주말 오후를 조합원 교육일로 잡아 진행하던 것을 97년부터 단협으로 조합원 하루 교육 8시간을 확보하였다.

1987년 최초 단협에는 정년을 55세로 하며 '여성 직원의 근무는 결혼 후 1년까지로 한다.'라는 성차별 정년을 적용하였다가, 1988년에 정년을 만 56세로 바꾸고 여성에 대한 차별조항을 삭제했다. 1997년에 57세로 정년이 조정되었다. 고용안정, 비정규직에 대한 처우, 성차별해소

등을 비롯한 학자금 지원, 공조부조, 인사, 승진, 배치전환 원칙 등 다양한 복지와 처우개선 내용의 단체협약을 투쟁을 통해 쟁취하였다.

총액임금제 분쇄와 92 임단투

1987년 자본은 노동자들의 공세에 놀라는 기색이 역력했지만 1990년대 들어오면서 체계적인 공세로 반격을 시도했다. 자본과 정권은 '신노동정책'을 내세우며 먼저 노동자들의 임금상승에 제동을 걸기 시작했다. 노동자들의 임금인상이 물가를 인상시키고 결국 경제를 어렵게 한다는 논리를 확산시켰다. 91, 92년 한 자리 수 임금상승을 주장하며 임금억제 정책을 밀어붙였다. 그러나 노동조합이 강경하던 그때 기본급은 한 자리 수 인상이었지만, 각종 수당 등을 인상해 총액 개념으로 보면 10% 넘는 인상이 개별 사업장에서 이뤄졌다. 결국 한 자리 수 임금인상 정책은 실패했다. 그러자 정권과 자본은 멈추지 않고, 총액임금제를 통해 노동자들의 임금상승을 차단하려 하였다.

총액임금제는 기본급, 고정수당, 상여금 등을 합산한 총액 개념으로 파악해, 각종 급여의 1년 치를 합산한 총액을 기준으로 인상률을 정하고 12개월로 나누어 지급하는 방식이다. 노동조합은 총액임금제를 '정권과 자본이 경제위기의 책임을 노동자들에게 전가하는 것이다.' '결국 총액임금제를 연봉제로 발전시키고 성과급, 능률급을 확대해 노동자들을 임금노예화하고 노동조합을 무력화하려는 수단으로 삼으려는 것'으로 규정했다. 1992년 정권은 총액 5%를 임금인상 가이드라인으로 설정하고 전 방위적으로 밀어붙였다.

1992년 임단투는 3월 4일부터 14일까지 진행한 현총련 조사 통계부 공동사업으로 물가 조사로부터 시작했다. 현총련의 공동 물가조사는 울산 8곳의 시장과 두 곳의 백화점(전하시장, 동울산시장, 방어진시장, 남목시장,

현대백화점, 성남시장, 신전시장, 쥬리원 백화점, 야음시장, 신정시장)을 대상으로 식료품비, 가구집기비, 피복신발비, 교통비, 보건위생비, 교양오락비 등 267개 품목을 조사하였다.

해성병원노동조합은 동구 지역 조사를 임금요구안에 반영하였다. 노동조합은 6월 23일부터 7월 11일까지 임금과 단체협약을 중심으로 한 설문조사와 1인 1요구안 설문을 두 차례에 걸쳐 진행했다. 설문조사에는 전 조합원 477명 중 1차 설문조사는 256명이 참여하였고 2차는 300명이 참여했다. 설문의 핵심은 임금이었는데 설문참여자의 95%가 현재 임금으로 생활하기 부족하다고 답했다. 설문결과를 바탕으로 노동조합은 기본급 86,816원 복지수당 2만 원 기본급화, 가족수당 인상 등을 요구안으로 마련하고 7월 21일 사측에 발송하였다. 교섭위원으로 이은정, 민영미, 이강림, 박태규, 박점노, 하금숙, 김영구, 김장희, 손인숙, 송영대를 결정하고 임상구 부위원장의 진행으로 2차에 교섭위원 교육을 실시했다. 7월 27일에는 민주광장(성당계단 앞 공터)에서 조합원 200여 명이 모인 가운데 92년 임투 출정식을 가졌다. 7월 28일 임투 상견례를 가지고 교섭을 시작했다. 사측 교섭위원은 이돈영 원장, 이문기 부원장, 이대윤 관리부장, 이용일 원무과장, 김현 간호과장, 배순옥 간호과장, 김선경 기사장, 김병열 간사였다.

92년 해성병원 경영진은 임금교섭을 시작한 후 3차 교섭에서 6.4%(47,690원)의 임금인상안을 제시했다. 병원 사측이 제시한 것은 정권과 자본이 주문해 왔던 총액임금제 임금인상안이었다. 노동조합은 강력히 반발하고 총액임금제 개념이 담긴 어떤 내용도 단호히 거부할 것임을 밝혔다. 그러나 사측은 기본급 인상에 대해 더 이상 여력이 없다고 하며 가족수당, 연말 성과급 50%, 수익이 증가하면 100%의 성과급을 주겠다는 식으로 자본과 정권의 요구를 충실히 따랐다. 이어진 교섭에서 노동조합은 성과급 지급을 임금인상으로 볼 수 없다는 입장을 고수하며 사측의 제시안을 거부했다.

10월 7일, 14차 교섭까지 진행하였다. 교섭 기간 동안 조합원 간담회, 12번의 상집·대의원 확대 간부회의, 5번의 조합원 보고대회, 출정식을 제외한 2번의 전 조합원 결의대회, 3일에 걸친 상집 대의원 철야농성을 진행했다. 사측은 노동조합 투쟁 앞에 성과에 따른 임금지급방식을 철회하였다. 기본급 36,000원 인상, 가족수당 15,000원 인상, 하기휴가비 3만 원 인상, 귀향비 10만 원 인상, 고정 성과급 통상임금 50% 인상, 일시금 통상임금 50%를 지급하는 것으로 협상은 타결됐다.

자본과 정권이 주문하고 병원 사측이 밀어붙인 총액 5%라는 임금억제 선을 돌파하고, 성과급 지급을 임금인상으로 치환하려는 것을 막아냈다. 90년대 해성병원노동조합은 임금인상에 힘쓰는 한편, 단체협약을 통해 노동조합 활동 보장과 직원 복지 향상, 인사 결정 시 노동조합과 협의 등을 쟁취하는 성과를 냈다.

병원 경영진의 태도

노동조합 결성 초기에는 병원장이 노조위원장과 동등한 위치로 교섭에 참여했다. 그러나 90년대에 들어오면서 병원장들은 출장, 진료 등을 핑계로 교섭 참여를 피하기 시작했다. 울대병원 병원장이 최고 경영자이지만 실제 병원 경영의 중요한 사항이나 임단협 내용은 현대중공업 사장의 재가를 받아야 했다. 그러다 보니 병원장 입장에서는 현대중공업에서 낙하산으로 내려온 실질적인 관리자인 운영지원부장(해성병원)이나 행정부원장(울산대학교병원)이 교섭에 나가 원만하게 해결하기를 바랐다. 그러나 노동조합은 병원 경영 대표성과 책임이라는 측면에서 병원장 교섭 참여를 강하게 주장했다. 병원장이 타당한 이유 없이 교섭에 불참할 경우에는 책임감 없는 경영진이라며 비판하는 선전물을 배포하고 대자보를 게시하며 병원장의 참석을 끈질기게 요구하였다.

1997년 울산대학교병원으로 전환된 후 노사관계 업무 책임자가 운영지원부장에서 행정부원장으로 변경됐다. 그러자 병원장은 행정부원장에게 교섭권에 관한 일체를 위임했다. 노동조합은 반발하며 항의하였지만 병원장들은 상견례와 노사협의회에 대표로 참여하는 수준의 불성실한 태도를 고집하였다. 1990년대 후반에 들어서면 병원장은 교섭장에 상견례만 하고 체결할 때까지 나타나지 않는 것이 풍토로 정착됐다.

교섭 과정에서 노동조합은 병원 경영에 대한 각종 자료를 요구하였다. 병원이 재정 등을 이유로 들어 환자나 노동자의 권리를 침해하는 일이 빈번한 탓이었고, 진료비, 의료기기 구매 내역에 있어 병원 경영 투명성 및 환자의 알 권리를 보장하기 위함도 있었다. 그러나 사측은 주로 경영 비밀이라는 이유를 들어 거부했다. 노동조합은 이러한 사측의 태도를 비판하며 투명 경영을 지속적으로 요구하였다.

96년 최초의 파업

1994년 3월 병원은 경영이 어렵다며 임금 지급을 지연하였다. 지급 지연은 4월까지 이어졌다. 노동조합은 4월 29일 중식시간을 이용해 병원 경영진에 대한 항의 집회를 개최하였다. 이런 분위기 속에서 94년 임투가 시작되었다. 6월 2일 출정식을 열고 7월 19일까지 10차 교섭이 이어진다. 병원 사측은 기본급 4만 원 인상을 최종안이라고 내놓았다. 노동조합은 대의원대회를 열어 쟁의발생 결의를 비밀투표에 부쳤고 참석 대의원 21명 전원이 쟁의발생에 찬성했다.

임상구 집행부는 쟁의발생을 결의하고 조정신청을 접수한 뒤 냉각기간 동안 준법투쟁에 돌입했다. 전 조합원 사복 근무, 간부 철야농성,

1996년 파업 전야제

단체복 입기를 진행하며 쟁의행위 찬반투표를 진행했다. 파업전야제까지 협상을 이어간 결과, 통상임금 62,500원 인상과 고정 성과급 50%인상을 병원 사측과 합의했다. 94년 임단협이 끝나고 노사는 호봉위원회를 구성해 호봉제 논의를 이어갔다. 95년 3월 1일부터 새롭게 정비된 호봉표에 따라 임금을 책정할 수 있도록 합의하였다.

96년 임금과 보충협약 교섭에서 노동조합은 병동 3교대 근무자 인수인계시간 1시간 고정연장 인정, 인사위원회 노사동수 구성, 주40시간 노동시간 단축을 요구했다. 그 외에도 예비군 훈련시간만큼 휴식인정, 별관 기숙사 TV선 가설, 간호조무사 직책부여, 생리휴가 사용 못할 시 통상임금지급, 전체 병실 전화기 설치, 벽시계 설치, 환자 탈의실 설치, 하기휴가 3일, 탁아소 설치, 주차장 확보 등을 요구했다. 대부분의 요구가 수용됐으나 주 40시간 노동시간 단축, 병동근무자 인수인계 시간 고정연장

인정, 하계휴가 3일, 탁아소 설치, 의료공공성 요구는 임금교섭과 연계해 끝날 때까지 쟁점이 되었다. 인수인계 시간 고정연장 인정 요구는 매년 단협 때마다 제기된 것으로, 사측은 노동자들이 연장 근무에 따른 연장수당을 발생 시에 각각 청구해야 지급하겠다는 입장을 유지해 왔다.

주 40시간 노동시간 단축은 민주노총의 공동요구였다. 사측은 "현대 그룹 제조업이 모두 주 40시간제로 바뀌어도 서비스업인 병원은 안 된다"라며 거부 입장을 분명히 했다. 그러나 임금교섭과 연계되면서 보충협약 요구는 더 이상 쟁점이 되지 못했다. 결국 병동 고정연장 문제는 10분이든 20분이든 병동 책임자가 연장수당을 청구하는 수준으로 정리됐다. 이후 임금인상을 놓고 쟁의발생을 결의하였고 단체복 입기와 정주영 회장에게 항의엽서 보내기, 리본달기, 부서별 철야농성 등을 진행했다. 이어진 파업찬반투표에서 89.0%의 조합원이 찬성했다. 7월 12일 부산 지방노동위원회가 제시한 조정안을 노사 모두 거부했다.

96년 임단협 투쟁에서 조합원 89%가 파업을 찬성한 이유는 나날이 커져가는 현대중공업과의 격차 때문이기도 했다. 한때는 현대중공업 직원들과 비교해 임금도 복지도 뒤처지지 않았다. 그러나 갈수록 임금에서 격차가 커졌다. 1996년에는 현대중공업과 해성병원의 하계휴가 일수 차이가 쟁점으로 부상했다. 현대중공업은 공식 하계휴가가 연 3일인데 반해 해성병원은 연 2일이었다.

노동조합은 파업전야제를 진행하면서 교섭을 이어갔다. 파업전야제를 마치고 10시경에 조합원은 귀가하고 대의원과 상집간부는 로비 농성장을 지켰다. 7층 회의실에서는 교섭이 계속되고 있었다. 교섭은 정회를 반복하면서 밤을 지새웠다. 노동조합은 교섭이 타결되지 않으면 오전 8시부터 파업에 돌입한다는 결정을 한 상태였다. 교섭을 하면서 밤을 새고 파업 돌입을 계획한 아침 8시가 되었을 때 사측은 기본급 8

만 원을 인상하고 하기휴가는 1997년부터 적용한다는 안을 내놨다. 노동조합은 하기휴가 즉각 적용과 임금 8만 3천 원 인상을 주장하였다.

로비에는 조합원들이 모여 파업출정식을 앞두고 있었다. 부서별 철야농성에서 배운 노동가가 흘러나왔다. 당시만 하더라도 투쟁현장과 상황실 또는 교섭장 간에 소통을 하려면 직접 사람이 전달하거나 원내 전화로 전화해야 했는데, 전달이 원활하지 않았다. 교섭장 밖에서 현장 상황과 교섭상황을 수시로 전달하는 책임자가 노사 모두 있었지만, 첨예하게 대립하는 교섭상황에 개입하는 것은 매우 어려운 일이었다. 시간이 촉박함에 따라 교섭상황은 마무리 방향으로 가고 있었다. 8시가 조금 지나 7층 회의실 교섭장에 인사팀의 김상인 대리가 갑자기 뛰어들어와 "노동조합이 파업을 선언했다"라며 긴급히 보고했다. 사측 교섭위원들은 일제히 교섭이 다 끝나 가는데 노동조합이 파업지침을 내렸다며 강하게 항의했다. 임상구 위원장을 비롯한 노동조합 교섭위원들은 "우리는 파업지침을 내린 적 없다"라고 항변했다.

교섭을 정회하고 상황을 확인한 결과, 로비 투쟁 현장을 책임지고 있던 김태욱 조직부장이 "교섭이 타결되지 않을 경우 8시부터 파업에 돌입한다"라는 사전 결정에 따라 파업을 선언하였던 것이다. 투쟁 현장인 로비에 있던 간부들이 파업돌입 시점인 8시가 되어 교섭을 진행하고 있는 위원장에게 파업에 대한 지침을 요구하였지만, 교섭 중인 상황에서 정확한 소통이 이루어지지 않았던 것이다.

1996년 7월 13일 해성병원노동조합의 첫 파업이었다. 이미 파업을 선언하고 들어간 이상 돌이킬 수 없었다. 교섭은 오전 9시가 되어 임금 82,000원(호봉승급분 별도), 일시금 10만 원, 가족 수당 5천 원 인상, 하기휴가 97년부터 3일에 의견 접근을 이루었다. 해성병원노동조합 첫 파업은 대의원들과 조합원들의 의견을 모아 잠정합의함으로서 7월 13일 12

시에 종료되었다.

그때 반나절 파업은 얼떨결에 들어갔지만 사실상 자존심 싸움이었다. 우리는 "3천 원 더 올려라"하고, 사측은 "안 된다" 하고 그 3천 원 때문에 서로 밀고 당기고 하다가 시간이 넘어가 파업에 들어가게 된 거지. 결국 2천 원 더 올리고 파업 정리한 거지.

임상구 해성병원노동조합 3대 위원장

투쟁 일정은 매년 비슷한 양상으로 진행되었다. 조정신청을 하고 난 후 천막을 치고 상집간부들과 대의원들이 돌아가며 철야농성을 진행했다. 간부들은 현장을 순회하고 노동조합 요구와 투쟁 방향을 설명했다. 파업을 4일 정도 앞두고는 부서별 전 조합원 철야농성으로 확대됐다. 철야 농성 시간은 노동가와 율동 배우기, 조별 토론과 발표로 채워졌다. 때로는 전 조합원 단체복 입기를 진행했는데, 주로 현총련 단체 티셔츠를 입었다.

파업 하루 전에는 전 조합원이 참여하는 파업전야제를 진행했다. 파업전야제와 동시에 밤샘교섭이 진행되곤 했는데, 그럴 때면 대의원과 상집간부들이 남아 농성장을 유지했다. 밤샘교섭 도중 새벽에 의견 접근이 이루어지면 대의원회의를 통해 논의하고 잠정합의안이 동의되면 대의원별로 전체 조합원에게 전화로 파업 또는 합의 여부를 전달했다. 쟁의가 발생하고 10여 일 동안 간부들은 수면 부족과 피로에 시달려야했다. 그러다 보니 정작 교섭에서는 졸거나 판단력이 흐려지는 경우도 있었다.

2006년 첫 파업은 생소한 경험이기도 하였지만 노동조합 간부들에게 교섭과 파업에 대한 좀 더 치밀한 계획과 준비가 필요하다는 교훈을 일깨워주는 계기가 되었다.

97년 3일 파업

현총련은 6월 11일 태화강 고수부지에서 열린 전진대회에서 97년 임단투 공동투쟁을 결의했다. 울산대병원 1997년 임금협상은 3월 18일 상견례로 시작되었다. 5월 19일 출정식을 진행하고, 노동조합은 임금 91,219원(기본급대비 15.3%) 인상, 노조활동 및 조합원 교육시간확보, 정년 57세 연장, 임금인상 5월 1일 소급, 성과급을 상여금으로 전환 등을 주요하게 요구했다.

노동조합은 7월 21일부터 23일까지 부서별 철야농성을 진행했다. 부서별 철야 농성에서 조합원들은 현총련에서 단체로 주문제작한 파란색 티셔츠를 착용했다. 7월 24일 목요일 오전 7시를 기해 파업에 돌입했다. 파업은 토요일인 7월 26일까지 3일간 진행되었다.

파업 1일째 저녁, 식당 조합원들이 임상구 위원장을 찾아와 파업에 참여하게 해달라고 요구했다. 다른 조합원들이 전부 파업에 함께하는데 식당에서 근무하는 조합원만 빠질 수 없다는 이유도 있었지만, 평소 노동강도가 높은 직종이라 파업기간까지 일을 해야 한다는 것이 힘에 겨운 탓도 있었다. 집행부는 고민했다. 식당조합원이 파업에 참여하면 환자에게 식사를 제공할 수 없어 병원 사측이 상당한 압박을 받기도 하겠지만, 역효과도 우려하지 않을 수 없었다. 환자들에게 식사가 제공되지 않을 경우 비난 여론을 피할 수 없었다. 또한 파업 조합원들이 식사를 할 수 없어 노동조합이나 조합원이 따로 도시락을 준비해야 하는 문제도 생겼다. 그렇지만 식당 조합원들의 강력한 의지를 임상구 집행부는 거부할 수 없었다. 우선 직원 식사를 준비하는 식당 조합원들을 파업에 참가시키는 것을 결정하고 파업지침을 내렸다. 병원은 비조합원 직원들의 도시락을 주문하고 환자 식사를 관리자들이 직접 배달하게 했다. 파업 이틀째 조합원들은 각자 도시락을 준비해 왔다. 기숙사 생활을 하는 조합원들을 위해 다른 조합원들이 더 많은 음식을 준비해오고 조별로 둘러앉아 함께 도시락을 먹는 새로운 풍경이 생겨났다.

파업 3일째 되는 날 파업 지도부는 대형 솥을 병원 현관 앞에 걸었다. 조합원의 식사를 해결하기 위해 솥을 걸고 국을 끓였다. 식당 조합원들과 간부들이 나서 끓인 국과 방앗간에서 쪄온 밥을 배식했다. 집행부는 배식을 위해 300인 분의 식판과 수저 등을 구입했다. 노동조합의 식사 준비를 보고 사측은 노동조합이 장기전을 준비한다는 판단을 하고 긴장했다.

파업 3일째 되는 토요일 점심시간을 넘겨 임금 58,000원(기본급대비 7.1%)인상, 노조활동 확대, 조합원 교육 8시간 확보, 정년 57세 연장, 임금인상 5월 1일 소급, 성과급 150% 상여금으로 전환 등에 대해 의견 접근을 이뤄 3일 간의 파업을 마무리하였다. 97년 3일 파업은 조합원들에게 '뭉치고 함께 투쟁하면 이길 수 있구나'라는 자신감을 심어주었다.

3) 격변하는 정세와 대응 투쟁

96-97 민주노총 총파업

1996년 12월 26일 새벽 신한국당이 노동관계법과 안기부법을 날치기로 통과시키자 민주노총 권영길 위원장은 총파업을 선언하였다. 12월 26일부터 금속연맹 자동차업종을 중심으로 지하철노조 등이 1단계 총파업을 진행했고 1월 3일부터 14일까지 사무전문직이 2단계 총파업을, 1월 18일까지 공공부문노조들이 3단계 총파업을 진행했다.

김영삼 정권은 철저히 자본의 이해를 대변하며 노동자들에게만 양보를 강요했다. 김영삼 정권은 노동계가 요구해오던 노동법개정에는 생색내기만 하고 자본이 원하던 노동법 개악은 전면적으로 수용하였다. 근무시간을 사용자 마음대로 조정할 수 있는 변형시간제, 회사가 적자만 나도 노동자를 해고할 수 있는 정리해고제, 언제든지 사업주간 계약을 통해 노동자를 거래할 수 있는 근로자파견제, 노동자의 파업권을 무력화시키는 파업 시 대체근로 허용과 무노동무임금제도, 노조전임자 임금지급 금지, 직권중재 등 신한국당의 개악안은 엄청난것이었다. 파업으로 시작된 민주노총의 노동법개악 저지 투쟁은 전 국민적인 지지를 받았다.

4대 임상구 집행부는 상집간부들과 대의원들의 열띤 논의를 거쳐 총파업에 돌입하기 보다는 노동법개악 반대 투쟁에 적극적으로 결합하는 것으로 결정했다. 부서별로 조합원들을 구성해 전국 및 지역 파업 집회에 돌아가며 참여하기로 했다. 관리자들 또한 노동악법이 가진 심각성을 알았기에, 조합원들이 근무시간에 집회에 참여해도 별다른 통제를 하지 않았다. 울산 지역 집회는 부서에서 한두 명씩 매일 참석했다. 그 수가 하루 40~50여 명이었다. 주말에는 여의도 광장에서 열리는 집회에 버스로 상경해 노동법 개악 저지 투쟁에 함께했다. 파업집회에 참가한 조합원들은 "노동법 개악 무효" "안기부법 무효" "노동법 민주적 개정" "땡삼 정권 퇴진"을 외쳤다.

1월 15일 3단계 총파업 이틀 만에 민주노총 지도부는 '유연한 전술'을 구사한다며 수요파업으로 전환하였다. 2월 28일에 4단계 총파업은 4시간 시한부 파업으로 진행되었고, 더 이상 노동자들의 투쟁동력을 불러일으키지 못하고 끝이 났다. 3월 8일 정리해고제와 근로자 파견제 시행을 2년 유예한 여야합의로 노동법 개악안이 통과되었다. 97년 총파업은 국회 합의에 기대며 파업 수위를 낮추던 지도부에 의해 동력을 상실한 채 결국 노동악법을 2년 유예시키는 정도의 결과를 냈다. 그러나 조직된 총파업은 노동자들의 내재된 힘이 얼마나 강한 것인지 만천하에 알리는 계기가 되었다.

IMF와 임금삭감

김영삼 정권은 96년 10월 OECD에 가입했다. 90년대 중반까지 잘나가는 듯 보이던 한국경제가 IMF 외환위기 사태를 맞았다. 기업들은 90년대 중반까지 이어지는 활황에 힘입어 무분별한 과잉투자에 열을 올렸다. 정경유착으로 부당대출을 하는 등 정부가 기업들에게 과잉투자를 부추기면서 기업과 금융권의 부실을 더욱 키웠다. 기업들은 자기자본의 평균 500%를 넘는 금융부채를 이용해 투자를 확대했다. 마침내 발생한 동남아 경제위기는 외국은행에서 돈을 빌려와 국내 기업에 대출해주던 한국 금융권의 부실로 이어졌다. 엄청난 금리인상으로 과잉부채 상태인 기업은 도산하기 시작했고 외환보유고가 바닥나면서 국가부도의 위기로 몰릴 수밖에 없었다. IMF는 구제금융을 제공하는 대신 각종 구조조정을 요구해왔다. 핵심은 금융시장개방과 고용유연화, 공공부분 민영화였다.

1998년 2월 김대중 정부가 들어서면서 IMF의 요구를 전면적으로 수용했다. 고용유연화라는 명목으로 노동자에 대한 해고를 자유롭게 하고 비정규직 파견노동자들을 대폭 늘렸다. 공공부분 민영화 정책으로 전기, 가스, 의료, 수도, 철도 등에 강제 민영화를 추진했다. 정경유착과 과잉투자로 인한 경제위기의 책임이 국민들에게 전가됐다. 국민들은 실업과 파산의 고통에도 허리띠 졸라매기와 단합으로 경제위기를 벗어나자는 정권과 언론의 선동에 따라 금 모으기에 열중했다. 이런 분위기는 98년 울산대학교병원노동조합 임금과 보충협상에서 현실로 나타났다.

병원 사측은 노동조합 건설 이후에 단 한 번도 주장하지 않았던 단체협약 후퇴와 임금삭감을 주장하였다. IMF금융위기로 대부분의 기업 상황은 어려웠지만 병원의 경영은 거의 영향을 받지 않고 있었다. 그러나 사측은 임금 삭감을 요구해왔다. 울산대병원만의 일이 아니었다. 기업들은 경제위기를 빌미로 임금 삭감과 정리해고 등 구조조정을 감행했다.

현대자동차는 IMF를 빌미로 6월 30일 직원 4,830명 정리해고를 발표하고 밀어붙였다. 노동조합은 즉각적으로 파업에 돌입해 공장을 점거했고 정리해고 저지 투쟁에 돌입했다. 그러나 현대자동차 사측은 7월 16일 또 다시 2,678명에 대해 해고를 통보했다. 이에 전직위원장 3명과 현직위원장이 고공농성에 돌입하고 가족들이 가족대책위를 꾸려 투쟁의 열기를 더욱 높였다. 사측은 희망퇴직으로 노동자 분열을 획책하는 동시에 공권력 투입을 들먹이며 협박했다. 7월 31일 희망퇴직을 신청하지 않은 1,569명이 정리해고를 통보 당했다. 그러나 조합원들은 흔들림 없이 공장을 점거하고 강고하게 투쟁했다. 공권력 투입을 앞두고 8월 23일 현대자동차 노동조합 김광식 위원장은 최종 277명을 정리해고 하는 안에 직권으로 조인한다. 투쟁하던 조합원들이 노동조합에 항의하였으나 이미 되돌릴 수 없었다.

4대 임상구 집행부는 임금삭감, 단협 후퇴 결사반대를 외치며 7월 31일부터 중식집회를 진행하고 8월 18일부터는 부서별 철야농성에 돌입했다. 8월 20일 비상임시총회 전야제에서 파업을 결의하였지만, 밤새 진행된 교섭에서 결국 임금을 동결하게 된다. 더불어 1999년부터 임금 적용 시기를 7월 1일에서 3월 1일로 변경하는 내용과 진료비감면 확대(보험증 등제 직원가족 30%에서 50%로, 형제자매 20%에서 30%), 장기근속자 포상 신설을 합의하였다.

또한 상여금150%를 성과급으로 전환하여 1998년도는 성과급 100%를 지급하고, 1999년 이후부터 성과급 100%를 고정 지급하고 추가 지급에 대해서는 협의하는 것으로 합의해 상여금 50%를 삭감하였다. IMF 위기상황이 지배하는 사회 분위기 속에 파업을 결행하기 힘들다는 판단으로 단협 유지, 성과급 한시적인 반납이라는 타협적인 결과를 도출한 것이다. IMF상황과 정세가 있었지만 임금이 삭감된 것에 대해 조합원들은 매우 비판적인 평가를 했다.

4) 호봉제 쟁취

불평등한 임금체계 개선을 위한 노력

1987년 이후 노동자대투쟁에 놀라 주춤거렸던 자본은 1990년대 들어 서서히 전열을 가다듬었다. 1987년에서 1990년대 초반까지 노동자들의 최대 관심사는 임금이었다. 노동강도에 비해 그만큼 생활이 열악하고 힘들었다. 그러나 전열을 가다듬은 자본은 온갖 논리로 노동자의 임금요구를 저지할 구실을 만들고 정권과 결탁해 노동자들을 공격하기 시작했다. 자본은 무노동·무임금, 경영권 및 인사권 수호, 생산성 임금 원칙을 내세우며 1987년 직후 침해 당한 경영 주도권을 회복하려 했다. 한편 노동조합은 사용자 마음대로 결정하고 시행해온 임금체계의 부당함을 확인하면서 새로운 임금체계를 만들기 위한 준비를 시작했다.

1988년 해성병원의 임금체계는 대표적으로 A. B. C. D 호봉으로 나뉘어져 있었다. 간부직은 A. B 호봉 일반 직원들은 C. D 호봉이었다. A. B. C. D 호봉은 대표적인 호봉 분류였고 각 직종에 적용하는 호봉은 B1, B2, 이런 식으로 세분화되었다. 운전직과 교환직종은 특1, 특2로 별도 호봉 체계도 가지고 있었다. 각 호봉마다 별도의 호봉단계표가 있었는데 예를 들면 C호봉은 31호봉에서 시작해 1호봉까지 승급할 수 있었고 D호봉은 13호봉에서 시작해 1호봉까지 승급할 수 있었다. 호봉에 따른 매년 기본급 상승분은 3,000원에서 22,000원까지 뒤죽박죽이었다. 기본적인 호봉표는 기본급을 중심으로 하고 별도로 각종수당을 지급했지만 특1과 특2 호봉에는 시간외, 심야, 휴일수당을 일괄계산해서 적용했다.

남녀 간의 호봉격차가 발생하는 것도 큰 문제였다. 남녀 간 초봉이 15,700원(1991년) 정도 차이가 났다. 더 불합리한 것은 누구는 31호봉부터 시작하고 누구는 25호봉부터 시작하는 등 시작점이 분명하지 않다는 것이었다. 적용 호봉을 입사 때 결정하는데, 병원 내 힘 있는 사람 소개로 들어오면 더 높은 호봉을 책정 받는다는 소문이 만연했다. 인력을 구하기 힘든 직종도 인사권자 마음대로 호봉을 올려 적용했다. 전체 직원들의 임금 실태도 공개되지 않았고 누가 몇 호봉인지 알 수 없었다. 승진이 되는 것도 직종 간의 이동도 관리자 마음대로였다. 일반 직원들에게는 불가능한 이야기인 호봉표 간 이동이 음성적으로 이루어지기도 했다. 노동조합이나 사용자 모두 공정한 임금체계의 필요성을 공감하고 있었다.

현총련은 임금을 체계화하기 위해 호봉제개편 준비위원회를 만들었다. 각 사업장별로 준비위원회에 참여할 담당자를 정해 활동에 들어갔다. 매월 정기회의를 열어 우선 각 사업장별 임금체계와 실질적인 수령 임금을 조사하고, 노동과정과 임금의 상관관계를 연구하고 토론했다. 1991년 8월 26일부터 현대미포조선노동조합에서는 임금체계, 직급체계 등을 분석한 호봉제 연구 소식지를 발행했다. 소식지는 각 사업장별로 배포되었고, 그렇게 조합원들은 호봉제에 대해 알아갔다.

그러나 제조업과 서비스업의 노동이 너무나 달랐고 임금구조도 다를 수밖에 없었다. 제조업간에도 현대자동차와 현대중공업 내에는 일당제, 시급제, 월급제등 다양한 임금구조가 있고 노동과정도 교대근무와 상근근무가 있는 등 일치시키기 어렵기는 마찬가지였다. 그러한 까닭에 현총련 차원의 호봉제 논의는 공동 요구안으로 이어지지 못했으나, 각 단위 사업장별로 호봉제를 만들어가는 데에 밑거름이 되었다.

호봉제를 쟁취하다

90년대 초 노동운동 진영에서는 불합리한 임금체계를 개선하고 단일호봉제를 도입해야 한다는 주장이 커져갔다. 현장에서도 불합리한 임금체계를 개선해야 한다는 목소리들이 나오기 시작했다. 그러나 호봉제에 대한 인식이 아직 현장에서 낯설어 동의되기는 쉽지 않았다. 1991년 병원노련이 조사한 임금체계 및 수준 조사결과를 보면, 해성병원 노조에서 호봉제에 대한 조합원의 의견을 모아 정리한 내용에는 이러한 내용이 있었다.

"아직 호봉이 도입되지 않은 상태인데, 도입하자는 주장과 근속수당을 인상하여 승급분으로 대체하자는 의견이 대립되고 있다. 직급과 호봉을 나누는 데 있어서도 직종 간의 이해관계가 엇갈리고 있다. 또한 호봉제 도입 시 일부에서는 호봉 균형이 이루어질 때까지 임금동결이 될 수 있으므로 꺼리는 경향도 있는 등 아직 호봉제에 대한 인식이 부족하다."

90년부터 현총련과 병원노련에서 조금씩 논의되던 호봉제는 1991년 임단협에서 노사 동수로 호봉위원회를 구성하고 호봉위원회에서 호봉제와 관련한 모든 사항을 결정하기로 합의하면서 구체화되기 시작했다. 현총련과 병원노련의 호봉 관련회의에 참여하면서 자료를 수집해 해성병원만의 호봉제를 논의하였으나 호봉개선을 원활하게 하기 위한 추가비용이 투입되지 않아 더 이상 진행되지 못했다. 1993년 임상구 3대 위원장의 출마공약으로 다시 호봉제 논의가 본격화 되었다. 임상구 위원장이 당선된 후 94년 임단협 기간에 병원 측과 호봉제 논의를 진행했다. 노동조합은 호봉을 개선하기 위해서 임금인상분 외에 호봉개선 비용을 요구했다. 공방 끝에 임금인상과 별도로 호봉개선 비용을 직원 1인당 5만 원으로 정하고 노사 간에 호봉위원회를 구성해 세부사항들을 논의하기로 결정했다.

노동조합 측 호봉위원은 김태욱 사무장과 권순영 총무부장이었고, 사측 위원은 김병렬 인사차장과 김상인 대리였다. 94년 임단협이 먼저 타결되고, 호봉제 논의는 주 2회씩 계속되어 1995년 초에 최종 마무리됐다. 1995년 노사 간에 합의된 호봉제는 온전한 단일 호봉제가 아닌 직급별 호봉제였다. 기존에 복잡하던 호봉체계를 A, B, C 세 가지로 통폐합했다. 간호사, 의료기사, 영양사, 사무직, 일반기사, 약사 직종은 A호봉표 대상. 기능사, 조무사, 기능보조, 교환, 경비, 진료보조 직종은 B호봉표 대상, 조리원, 배선원, 세탁원, 재봉원은 C호봉표 대상이 되었다. 호차 간격도 최하 18,000원에서 최고 39,500원까지 조정됐다. 정기승급 시기도 매년 3월1일 이전입사자는 9월 1일, 9월 1일 이전 입사자는 익년도 3월 1일에 1호봉 정기 호봉승급을 하는 것으로 해 고정시켰다.

많은 불합리한 부분들이 개선되었지만 여전히 직종별 차이가 있었다. 예를 들면 경비의 초봉은 학력에 관계없이 B호봉표의 4호봉으로 시작했지만 기사보조는 6호봉으로, 교환은 1호봉으로 시작했다. 이런 불

II. 임금체계

ㅇ현재 이원화된 호봉제도를 단일호봉제도로 개편한다.
ㅇ정기 승급호 : 매년 3/10전 입사자는 9/10에, 9/10전 입사자는 익년 3/10에 1호봉의 정기승급호를 실시한다.

1. 호봉표

호봉	A		B		C	
40	1,475,000		1,312,000		1,094,000	
39	1,455,000		1,292,000		1,073,000	
38	1,435,000		1,272,000		1,053,000	
37	1,415,000		1,252,000		1,037,000	
36	1,396,000		1,232,000		1,019,000	
35	1,375,000	20	1,212,000		1,001,000	
34	1,345,000		1,192,000		983,000	
33	1,315,000		1,172,000		965,000	
32	1,285,000		1,152,000		947,000	
31	1,255,000		1,132,000		929,000	
30	1,225,000		1,112,000	20	911,000	
29	1,195,000		1,087,000		893,000	
28	1,165,000		1,062,000		875,000	
27	1,135,000		1,037,000		857,000	
26	1,105,000		1,012,000		839,000	
25	1,075,000		987,000		821,000	
24	1,045,000		962,000		803,000	
23	1,015,000		937,000		785,000	
22	985,000		912,000		767,000	
21	955,000	30	887,000		749,000	
20	921,000	34	862,000		731,000	
19	889,000	32	837,000		713,000	
18	859,000		812,000		695,000	
17	829,000		787,000		677,000	
16	799,000		762,000		659,000	
15	769,000	30	737,000		641,000	
14	742,500		712,000		623,000	
13	716,000		687,000		605,000	
12	689,500	26.5	662,000		587,000	
11	650,000	39.5	637,000		569,000	
10	620,000		612,000	25	551,000	
9	590,000	30	592,000		533,000	
8	570,000		572,000		515,000	
7	550,000		552,000		497,000	
6	530,000		532,000		479,000	
5	510,000		512,000		461,000	
4	490,000		492,000		443,000	
3	470,000		472,000		425,000	
2	450,000		452,000		407,000	
1	430,000	20	432,000	20	389,000	18
대상	간호사 퍼료기사 영양사 사무직 일반기사 약사		기능사 조무사 기능보조 교환 경비 오.여.드오		회사, 세탁	
직종초임	약사11호 대졸14년7호 전문대(3년)6호 전문(2년)5호 사무직1호		기능사5호 기능보조3호(남13호) 진료보조(남11호)	교환1호 경비4호 진료보조1호 조무사1호	조리원 배선자 1호 세탁원 재봉원 1호	
	현역필 1호가산 병 위 1호가산		좌동		좌동	

호봉표

합리한 지점들을 완전히 해소한지 못한 것은 그동안 호봉표와 실제 임금적용 기준이 너무도 달랐기 때문이었다. 또한 상대적으로 다른 직원들과의 차별을 유지하고 싶어 하는 직종 간 또는 개인의 이기주의도 작용했다.

4년제 간호대를 나와도 제대로 대우받지 못하고 있던 사람들은 호봉제 개선이 큰 혜택이었다. 특히 남성 직원들에 비해 임금 격차를 겪었던 여성 직원들은 차별감을 해소할 수 있었다. 반면 군 복무한 사람들에게 2호봉을 가산해 격차가 발생하는 문제도 있었다. 그간 가장 큰 혜택을 받아온, 검증되지 않는 경력을 인정받아 높은 임금을 받아온 직원들은 상대적으로 호봉제 개선이 불만이었다.

3부 산별노조 시대(1999~2004)

3부 산별노조 시대(1999~2004)

1. 5대 집행부와 보건의료노조 조직형태 변경

1) 5대 집행부 출범

1998년 9월 30일 제5대 위원장 선거에서 송영대 후보가 단독 출마해 당선되었다. 5대 송영대 집행부는 회계감사에 박세훈, 김종학, 부위원장에 손인숙, 황승현, 사무장에 최현주, 총무부장 변영한, 총무차장 안경옥, 조직부장 이장우, 조직차장 김석한, 한복순, 조사통계부장 곽진근, 의료부장 정유봉, 의료부차장 서문상, 문화부장 주재명, 교선부장 김태우 조합원이 함께했다.

송영대 위원장은 당선된 후 곧바로 보건의료노조 전환을 준비했다. 5대 송영대 집행부는 산별노조 전환에 대한 의지가 확고했다. 송영대 위원장은 상집과 대의원들을 설득해 산별노조 전환 총회투표를 성사시켰다. 전체 조합원 투표를 통해 1999년 2월 26일 울산대학교병원노동조합은 보건의료노조 울산대학교병원지부로 전환됐다. 조합원은 510명이었다. 이때 조합비도 통상임금 1%에서 1.3%로 인상한다. 조합비 인상은 산별노조에 의무금을 내더라도 지부의 조직운영에 지장을 주지 않기 위한 방안이었다.

2) 보건의료노조 건설

1998년, 전국병원노동조합연맹(병원노련)은 전국보건의료산업노동조합(보건의료노조)을 건설했다. 병원노련은 1993년 합법화를 쟁취한 뒤 1994년부터 산별노조 연구위원회를 구성해 산별노조 전환을 준비하고 있었다. 신경영전략 도입, 노동시간 연장, 노동 강도 강화, 인력통제, 노조활동 탄압이 개별 병원이 아닌 자본과 정권 차원에서 밀려 들어왔다. 기업별 노조로 대응해 해결할 수 없는 문제들이었다. 병원노련 94년부터 산하 단위노조로부터 교섭권을 위임받아 공동교섭 공동투쟁을 추진했지만 이렇다 할 성과를 만들지 못했다. 기업별 노동조합의 연맹체계를 넘어 전국 단일 노동조합 건설을 본격적으로 고민해야 할 때였다. 병원노련은 보건의료 분야의 전국 단일 노동조합을 결성함으로 병원 사업장에 밀려오는 전반적인 노동통제에 단결된 힘으로 대응하려 했다. 또한 의료 분야의 제도적 개선 투쟁을 대정부 차원에서 전개하여 의료의 공공성을 꾀하고자 하였다.

1997년 3월 정기 대의원대회에서 산별노조 건설 결정을 확정하고 의료산별노조건설 추진위원회를 발족했다. 1998년 2월 27일, 병원노련 산하 130개 노조 가운데 93개 노조가 보건의료노조로 전환하였다. 병원노련의 89.6%가 조직 전환을 했지만 울산대학교병원노조는 보건의료노조로 전환하지 않고 병원노련에 남아 있었다.

울산대학교병원노동조합은 1997년부터 병원노련 지침에 따라 산별노조 전환에 대한 간부 토론과 조합원 간담회, 교육을 진행했다. 간부 토론에서 가장 큰 걸림돌은 '조합비 배분'문제였다. 기업별 노동조합에서는 단체교섭과 투쟁을 비롯한 노동조합 활동의 대표성이 기업 노조위원장에게 있지만, 산별노조로 조직을 전환하면 노조활동이 중앙본부의 지침과 책임 하에서 이뤄진다. 교섭권과 파업권을 중앙으로 집중하고 단일화

울산대학교병원지부 깃발

하여 그 파급력을 높인다는 취지였다. 그런데 중앙 본부의 권한과 역할이 커진 만큼 조직운영 비용과 사업을 추진할 인력 또한 필요했다.

보건의료노조는 산별노조 의무금을 조합원 1인 당 통상임금의 0.5%로 책정했다. 당시 울대병원 노동조합비가 통상임금의 1%였다. 노동조합비의 절반을 산별노조 의무금으로 납부해야 하는 것이다. 산별노조 의무금에는 민주노총 의무금을 포함해 산별노조 인건비, 운영비, 희생자 구제기금, 투쟁기금이 포함되어 있었다. 울대병원 조합원들은 조합비의 50%를 산별노조 의무금으로 납부해야 한다는 원칙에 쉽게 동의하지 못했다. 개별 노동조합 활동이 축소된다는 우려 때문이었다. 그렇다고 조합비를 인상하는 것도 만만치 않은 상황이었다. 더욱이 울산대학병원노조는 현총련에도 재정과 인력을 연대해왔기 때문에 연대비용을 산별노조로만 집중하는데 불안감을 느꼈다. 산별노조 전환 안건은 대의원대회에서 신중하게 토론되었지만 합의점을 찾지 못했다. 결국 임상구 집행부는 산별노조전환을 적극적으로 추진하지 못했던 것이다.

3) 연대와 교육으로 단결하는 보건의료노조

보건의료노조 1기 이상춘 지도부는 산별 전환과 기틀을 마련했다. 2000년 출범한 2기 차수련 지도부는 3만 5천 조합원 직접선거로 선출되었다. 3파전으로 치러진 직선제 선거 직후 보건의료노조는 선거 후유증과 선거 과정에서 불거진 성추행사건 등으로 내홍을 겪었다. 그럼에도 지역본부를 중심으로 현장조직 강화를 위한 산별조직 활동을 밀도 높게 진행했다. 특히, 진해 현대의원을 비롯한 장기 투쟁사업장 해결을 위해 힘썼다. 보건의료노조 지역본부 사업에 주된 목적은 지역 내 간부들을 단결시키고 산별노조의 임단협 투쟁에 대한 동일한 인식을 만들어내는 것이었다. 지역 내 현장간부들을 모아내는 프로그램으로 합동간부 수련회를 진행했다. 연맹 시절에도 합동간부 수련회는 있어왔지만, 개최 주기가 정례화 되고 구체화된 현장문제까지 논의할 수 있게 된 것은 산별노조로 전환된 후부터였다. 합동간부 수련회에서는 임단협에 대한 산별요구안과 투쟁계획을 검토하고 토론했다.

2001년 합동간부 수련회는 민주노총 경남지역본부에서 회의를 마치고, 진해 현대의원 집회에 참석한 뒤 창녕 부곡하와이로 가서 임단투 투쟁방침을 토론하는 1박 2일 일정이었다. 울산대학교병원 전체 간부 65명 중 27명이 함께했다.

보건의료노조는 조합원 교육도 울산경남지역에서 합동으로 진행했다. 산별노조 공동투쟁을 위해 간부들의 의식만큼이나 일반 조합원의 인식도 넓힐 필요가 있었다. 합동 조합원 교육을 위해 울산경남 지역본부가 교육위원회를 꾸리고 각 지부별 담당자들이 참여해 조합원 교육

을 기획하고 준비했다. 2000년에는 9월 25일부터 29일까지를 교육기간
으로 정하고 경남 김해 수련원에서 교육을 진행했다. 매일 울산, 마산,
진주에서 100여 명의 조합원이 수련원을 찾았다. 교육에 참가한 조합원
들은 함께 교육받고 토론하면서 다른 병원사업장 사정을 알아가게 되
었다. 오전에는 임단협 투쟁과 민주노총의 쟁점 투쟁, 정세 교육을 받
고, 오후에는 조별 공동 작업으로 대형 걸개그림 그리기나 작은 운동회
를 개최했다. 교육에 참여한 울대병원지부 조합원들은 자신들과 같은
병원노동자들이 노동조합을 만들고 공통의 고민과 노력을 하고 있다는
것을 확인할 수 있었다. 울산경남 합동 조합원 교육은 보건의료노조 안
에서도 모범이 될 정도로 활기차게 진행됐다.

　보건의료노조는 지역본부 산하 사업장 투쟁 현안에 함께했다. 울산
대병원 지부도 울산경남지역본부 내 투쟁사업장에 투쟁기금을 전달하
거나 집회에 결합하는 방식으로 연대했다. 보건의료노조 전국 집중 투
쟁을 하는 날이면 지부에서 버스를 대절해 서울, 광주로 가 연대하기도
하였다. 특히 진해현대의원, 새양산병원, 진주늘빛병원은 노동조합을
만들었다는 이유만으로 위장폐업을 하는 등 노동조합에 대한 혐오가
극에 달했다. 소규모 병원들의 전형적인 대응 방식이었다. 노동조합은
짧게는 3개월, 길게는 4년 넘게 위장폐업 철회, 노동조합 인정을 요구
하며 투쟁했다. 보건의료노조는 장기 투쟁사업장을 지원하기 위해 재
정사업도 벌이고 조합원들을 대상으로 후원회를 조직하기도 했다. 장
기 투쟁사업장 외에도 노동조합 설립을 앞둔 미조직 사업장 지원도 이
뤄졌다.

　연대 사업을 활발히 하다 보니 일부에서는 '지부 일은 하지 않고 밖
으로만 나간다'는 부정적인 시각과 의견도 존재했다. 그러나 대부분의
조합원들은 집행부의 연대활동을 동의하고 함께했다. 간부들을 시작으

로 일반 조합원까지 점차 사업장이 달라도 함께하는 것을 당연하게 받아들였다.

4) 산별노조 교섭과 투쟁

IMF 한파가 들이닥친 노동계

97년 대한민국은 국제통화기금(IMF)에 구제금융을 요청하였다. 김대중 정부는 IMF 자금을 지원받기 위해 노사정위원회를 열어 사회적 합의를 강요했다. 1998년 2월, 민주노총은 노사정이 대타협이라 선언한 '정리해고 법제화, 노조의 정치활동보장, 전교조 합법화'를 논의 안건으로 올렸으나, 대의원대회에서 부결됐다. 민주노총 조합원들의 의지와 무관하게 김대중 정부는 경제위기 상황 극복을 핑계로 '경영상 이유에 따른 해고제도, 근로자 파견제도'를 국회에서 밀어붙였다. 이어 노사정위원회는 '노동시간 단축, 복수노조 허용' 등을 본격적으로 논의했다. 민주노총은 노사정위원회에 참여할 것인가를 놓고 내부 논쟁이 뜨거웠지만 결국 노사정위원회에 참여하지 않기로 결정했다.

신자유주의와 더불어 외국자본의 투자에 힘입은 국내기업은 합리화 공세로 노동자를 내몰았다. 기업문화 운동, 노동시간 탄력 운영, 고용유연화 등을 내세운 신경영전략이 쏟아졌다. 특히 중간관리자를 통한 현장 통제, 인사고과 강화 등은 노동자들 간의 경쟁을 조장했다. 경쟁은 노동자들을 개인화시키고 분리했다. 노동조합의 유일무이한 힘인 단결력이 손상 당하는 것은 당연했다.

신경영전략은 제조업과 사무직으로 확대되다가, 재벌기업이 세운 대형병원을 중심으로 병원사업장에도 확산됐다. 직원들의 인사평가 기준이 구체화된 신인사제도를 서울중앙병원이 처음으로 도입했다. 또한 임시직, 비정규직 도입이 확대됐다. 많은 병원사업장에서 식당, 세탁, 청소업무 등에 직접고용 직원을 해고하고 용역업체와 계약하기 시작했다. 외부 용역업체를 통해 들어온 이들의 고용은 불안정하기 짝이 없었다.

산별공동요구와 시기집중투쟁

산별노조 전환 첫해인 1999년에도 IMF 구조조정은 계속됐다. 수많은 노동자들이 직장에서 쫓겨나 실업자가 되었고, 현장에서는 인력부족으로 인해 노동 강도가 높아만 갔다. 임금교섭을 진행한 85%의 사업장에서 임금을 삭감하거나 동결했고 실질임금은 10.8%나 줄어들었다. 사용자들이 합의사항을 지키지 않아 단체협약은 휴지조각이 되어버렸다. 김대중 정부는 구조조정을 계속 추진하겠다고 주장하고 경총은 "모든 기업은 99년 임금을 동결하거나 삭감하라" "임금구조를 성과급 중심으로 바꾸라" "계약직과 파견제노동자를 최대한 활용하라"는 지침을 내렸다.

보건의료노조는 99년 시기집중 총력투쟁을 추진했다. 우선 원자력병원노조와 보훈병원노조가 5월 11일 파업에 돌입하고 13일에 서울대병원노조가 14일에 전국 7개 대형병원노조가 동시에 파업에 들어갔다. 보건의료노조는 산별노조 전환 후 시기집중 투쟁을 기반으로 산별노조를 새로운 투쟁모델로 만들고자 했다.

울산대병원 사측은 98년 임금동결과 성과급 반납에 이어 99년에도 단협 개악과 임금삭감을 요구했다. 노동조합은 오히려 반격해 98년 반납한 성과급을 지급할 것과 '성과급 50%는 상여금으로 지급, 1호봉 특별승급, 비정규직 도입 시 노조와 합의, 자동승급제도 도입, 월 7일 이상 야간근무 금지, 학자금 추가 지급, 단체협약 효력 유지' 등을 요구했다.

울산대학교병원지부는 6월 2일 파업전야제를 진행하고 6월 3일 파

1999년 파업

업에 돌입했다. 파업 돌입 후 교섭에서 임금동결, 전환배치 시 적응시간 보장, 비정규직 도입 시 노조와 협의, 노사동수 적정인력 소위 구성, 어린이집 설치위원회 구성, 승진승급, 임금인상 적용시기 3월 1일, 성과급 150% 고정지급, 일시금 10만 원 지급 등에 대해 잠정합의했다. 1999년 임단협은 산별노조 전환에 따라 보건의료노조 이상춘 위원장이 최종 체결했다.

5) 의사 집단진료거부와 임금체불

의사 집단진료거부와 병원경영

1997년 정부의료개혁위원회가 주사제를 제외한 전문의약품 전체에 대해 의약분업을 실시하겠다고 발표했다. 이에 의료계는 오남용과 약화사고유발 가능성이 있는 모든 의약품을 의사 처방에 의해서만 조제해야 한다고 주장했다. 정부와 의료계가 협의를 진행했으나 의료계의 의견이 관철되지 않자 2000년 4월과 6월에 집단 휴진과 파업을 하고 8월, 9월, 10월에 전공의 파업과 집단휴진을 강행했다. 의사들의 휴진과 집단적인 진료거부는 2000년 10월 24일 의정합의가 이루어질 때까지 계속되었다.

울산대학교병원 전공의들은 전공의 협의회의 지침에 따라 병원을 이탈해 서울대학교병원에 집결해 집단적인 진료거부에 동참했다. 집단진료거부가 계속되진 않았지만 산발적인 진료거부로 정상적인 진료가 이루어지지 않았다. 8월부터 10월까지 병원이 병동을 중심으로 운영되고 응급실을 제외한 대부분의 외래 진료는 중단되었다. 병동의 환자들도 점차 퇴원해 큰 폭으로 줄어들었다. 파업에 참가하지 않은 전문의 교수들도 출근은 했지만 사실상 휴진 상태를 유지했다. 병원경영진은 이러한 사태에 대해 어떠한 해결노력도 하지 않으면서 사실상 방치하거나 부추겼다. 의약분업 사태로 인한 의사 파업은 국민건강과 병원운영에 상당한 악영향을 미쳤다.

10월이 되어 의사들의 집단 진료거부행동이 끝나도 병원 진료는 곧바로 정상화되지 않았다. 휴진이 길었기에 체계를 바로 잡는 문제도 있었지만 지역주민들이 병원 정상화에 적응하는 시간도 필요했다. 병원경영진은 의사 파업으로 인한 경영 손실을 함께 감내하자며 경영 설명회를 했다. 5층 강당에 전체 직원들을 모아놓고 '의사 파업으로 병원경영이 어려워 직원들의 임금도 제대로 지급할 수 없다. 직원 모두가 함께 책임지자'고 했다. 며칠에 걸친 경영설명회는 병원 경영이 어렵고 앞으로 모든 부분에서 절약해야 한다는 식이었다.

경영설명회가 끝나고 얼마 뒤 확인된 사실은 노동조합 간부들의 분노를 불러일으켰다. 병원이 일반 직원에게 경영설명회를 하며 원가절감으로 허리띠를 졸라매자고 주장하면서 정작 원인 제공자였던 의사들에게는 경영 설명도, 함께 책임지자는 이야기도 하지 않았다는 것이었다.

송영대 지부장은 즉각 사측에 항의하고 의사들에게 명분도 없는 의사 파업에 대한 책임을 지우라고 요구했다. 홍창기 병원장은 마지 못해 의사들을 소집하고 경영설명회를 열었다. 송영대 지부장은 혹시나 싶은 생각에 상집간부들을 의사 경영 설명회에 참관하도록 지시하였다. 의사직 경영 설명회를 참관한 상집간부들은 한 번 더 분노했다. 의사들에게는 직원들에게 설명한 경영의 어려움을 설명하고 함께 책임지자는 것이 아니었다. 홍창기 원장은 의사들 앞에 서서 "여러분들의 투쟁은 한국의료발전을 위한 위대한 투쟁이었다. 여러분들이 너무나 자랑스럽다"라고 하며 오히려 의사들을 부추기고 선동한 것이다.

파업에 참가해 일체의 업무를 하지 않았던 전공의 직원들에게 무노동무임금 적용 없이 임금 전액이 지급되었다. '일반 직원의 파업에는 철저히 무노동무임금을 적용하면서 의사들의 진료거부와 집단행동에는 적용하지 않는 것은 도대체 무슨 원칙인가'라며 일반 직원들은 분노했다.

임금체불

병원 사측은 2000년 8월 상여금을 9월 말에 지급할 수밖에 없다는 입장을 노동조합에 통보해왔다. 노동조합은 즉시 긴급 노사협의회를 요구하고 임금체불에 대한 대책을 요구했다. 노사협의회 결과 다음의 합의를 이끌어 냈다.

1. 8월 상여금을 9월 30일 지급한다.

2. 병원은 앞으로 절대 임금 및 상여금을 체불하지 않는다.

3. 차기부터 임금 및 상여금 체불시 병원 경영진은 어떤 일이 있어도 책임진다.

4. 상여금 체불 건에 대하여 전 직원이 이해할 수 있도록 병원 측의 입장을 서면이나 회람 형식으로 알리며 재발방지에 관한 약속을 한다.

5. 불가피한 사정이 있는 사람에 대해서는 병원 자금 사정 범위 내에서 가불한다.

그러나 의사들의 집단 진료거부 행동이 완전히 종료되지 않은 상황에서 병원 경영 상황은 더욱 악화되어 갔다. 급기야 10월 28일 홍창기 원장은 "친애하는 울산대학교병원 직원 여러분께"라는 성명서를 발표했다. "예상 외로 의약분업 사태가 장기화 되면서 지금까지 실마리를 찾지 못함을 제 힘으로 어쩔 수 없었습니다"라고 하면서 운용 자금이 부족해 더 이상 임금을 체불하지 않겠다는 약속을 지킬 수 없으며 10월 상여금을 지급할 수 없게 되었다고 발표했다. 이에 대해 노동조합은 "사측은 걸핏하면 직원들을 무시하고 내동댕이치지만 노동조합은 조합원을 끝까지 책임지고 함께 할 것"이라며 임금체불에 대한 강경 대응을 예고했다.

10월 30일이 지나면서 상여금이 지급되지 않았다. 노동조합은 일단 긴급히 자금이 필요한 조합원을 대상으로 노동조합 적립금을 대출하는 것을 결정했다. 최종 58명 조합원이 조합비 대출을 신청했다. 한편 울산공업학원 재단과 정몽준 국회의원 사무국을 항의 방문하고 임금이 지급되지 않으면 이사장을 고소고발 할 수밖에 없다는 입장을 전달했다. 학원재단과 사무국은 11월 7일까지 답을 주기로 하였다. 그러나 7일이 되어도 회신은 오지 않고 8일에야 재단사무국과 간담회를 하자는 연락이 왔다. 8일이 되니 재단에서는 병원에서 대책을 마련하고 있다며 병원경영진과 대화하라며 책임을 회피했다.

정몽준 이사장 고발

11월 8일 오후 긴급히 병원장과 간담회가 잡혔다. 간담회를 하기로 한날 점심시간에 조합원 한 명이 노동조합으로 찾아왔다. 임금이 체불되고 있는 상황에서 어제 저녁 병원장이 수간호사들을 모아놓고 회식을 했다는 제보였다. 상집간부들은 분노했다. 경영이 어려워 직원들에게 임금도 못 줄 상황에 관리자를 모아 회식을 한 것이다. 모든 분노는 홍창기 병원장에게 집중됐다. 병원장은 울산대학병원에서 일주일에 2일만 진료를 하고 다른 날은 서울 아산병원에서 진료를 했다. 이러한 병원장의 태도는 직원들에게 평소에도 울산대학교병원의 경영은 등한시하고 있다는 인상을 남겼다. 노동조합 간부들은 병원장이 경영악화에 아무런 대책도 없으면서, 관리자들을 대상으로 회식을 열어 임금체불을 정당화하려 한다고 판단했다.

지부장과 사무장이 출장으로 자리를 비운 상황에서 몇몇 상집간부들이 모여 간담회를 준비했다. "이 어려운 시기에 관리자들과의 회식에 대해 항의하자" "병원장이 일반 병원 직원에 대해 얼마나 관심이 있는지 확인하자" "병원장의 성실한 답변이 나오지 않는다면 임금체불에 대해 병원장과 정몽준 이사장에 대한 고소고발을 진행하자"는 의견을 모았다.

11월 8일 오후 2시 6층 세미나 실에서 열린 간담회에서 홍창기 원장은 노동조합 간부들의 질의에 대충 넘어가려는 듯 "10월 상여금 중 50%는 지급할 수 있으나 이후 상여금은 물론 급여까지 체불될지도 모른다." "의사 파업이 끝나기만 기다린다."는 등 대책은 없이 변명만 반복하며 무책임한 태도로 일관했다. 또 지속적인 낙하산 인사를 지적하자 "나도 중앙병원에서 차출되어 왔다. 나라고 이 병원에 오고 싶었겠느냐? 장기근속자들은 현실적으로 능력이 부족하니, 외부에서 사람을 들여올 수밖에 없다."고 말해 간부들의 공분을 샀다.

노동조합 대표들은 더 이상 병원을 신뢰할 수 없다는 판단에 간담회장을 박차고 나와 울산노동사무소에 고발장을 접수하였다. 당시 노동조합은 몰랐지만 사측은 노동조합이 고발장을 접수할 것을 알고 노동사무소 감독관과 결탁해 고발장을 접수하면 공식접수하지 말고 가지고 있어 달라고 부탁해놓은 상태였다. 그러나 업무 마감 직전에, 노동사무소 감독관이 아니라 민원실에 직접 접수하고 접수증을 받아오는 바람에 되돌릴 수 없게 된 것이다.

사측은 병원장뿐만 아니라 정몽준 이사장까지 고발된 사실을 알고 상황을 해결하기위해 동분서주하였다. 결국 임금 체불된 지 14일 만에 노사 협의를 통해 11월 20일까지 10월 상여금 전액을 지급하기로 하고 임금이 지급되면 고소를 취하하는 것으로 합의했다. 11월 20일, 10월 상여금이 지급되었다.

6) 낙하산 인사와 경영진들의 직원 무시

2000년 5월 3일 '굴러온 돌이 박힌 돌을 뺀다더니. 직원사기 꺾는 낙하산 인사에 대하여……'라는 울산대병원지부 명의의 성명이 발표되었다. 5월 1일 발표된 인사변동에 또다시 낙하산 인사가 오는 것을 비판하는 성명이었다.

현대중공업에서 날아오는 낙하산 인사는 행정부원장을 비롯해 경영지원부, 원무, 경리, 구매, 인사, 노무 등 병원의 요직을 점령하고 있었다. 현대중공업에서 날아와서 현대중공업으로 다시 들어가기도 했지만, 대부분은 그대로 눌러앉았다. 병원의 이런 현실은 병원에서 잔뼈가 굵은 장기근속 직원들의 사기를 저하시켰고 인사 때마다 달라지는 정책과 줄서기로 병원 내에 혼란을 야기했다. 낙하산 인사들은 병원직원들에게 점령군처럼 군림했다. 노동조합은 이런 문제에 대해 임단협 시기에 지속적으로 문제를 제기했지만 개선되지 않았다. 낙하산인사가 근절되지 않은 이유는 현대중공업의 지배적인 영향력도 있었지만 병원경영을 책임지는 병원장의 부족한 의지도 한몫을 했다. 병원장 또한 자체 승진 병원장이 아니라 아산재단에서 내려오는 낙하산이었기 때문이다.

2000년 11월 8일 노사간담회에서 드러난 병원장에 태도에서 울산대학교병원과 직원들을 얼마나 하찮게 생각했는지 확인할 수 있다. 노동조합이 병원경영에 지속적인 낙하산 인사에 대한 문제를 지적하자 당시 홍창기 병원장은 "나도 중앙병원에서 차출되어왔다." "나라고 이 병원에 오고 싶었겠느냐?" "장기근속자들은 현실적으로 능력이 부적합하니 외부에서 사람을 들여올 수밖에 없다."라는 발언을 공개적으로 했다. 울산대병원을 지키고 가꾸어 온 700여 명의 직원들을 모독하는 것이었다.

이러한 병원장과 경영진의 태도는 2000년 6월 병원 신개축 및 개보

수를 총괄하던 시설과장의 갑작스런 사망 사건에서도 나타났다. 병원은 23년간 병원에서 몸담고 헌신해 온 시설과장의 사망을 단순히 건강상의 문제로 치부하고 무시하려 했다.

고인이 남긴 수첩에는 밤 10시를 넘어서 이어지는 업무 일정과 행정부원장의 사표 강요 등이 기재되어 있었다. 결국 과도한 업무와 스트레스, 사직에 대한 불안이 죽음의 원인이 되었음에도 병원 경영진은 "병원은 1%의 책임도 없다."라며 고인에 대한 모욕을 일삼았다.

노동조합은 병원 경영진에게 진정한 애도와 공식 사과를 요구하는 성명을 발표하고 대자보로 붙였다. 노동조합과 직원들의 강한 요구로 병원은 9일이 지나서야 과로사를 인정하고 유족과 합의를 했다. 유족과 합의 과정에서도, 병원은 고인의 영정 앞에 사죄한다는 제1항목을 넣었다가 12시간 가까이 유족을 회유하여 사죄 항목을 제외시킨 채 합의했다. 결국 병원 경영진은 고인의 죽음 앞에 한마디 사죄도 없이 장례식에도 나타나지 않았다. 노동조합은 장례 과정에 드러난 문제들을 제기하며 '고 임병수 과장의 공로를 게시하라. 사건 처리 과정에서 나온 직원사기 저하 및 비인간적 발언에 대해 공개 사과하라. 고인에게 사직을 강요하고 책임을 회피한 행정부원장은 즉각 사퇴하라'라는 요구를 하며 전 직원 서명운동에 돌입했다. 많은 직원들이 동참했지만 경영진은 아무런 반응이 없었다.

노동조합은 무책임한 경영진에게 책임을 묻기 위해 7월부터 행정부원장 퇴진운동을 진행했다. 4개월의 퇴진운동이 진행된 2000년 11월 현대중공업 경영진과의 면담에서 연내에 행정부원장의 퇴출을 약속받았고 12월에 퇴출되었다.

낙하산 인사가 판을 치고 관리자들은 줄서기에 급급했다. 병원이 이렇게 경영되는 동안 노동자를 지켜내고 중심을 잡아온 것은 늘 노동조합이었다.

7) 2000년 파업과 송영대 집행부의 위기

2000년 5월 22일 노사 상견례를 시작으로 임단협 교섭이 시작됐다. 노동조합은 임금인상 요구와 더불어 모성보호 강화, 노동조합 활동 강화, 전임자 확대, 비정규직 고용보장 및 처우개선, 기능직 직급부여, 승진 및 전환배치제도 개선, 정년연장, 인사위원회 노사동수 참여, 야간 근무자 처우개선, 기숙사해결, 대학학자금 지급 등의 단체협약 개선안을 요구했다. 5월 29일 출정식에 조합원 280여 명이 모였다. 사측이 일부 안을 내긴 했지만 조합원의 요구에는 턱없이 부족했다. 집행부는 보건의료노조 6월 총력투쟁을 고려해 6월 14일 조정신청을 진행했다. 조합원 야간 철야농성이 이어졌지만 교섭 내용은 좁혀지지 않았다. 파업 전야제를 거쳐 파업 돌입 예고 시간이 다가오고 있었다. 교섭위원들은 밤샘교섭을 진행했고 상집대의원들은 철야농성을 하며 농성장을 지켰다. 30일 아침 7시 송영대 지부장은 교섭을 정회하고 파업을 선언한다.

8시가 되자 조합원이 속속 모여 본관1층 로비를 메웠다. 상시 근무자를 중심으로 250여 명이 넘는 조합원들의 함성이 로비를 가득 채우고 병원전체로 울렸다. 교섭이 계속되는 가운데 9시가 되자 파업출정식이 열렸다. 풍물패의 앞풀이 공연과 연대동지들의 발언이 이어지다가, 사회를 맡은 조직부장이 마이크를 들고 긴급지침을 발표했다. "현재 7층 강당 옆 회의실에서 막판교섭이 이어지고 있습니다. 교섭단은 조합원들의 응원을 바라고 있습니다. 지금 모두 일어나서 7층으로 올라가 병원에 항의하고 교섭단을 응원하도록 하겠습니다." 조합원들은 일제히 일어나 사수대의 안내에 따라 움직였다. 식당 옆 램프계단을 통해 7층으로 올라가 병원장실 앞 복도에 앉았다. 복도를 가득 메운 조합원들의 고함소리에 교섭을 중단하고 송영대 지부장이 나왔다.

"조합원 여러분 밤샘 교섭을 진행했습니다. 그러나 병원의 입장은 한 치의 변화도 없습니다. 총 단결로 파업투쟁 반드시 승리 합시다!"

조합원들의 환호가 이어졌다. 이때 사측 교섭위원들이 교섭장에서 나와 지부장에게 항의하기 시작했다. 교섭 중에 조합원들을 이끌고 온 것에 대한 항의였다. 조합원들은 야유로 답했다. 교섭이 재개되고, 출정식을 다시 이어갔다.

30여 분이 지나 송영대 지부장이 로비에 나타났다. 조합원들은 지부장에게 환호를 보냈고 지부장은 마이크를 잡았다. "최선을 다해 교섭을 진행했지만 여러분들이 만족할 만한 내용을 이끌어 내지 못했습니다. 기본급 62,000원 인상과 위험수당 20,000원, 4급 이상 직급수당 10,000원 인상을 잠정합의했습니다." 조합원들은 웅성이기 시작했다. "조금 전까지 끝까지 투쟁하자고 하던 지부장이 왜 갑자기 합의를 하고 온 거야" "이럴 거면 우리를 왜 7층으로 불러 올렸느냐" "이 정도로 합의할 거면 파업은 왜 한 거냐"는 반응이 쏟아졌다. 로비는 급속도로 냉각됐고 조합원들의 표정은 굳었다.

지부장은 조합원들의 반응에 당황하며 긴급 비상대책회의를 소집하였다. 간부회의가 시작된 지 1시간이 다 되어가도록 해결 방향이 결정되지 않았다. 1시간 30분 정도가 지나 간부들은 조합원 앞에 섰다. "잠정합의가 유효하므로 파업을 마무리하고 오전 12시까지 현장에 복귀한다. 다음 주부터 잠정합의에 대한 찬반투표를 진행한다."는 비상대책회의 결과를 발표하였다. 지도부의 회의결과를 들은 조합원들은 더 크게 반발했다. 지도부가 조합원들의 의견을 수렴하지 않고 일방적으로 결정했다는 이유였다. 1시간가량 노동조합 지도부와 조합원들 간의 토론이 이어졌다. 조합원들의 의견은 1. 조합원 의견을 충분히 수렴하지 않은 지도부의 사과, 2. 합의안에 대한 찬반투표 즉각 시행, 3. 파업을 하루 유지하되 내일부터 정상근무에 들어갈 것 세 가지로 모아졌다.

송영대 지부장은 조합원들의 의견을 그대로 수용했다. 지부장의 사과가 있고 조합원 투표가 진행됐다. 잠정합의안 찬반투표 결과는 찬성이 52%였다.

파업현장이 마무리되고 열린 상집회의 자리에서 "52% 찬성한 것은 사실상 부결이나 마찬가지다. 집행부가 책임을 지고 총사퇴하자"는 의견이 나왔다. 송영대 지부장은 상집들이 사퇴에 동의한다면 그에 따르겠다는 입장을 냈다. 최현주 사무장과 손인숙 부지부장 등 다수의 상집 간부들이 집행부 총사퇴에 동의했다. 이장우 조직부장과 주재명 문화부장은 "이런 상황에서 책임을 지고 수습을 더 잘해야지 사퇴하는 것은 맞지 않다."며 반대했으나, 결국 다수의 의견에 따라 송영대 지부장은 이틀 뒤 월요일로 예정된 대의원회의에서 사퇴 입장을 밝히는 것으로 결정하였다.

주말을 보내고 월요일에 기본급 인상에 대한 분배 원칙을 결정하기 위한 대의원대회가 열렸다. 이 자리에서 송영대 지부장은 상집회의 결과인 집행부 총사퇴를 보고했다. 대의원들은 상집회의의 결정이 과도하다며 사퇴 철회를 만장일치로 요구했다. 대의원들의 의견을 받아 사퇴문제를 논의하기 위한 상집회의를 다시 열었다. 상집 간부들과 송영대 지부장은 대의원회의의 요구를 받아들여 사퇴를 철회하였다. 그러나 최현주 사무장은 사퇴 입장을 굽히지 않았고 결국 사퇴했다. 이후 새로운 사무장으로 신은아 조합원이 임명되었고 5대 송영대 집행부의 임기를 함께했다.

2000년 임단협 교섭 내용을 보면 기본급 62,000원, 위험수당 20,000원 4급(갑) 이상 직급수당 10,000원을 인상했고 성과급 150%를 고정화했다. 병원 내 폭언·폭행 시 징계조항 신설, 모성보호 조항을 강화해 유사산휴가 확정, 비정규직 처우 개선, 인사·승진제도 개선, 정년 연장, 징계위원회 노동조합 참여 강화, 교대근무자 처우 개선 등을 합의했다. 내용으로 보면 어느 때 보다 의미 있는 성과를 남겼다. 그러나 교섭 마무리 과정에 교섭단이 사측의 안을 받아 조합원과 대의원들과의 의견 교환도 없이 일방적으로 교섭을 정리하고 통보하여 조합원들의 거센 항의를 받았다. 파업에 참가한 조합원들이 교섭 내용을 인지하고 타결이 임박함을 알고 있었지만 절차적으로 보면 직권조인과 다름없었다. 파업에 참가한 조합원들은 지도부가 조합원들을 주체가 아닌, 교섭력을 키우기 위한 보조적 수단으로 여기는 태도를 보인 것에 분노했다. 조합원들의 항의를 받고서도 지도부는 분노의 원인을 제대로 알지 못했다. 결국 집행부는 신뢰에 깊은 상처를 입고서야 조합원들의 요구를 수용하고 수습할 수 있었다. 투쟁과 의사결정 과정에서 조합원들이 노동조합의 주체라는 사실을 잠시라도 잊어서는 안 된다는 교훈을 남긴 사건이었다.

8) 어린이집 설립투쟁

어린이집 설립 추진

해성병원은 설립 당시부터 외지에서 온 직원이 많았다. 울산과학대가 생기기 이전에는 울산에 보건의료 관련 교육시설이 없었기 때문이다. 기혼 직원들은 3교대 근무를 하면서 육아를 책임져야 하기에 곤욕이었다. 육아 문제를 해결하기 위해 부모님께 부탁하거나 많은 비용을 지불하고 보육을 맡기기도 했다. 국공립 어린이집은 턱 없이 부족했고 믿고 맡길 수 있는 민간 어린이집은 찾기 힘들었다. 노동조합이 직장보육시설을 요구할 필요가 있었다. 3대 임상구 집행부는 임단협을 통해 96년 4월까지 탁아소를 설치한다는 합의를 이끌어냈다. 그러나 보육시설이 실질적으로 설치되기까지는 더 많은 시간이 걸렸다. 1996년 노동조합위원장 경선 과정에서 후보들은 어린이집 설치를 공약으로 내걸고 경쟁했지만 실현되지 못했다.

그러던 중 1999년 단체협상에서 노사가 2000년까지 직장보육시설을 필히 설치한다는 것을 합의했다. 노동조합은 1999년 6월에 합의하자마자 7월 초부터 어린이집 설치를 위한 설문조사를 실시해 조합원의 의견을 모아나갔다. 단체협약과 조합원 설문조사를 근거로 직장보육시설 설치위원회를 상설기구화하고, 손인숙 부지부장을 직장보육시설 설치위원회 위원자격으로 전임 배치할 것을 병원에 요구하였다. 병원 사측도 노동조합의 요구에 부응해 직장보육시설 설치위원회 상설과 손인숙 부지부장의 전임을 인정하였다.

어린이집에 대한 인식변화를 위한 노력

직장보육시설 설치위원회는 병원 내 어린이집 설치에 관한 소식지를 발간했다. 보건의료노조 여성국과 협의해 서울중앙병원 어린이집을 방문하고 지방노동사무소, 보육정보센터, 고용안정기금센터, 근로복지공단, 동구청, 민간 보육시설을 방문하며 어린이집 설립을 준비했다. 또한 직장보육시설에 대한 전 조합원 교육을 진행하고 어린이집 이용을 희망하는 이들을 신청 받았다. 어린이집 이용 희망조사에는 자녀를 두고 있는 직원 81명이 참여했고, 희망 아동은 97명이었다. 7월부터 11월까지의 활동을 토대로 어린이집 설치 계획안이 작성됐다. 어린이집 이용 희망자를 중심으로 임시 학부모회를 구성하고 각 반별 학부모 대표를 선임하는 과정이 이어졌다.

12월 20일에 병원어린이집 설치 장소와 운영 방식, 예산을 결정하는 노사협의회를 열어 2000년 4월 초에 개원할 수 있도록 합의했다. 대략적인 개원 일정을 합의하였으나 직장보육시설의 규모와 지원대책 등 세부적인 사항에 대해서 병원과 설치위원회 사이에 입장차가 있었다. 병원은 어린이집 설립이 탄력을 받기 시작하자 오히려 소극적인 자세를 보이며 어린이집 설치 장소와 규모에 대해 구체적인 논의를 시작하는 시점에서 노골적으로 어깃장을 놓기 시작했다. 노동조합은 설문조사에 나타난 신청인원을 감안해 90명 이상을 수용하는 규모를 주장했지만 병원은 30명 규모로 하자고 주장했다. 반 편성도 노동조합은 보육이 어렵고 여타 기관에 맡기기 힘든 영아반을 중심으로 구성하자는 제안을 했지만 병원은 5, 6세 반을 중심으로 운영하기를 고집했다. 어린이집 설치장소는 노동조합이 햇볕이 잘 드는 지금의 별관 2층 전체를 주장했으나, 병원은 별관 1층을 반으로 나눠 입구에는 분식 식당을 내고 어린이집은 햇볕도 들지 않는 건물 뒤편 30여 평에 세우겠다고 했다. 보육에 대한 고민 없이 생색만 내려는 병원 사측의 태도에 직장보육시설 설치위원회 구성원들은 분노하고 실망했다.

지역여론화와 내부투쟁

어린이집 협의에서 병원은 이용 대상자 30명에 면적은 30평, 장소는 별관 1층 건물 안쪽부분에 설치한다는 주장을 굽히지 않았다. 2000년에 접어들면서 노동조합과 직장보육설치위원회는 직장보육시설의 필요에 대한 여론을 조성했다. 2000년 2월 울산 MBC라디오에 손인숙 부지부장이 출연해 '직장보육시설 설치 실태고발'에 관한 인터뷰를 했다. 한편으로 각종 여성단체, 민주노총, 청와대 등에 울산대학교병원 직장보육시설 설치에 관한 의견과 병원 측의 주장을 알리는 메일을 발송하고, 직장보육시설에 관한 공조를 위해 울산지역 여성단체 간담회를 했다. 지역 여성단체 간담회 결과를 바탕으로 울산시청, 지방노동사무소 등에 공개 질의서를 발송하자 울산시에서 관심을 가지기 시작했다. 울산시청이 울산대학교병원의 보육시설 설치 실태를 확인하기 위해 병원을 방문하였다. 또한 지역 여성단체 대표들은 병원경영진 면담을 요구하고 제대로 된 직장보육시설 설치를 요구했다. 민주노총과 보건의료노조 산하 사업장에서는 직장보육시설에 관심 있는 노동조합 간부들을 모아 간담회를 진행하고 지속적인 직장보육시설설치 사업을 위한 추진위원회 구성을 제안하는 등 직장보육시설의 필요성을 전국적으로 확대시키는 사업도 전개했다. 2000년 3월 8일 여성의 날 울산 기념식에서 울산대병원지부는 직장보육시설 확보를 위한 투쟁사를 통해, 양육의 부담을 안고 있는 노동자들에게 직장 내 보육시설이 얼마나 절실한 권리인지를 강조했다.

사측의 공격

노동조합이 제대로 된 어린이집을 만들기 위해 안팎으로 고군분투하는 와중에 병원경영진은 어린이집 설치추진위원회 전임인 손인숙 부지부장에게 현장으로 복귀할 것을 통보했다. 전임활동을 막은 것이다. 병원은 '어린이집 추진은 직원 일부에게만 특혜를 주는 것이다' '어린이집에 들어가는 예산 부담 때문에 전체 직원 임금인상이 힘들어질 것이다' 따위의 소문을 퍼트려 임단협을 앞둔 노동조합을 흔들어 댔다. 손부지부장은 어린이집 설립으로 인한 업무 부담에 나쁜 소문까지 더해져 힘든 시간을 보내야 했다. '손인숙이 원장을 하려고 어린이집을 추진한다.'는 소문까지 돌았다.

그러나 노동조합은 사측의 압박에도 굴하지 않고 천막농성, 선전전,

조합원 간담회를 진행하고, 대외 활동을 통해 정당성을 알려냈다. 3월 11일에는 울산MBC에서 울산지역 직장보육시설 설치 실태와 문제점을 다룬 'PD와 기자' 프로그램을 방영했다. 울산지역 여성단체들은 울산 대학교병원 어린이집과 관련해 지속적으로 병원 경영진에 지속적으로 면담을 요청하고 조속한 시일 내에 어린이집을 설치할 것을 촉구했다. 여론과 압박에 못 이겨 병원은 어린이집을 120평 규모에, 90명 정원으로 늘리고 설치 장소도 별관 1층으로 할 것을 약속했다. 또한 4월 중으로 설치 비용문제를 해결하고 공사에 착공하겠다며, 손인숙 부지부장에 대한 전임 취소도 철회하고 지속적으로 어린이집 설립 준비 실무를 담당하도록 했다.

3월 16일 병원어린이집 설립 경과를 직원들에게 설명하는 노동조합 공청회가 열렸다. 이 자리에서 손인숙 부지부장은 직원들의 관심과 학부모들의 적극적인 참여가 중요함을 강조했다.

어린이집 설치는 정부 지원을 받을 수 없게 되면서 또 한 번 난관에 부딪쳤다. 노동사무소에서 관장하던 직장 어린이집에 대한 지원제도가 근로복지공단으로 이관되면서, 지원 조건과 기준이 달라져 시설비에 대해 정부 지원을 받을 수 없게 된 것이다. 병원은 또 다시 어린이집 설치에 들어가는 비용을 감당할 수 없다며 사전에 합의했던 설치 일정을 미루며 버텼다.

어린이집 설치와 관련한 논의는 중단된 채 노사는 임단협 교섭을 들어갔다. 그해 교섭 기간 내내 어린이집 설치문제가 핵심 쟁점이었다. 사측은 어린이집에 대한 공세를 늦추지 않았다.

어린이집 설치 자체를 반대하는 여론도 만만치 않았다. 자녀들이 어린이집을 다닐 나이가 지나버린 직원들은 노골적으로 반대했다. 몇몇 조합원은 "노동조합이 임금인상은 못하면서 어린이집 투쟁만 한다."며

울산지역직장보육시설 설치추진위원회 발족 기자회견

비판했다.

2000년 임단협에서 어린이집 착공공사 일정과 규모에 대한 합의를 다시 한다. 그러나 파업을 결의했음에도 불구하고 노동조합이 조합원 요구에 못 미치는 수준의 잠정합의안을 내놓아 반발을 산다. 그 과정에서 최현주 사무장이 사퇴를 결정했다. 결국 손인숙 부지부장도 사측의 다양한 공격에 상처를 받고 어린이집 설치 준비위원을 사퇴하고 간호부로 복귀했다.

반복되는 사측의 꼼수

2000년 임단협 기간, 당시 행정부원장의 무능함에 대한 직원들의 분노는 대단했다. 직원들 대부분은 행정부원장의 우유부단함 때문에 노동조합이 결국 파업에 돌입했고 어린이집 설립과 관련한 비용 문제를 해결하지 못해 노사관계가 악화되었다고 생각했다. 임단협이 마무리될 즈음 노동조합은 행정부원장의 퇴진을 요구하기에 이른다. 제5대 송영대 지부장은 정몽준 국회의원 사무국을 항의 방문하는가 하면 현대중공업 박병기 부사장 면담을 통해 행정부원장 교체와 어린이집 설립비용 해결을 촉구했다. 결국 현대중공업 경영진이 행정부원장 교체와 어린이집 설립 비용 지원을 약속하면서 어린이집 설립은 또 한 번 고비를 넘긴다.

최현주 사무장의 사퇴로 신은아 사무장이 새로이 임명된다. 신은아 사무장은 손인숙 부지부장이 추진하던 어린이집 설립 실무도 맡았다. 그러나 병원은 9월

어린이집 이용 희망 신청서

말 약속을 또 뒤집었다. 기존에 협의해오던 어린이집의 규모를 대폭 축소하겠다고 통보해온 것이다. 사측이 주장한 이유는 실제로 어린이집을 이용할 아동이 많지 않다는 것이었다. 설치위원회는 긴급히 어린이집 이용희망신청서를 받기로 하였다. 그러나 실제로 이용신청서를 작성한 아동수는 40여 명으로 예상인원의 3분의 1정도 밖에 되지 않았다. 설치위원들이 조합원들을 설득했지만 쉽지 않았다. 일부직원들은 사측의 눈치를 보는 측면도 있었지만 만들어지지도 않은 어린이집으로 옮기는 문제를 쉽게 결정하지 못했다. 병원 사측이 상당기간 어린이집 설

치를 보류하면서 직원들의 여론을 왜곡한 것도 원인이 되었다. 사측은 실제이용 아동이 적다는 이유로 8월 24일 노사협의회에서 결정한 9월 초 착공도 차일피일 미루며 약속을 지키지 않았다. 사측의 이런 태도에 노동조합은 긴급히 천막농성에 돌입했다.

10월 9일 열린 노사협의회에서 어린이집을 원래 계획했던 대로 설치하되 실제 이용 아동이 적을 경우 일반 아동을 받는 것으로 하여 다시 10월 24일까지 현재의 조감도대로 공사에 착공하기로 하였다. 아울러 노사 각 2명이 실무를 담당하는 것을 합의했다. 또한 계속된 번복을 방지하기 위해 2000년 임단협 합의사항을 이행하지 않을 경우 해당자를 문책한다는 합의도 이끌어 냈다.

1년 6개월의 준비와 노사협의, 투쟁 과정을 거쳐, 마침내 11월 15일 어린이집 설립을 위한 공사에 착공했다. 2001년 1월 30일 어린이집 개원에 대한 병원의 공청회가 열렸다. 많은 직원들이 관심을 가지고 참여했다. 당장 새 학기가 다가오고 있었기에 병원 어린이집이 언제 완공되어 운영하는지가 중요한 사안이었다. 공청회 또한 이를 심각하게 여긴 노동조합이 적극적으로 요구해 열린 자리였다. 어린이집은 확실히 개원하는지? 보육료는 얼마인지? 시설은 어떤지? 반은 어떻게 편성되는지? 선생님은 어떤 분인지? 궁금한 것이 많은 직원들 앞에서 어린이집 설치의 사측 책임자인 박동욱 부장이 지금까지 진행해오던 내용을 전면적으로 뒤집는 폭탄발언을 했다. 어린이집 설립 추진을 설명하러 나온 박동욱 부장은 3월 개원이 아닌 다른 이야기를 했다. "지금이라도 어린이집을 포기하면 1인당 매월 6만 원 수준의 육아수당을 지급하겠다." 갑자기 장내가 술렁거리기 시작했다. 당시 어린이집 이용료가 13만 원 정도 하던 시기였다. 6만 원을 지원받는다면 어린이집을 옮기는 번거로움을 감수할 필요 없이 경제적으로도 이득일 거라는 여론이 생겨났다.

그러나 술렁임은 한 사람의 질문으로 인해 금세 분노로 바뀌었다. "보육수당은 미취학아동이 있는 전 직원에게 지급되는 것입니까?" 라는 질문이었다. 박동욱 부장은 고개를 저었다. "지난번 직장보육시설을 이용하겠다고 확정 신청한 사람에 대해서만 지급할 생각입니다." 당시 울산대병원의 직원들 중 미취학 아동의 수는 300명이 넘었었다. 이 중 병원 내 어린이집을 이용하겠다고 확실히 밝힌 아동은 40여 명에 불과했다. 공청회에 참석한 사람들은 병원 측의 꼼수와 직원분리 정책에 분노하며 항의했고 공청회는 파행됐다. 노동조합은 어린이집 개원 예정일이 한 달 남은 상황에서도 꼼수를 부리는 병원에 강력히 항의하였고 경영진은 꼬리를 내렸다.

운영에 대한 쟁점들

노동조합은 어린이집 운영권을 확보하기 위한 노력을 계속했다. 병원에만 운영을 맡겼다간 언제든 지원금이 줄어들 것이라는 생각 때문이었다. 어린이집 운영규정을 결정하는 과정에서 몇 가지 사항이 쟁점이 되었다. 우선 노동조합은 어린이집 운영위원회를 제안했다. 노동조합 대표 2명 참여를 보장하고, 운영위원회를 학부모 대표·시설장·일반교사 대표·병원 관리자 1명씩으로 구성하자고 했다. 그러나 병원 측은 노동조합의 참여를 배제하고 시설장·병원 관리자·학부모 대표로 운영위를 구성하자고 주장했다. 결국 시설장과 노동조합·평교사·병원 측 관리자·학부모 1명씩을 포함해 운영위원회를 구성하게 됐다. 어린이집 교사에 대한 처우도 노사 간에 쟁점이었다. 노동조합은 당연히 정규직 보육교사 채용을 요구하였고 병원은 비정규직 계약직 채용을 주장했다. 더 나아가서 운영부분은 외주로 하자는 주장까지 나왔다. 논의 끝에 직접운영과 직접고용으로 정하였으나 보육교사의 신분과 관련해서는 합의에 이르지 못했다. 결국 병원은 계약직으로 보육교사를 채용했다.

운영시간 또한 고민이었다. 노동조합은 3교대 사업장임을 감안해 24시간 운영해야 한다고 요구했고 사측은 일반 직원들의 근무시간인 8시 30분 출근 오후 5시 30분 퇴근을 주장했다. 논의 끝에 24시간 운영으로 가닥을 잡았다. 개원 후 24시간 운영을 6개월 정도 하였으나 야간시간에 이용자가 한 명에 그쳐 오후 8시 30분까지로 수정되었다. 어린이집을 개원할 당시 실제 어린이집을 이용한 아동은 40여 명에 불과했다. 예측했던 90여 명보다 턱 없이 적었다. 병원은 노동조합의 수요 계산이 틀렸다며 질책했다. 하지만 그것은 육아의 현실을 잘 모르는 섣부른 판단이었다. 학부모 조합원들은 나름대로 고민이 있었다. 신설 어린이집에 새집증후군 염려도 되고, 무엇보다 기존에 다니던 어린이집에서 옮기는 과정이 간단하지 않았다.

개원을 하고 6개월이 채 되지도 않아 어린이집 정원이 찼고 대기자가 생겼다. 2001년 연말에 가서는 대기자가 50명을 넘었다. 그만큼 울산대학교병원 어린이집은 인정받았다. 대기자가 늘어나자 노동조합에 항의 투서가 들어왔다. "어린이집 만들어서 노동조합 간부 자식들만 특혜를 누리고 있다. 노동조합 문에 대못을 박아버리겠다." 섬뜩하고도 안타까운 일이었다. 그만큼 육아문제가 심각했다는 것을 보여주는 대목이기도 하다.

2001년 6대 집행부인 이장우 지부장은 간부회의를 열어 간부 자녀들을 다른 어린이집으로 옮기자는 제안을 했다. 간부들은 묵묵부답이었다. 결국 지부장의 자녀만 다른 어린이집으로 옮겼다. 어린이집을 만들자고 투쟁할 때는 무관심하다가 어린이집이 만들어지니 자리가 부족하다고 노동조합에 항의하는 현실에 노동조합 간부들은 한숨을 쉬어야 했다. 조합원들이 그만큼 자녀문제에 치열하다는 현실을 확인하는 시간이었다. 이후 어린이집 입소에 공정성을 확보하기 위해 입소 우선순위를 어린이집 운영규정을 통해 정하였다.

첫째 생활보호 대상자나 편부모, 결손가정의 자녀
둘째 맞벌이 부부이면서 부부 모두 교대근무인 경우
셋째 맞벌이 부부이면서 부부가운데 1명이 교대근무인 경우
넷째 맞벌이 부부이면서 부부 모두 상근 근무자인 경우
다섯째 부부 가운데 1인만 취업 중이며 본원 직원인 경우
여섯째 본원 직원자녀로 정원이 미달될 경우 지역주민이나 타사직원 가운데 맞벌이
　　　부부의 자녀를 선착순으로 입소.

그러나 이런 입소 순위도 문제가 제기되었다. '가사노동을 왜 배제하느냐? 두 부부가 교대근무일 경우 근무만 잘 조정하면 오히려 육아에 이로운데 왜 우선순위를 주느냐? 교대근무라고 우선순위를 주는 것은 아니지 않는가.' 우선순위 문제는 추후 최대이용기간과 함께 재수정되었다.

운영과 관련해서 노동조합은 울산대학교 아동복지학과에 위탁 운영을 주장하였다. 당시 노동조합은 어린이집 운영경험이 없어, 울산대학교 아동교육학과에 자문을 구하던 중 울산대학교 아동교육학과가 교육적 목표로 위탁운영 의지를 보여준 것이다. 또한 노동조합은 병원이 직접 운영할 경우 독립적 운영이 어렵고 경영 상황에 따라 운영방침을 달리 할 수도 있다고 판단했다. 그러나 사측은 언제든지 폐쇄를 염두에 두고 있었기 때문에 다른 기관과 계약관계가 되는 위탁운영에 대해 동의하지 않았다.

논의 끝에 병원이 어린이집을 직접 운영하되 노동조합이 운영위원회

에 참여하는 것으로 결정했다.

2001년 3월2일 어린이집 개원까지 원생의 반 편성과 보육교사 정원, 공간 배치, 친환경 자재 사용, 교육 프로그램 개발과 선정, 안전 대책, 식사와 간식 제공, 기저귀나 소모품 제공 등 작은 부분 하나라도 놓치지 않고 노동조합이 주도적으로 개입하면서 어린이집의 운영의 질을 높이기 위해 노력했다.

어린이집 개원 의미

울산대병원 어린이집은 우여곡절 끝에 2001년 3월 2일 개원했다. 노동조합이 요구하고 투쟁을 통해 쟁취한 직장보육시설이라는 점에서 매우 의미가 깊었다. 병원 사측의 끝도 없이 계속되었던 합의 번복과 꼼수들을 물리쳤다. 적극적으로 주도한 과정을 통해 직장보육시설의 교육과정과 운영에 적극적으로 개입할 수 있게 되었다. 어린이집을 쟁취하는 과정에서 울산대학교병원 어린이집 준비위원회는 여성부와 보건복지부에 직장보육시설의 중요성과 필요성을 강조하고 적극적인 정책을 요구하는 한편, 민주노총을 비롯한 상급단체 노동조합에도 직장보육시설의 중요성을 각인시켰다. 지역사회에서도 직장보육시설의 필요성을 알리고 향후 다른 사업장에도 직장보육시설을 확대하는 흐름에 기여했다. 실제로 많은 사업장에서 울산대학교병원 직장보육시설을 모델로 삼기 위해 방문했다. 육아문제로 힘들어했던 직원들도 한결 가벼운 마음이 될 수 있었다.

어린이집 개원 당시 노동조합 사무장으로서 손인숙 부지부장의 업무를 이어받아 설치와 운영에 관한 사항을 마무리했던 신은아 사무장은 7대 지부장으로 재임하면서 울산대학교병원 어린이집 설치에 대한 공로를 노동부가 상신해 대통령 표창을 받았다. 직장보육시설을 끈질긴 투쟁을 통해 만들어낸 손인숙 부지부장은 울산지역의 모범적인 직장보육 시설 설치에 대한 공로를 인정받아 울산시장의 표창을 받았다.

2. 6대 집행부와 공동요구 공동투쟁

1) 6대 집행부

나눔자리 소식지

2001년 9월 6대 집행부 선거에 이장우 후보가 단독으로 출마해 당선되었다. 이장우 후보는 절대적 고용안정과 공정인사원칙 확립, 산업재해 탈출, 후생복리 증진 등을 공약으로 제시하였다.

산별노조 2대 지부 집행부이면서 통합 6대 집행부는 회계감사 김장년, 고영주, 사무장 신은아, 조직부장 방영재, 조직차장 김남일, 편집부장 안준모, 문화부장 주재명, 문화차장 이선화, 교육부장 김정은, 선전부장 한정아, 총무부장 서문상, 총무차장 권형정 조합원이 함께했다.

2002년 임시 대의원대회에서 부지부장으로 주재명, 이은영 조합원이 선출되었다. 6대 집행부는 주간소식 외에 〈나눔자리〉라는 4면짜리 월간 소식지를 발간하면서 조합원들과 소통을 강화하기 위해 노력했다. 조합원 교육을 활성화하기 위해 보건의료노조 울산경남본부와 협력해 다양한 프로그램을 개발하고 조합원들의 교육 참가를 확대 조직하였다. 2002년에는 투쟁연대 사업을 중점으로 진행하였다.

6대 집행부의 집행기간은 2001년 10월부터 2003년 1월까지로 1년 4 개월이었다. 보건의료노조 울산경남본부산하 단위 조직에서 본부장으로 전임자를 낼 수 있는 조건이 되는 사업장이 울산대학교병원지부가 유일했기 때문에 이장우 지부장이 보건의료노조 울산경남 본부장직을 맡으면서 지부장을 사퇴했다.

2) 2002 산별노조 공동 투쟁

2002년 보건의료노조 울산경남 지역본부는 사업장과 노동조합 간 대각선교섭을 진행했다. 울산권과 진주권으로 나누어 지부장들이 다른 지부교섭에 참여하는 방식으로 교섭을 진행한 것이다. 사용자들은 처음에는 "왜 다른 병원사람들이 우리병원 교섭에 들어오느냐"라며 반발했지만 교섭방식이 법적으로 문제가 없었고, 산별노조가 방침으로 내세우니 거부할 수 없었다.

5월 3일 서울에서 보건의료노조 전 지부 합동대의원대회를 열어 공동요구, 공동교섭, 공동투쟁을 결정하고 전 지부 동시 조정신청을 결의했다. 보건의료노조는 주 5일제 도입과 인력확보, 의료공공성 강화, 산별교섭 쟁취, 비정규직 정규직화를 4대 요구로 선정하고 이를 쟁취하기 위해 5월 총력투쟁을 준비했다. 5월 7일에 보건의료노조 3만여 명 조합원을 포괄하고 있는 89개 지부가 동시에 조정신청을 했다. 5월 23일을 기점으로 산별 4대 요구를 쟁취하기 위해 전국 동시 파업에 돌입한다는 계획이었다.

5월 23일, 보건의료노조 파업 전날까지 대부분 지부에서 잠정합의를 했지만, 24일에 12개 지부, 1만여 명의 조합원이 파업에 돌입함으로써 산별노조 공동파업의 위력을 과시했다. 이후 8개 지부 4,793명이 6월 7일까지 파업을 지속하면서 장기화됐다. 정권은 직권중재 제도를 이용

CMC연대투쟁-명동성당 들머리에서 노숙

해 병원사업장의 정당한 파업투쟁을 불법으로 몰아 탄압했다. 울산에
서도 동강병원이 직권중재에 회부되면서 파업이 힘을 잃고 임단협 교
섭이 파행을 겪었다. 울산병원지부는 강고한 파업투쟁 끝에 염기용 지
부장과 이미자 사무장이 구속되기까지 했다. 그러나 보건의료노조는
직권중재 위협에 굴하지 않고 강고한 투쟁을 지속했다. 특히 강남성모
병원, 여의도성모병원, 의정부성모병원(CMC)과 경희의료원지부, 한라
병원지부, 목포카톨릭병원지부,음성성모병원지부 투쟁이 장기화되면
서 직권중재 철폐투쟁으로 이어졌다. 정권과 사용자들은 보건의료노
조의 투쟁에 공권력과 용역깡패 투입으로 탄압했다. 그해 CMC지부는
217일간 초장기 투쟁을 지속했다.

직권중재와 정권의 탄압으로 장기투쟁사업장의 문제가 하반기로 넘어가면서 보건의료노조는 직권중재 철폐, 노조탄압 분쇄, 민주노조 사수, 구조조정 저지, 파업투쟁 승리라는 슬로건으로 9월 25~27일 보건의료노조 차원의 간부파업을 진행하고 10월 16일 총파업을 결의했다.

울산대학병원지부는 30여 명의 상집, 대의원간부들이 3일간의 간부파업에 참여해 진주 늘빛병원 투쟁과 명동성당으로 거점을 옮겨 투쟁하고 있는 CMC지부와 경희의료원지부 투쟁에 연대했다. 10월 16일 보건의료노조 총파업 날에는 200여 명의 조합원이 어린이집 앞에서 중식집회를 진행하고 100여 명의 조합원들이 울산 삼산동 현대백화점 앞에서 진행된 지역집회에 참여하였다. 보건의료노조의 2002년 투쟁은 정권이 아무리 직권중재로 노동자들의 파업을 무력화하려고 해도, 노동조합의 단결과 투쟁을 꺾지 못한다는 것을 보여주었다.

3) 최초 산별교섭 참가 합의

2002년 울산대학교병원지부는 10차 교섭을 마치고 5월 7일 보건의료노조 집단 조정신청 일정에 맞추어 쟁의조정신청을 했다. 5월 11일에는 보충협약으로 '비정규직 정규직화와 처우개선, 육아휴직 1년, 출납수당, UM 수당 신설, 대기수당 인상, 연장근로 인정, 교대근무자 5일 이상 근무금지, 16시간 휴식 보장, 야간 근무 9일 이상 슬리핑 off 1개 유급 지급, 남녀모성보호와 산업안전조항 신설'에 대해 합의하였다.

보충협약이 합의되고 임금협상이 막바지로 가는 시점에 병원 관리자들이 노골적으로 부당노동행위를 일삼았다. 병원관리자들은 노동조합 대의원을 불러 개별면담을 진행하면서 "쟁대위 회의 잘 참석하느냐" "임금배분은 5대 5가 좋은데 8대 2가 무엇을 의미하는지 아느냐" "병원에서 파격적인 안을 냈으니 받아들여라" "다른 사람이 파업을 한다

부당노동행위 근절 각서

고 해도 휩쓸리지 말고 반대해라" 등의 말을 했다. 노동조합 활동에 개입하는 부당노동행위였다. 이에 노동조합은 즉각적으로 대의원 간부들을 소집해 진술서를 확보하고 항의서한을 작성해 박건춘 병원장을 항의 방문했다. 항의서한을 전달하고 병원의 해명서와 사과문 발표 재발방지 약속을 요구했다. 박건춘 병원장은 단협을 준수하겠다는 사과 성명을 발표했고, 사측 교섭위원 또한 재발방지와 성실히 단체협약을 준수할 것을 약속하는 서명을 하였다.

울산대학교병원지부는 사측의 부당노동행위에 대한 압박과 시기집중 투쟁일정 사수를 통해 보건의료노조 시기집중 파업 10여 일을 앞둔 5월 14일 파견직 직접고용, 비정규직 처우개선, 임금인상, 인력확충 및 비정규직 정규직화 등에 대해 잠정합의했다.

노사간의 의견 접근안이 나와 막바지교섭이 진행되던 5월 14일, 조합원들이 로비에서 교섭대기 투쟁을 하고 있는 가운데 보건의료노조 차수련 위원장이 직접 교섭에 참여하였다. 단위사업장 교섭에 위원장이 직접 참여하는 것은 이례적인 것이었다. 당시 차수련 위원장이 교섭에 참여한 이유는, 보건의료노조 지부 중에서 산별교섭 참가를 울산대학교병원이 처음으로 체결했기 때문이었다. 보건의료노조는 2002년 시기집중 투쟁계획을 수립하면서 산별교섭에 대한 합의를 이끌어 내는 것을 최종목표로 했다. 산별교섭 참가에 대한 공동요구를 쟁취하는 지부부터 우선 타결한다는 방침을 세워놓고, 한편으로는 타결이 늦어질 경우 지역별 타격병원 대상을 지정하고 집중 타격 투쟁한다는 방침을 세워놓고 있던 터였다.

울산대학교병원이 타격대상이 되는 것을 우려한 병원 사측은 타 병원보다 조기 타결을 위해 노동조합이 요구한 산별교섭 참가에 합의했다. 울산대학교병원지부를 시작으로 타 병원들이 연이어서 울산대학교병원 노사간의 합의내용을 따라 산별교섭 참가를 합의했다. 2002년 산별교섭참가 합의가 2003년에는 더욱 확대되었고 전국적으로 펼쳐진 보건의료노조의 집중타격투쟁과 맞물리면서 공공병원을 중심으로 한 산별 집단교섭을 성사시켜 2004년 산별교섭의 견인차 역할을 했다.

4) 연대 투쟁

발전노조 파업

2002년 2월 25일 발전노조와 철도노조, 가스공사노조는 김대중 정부의 '2기 국가기간산업 사유화' 저지를 위해 공동파업을 단행했다. 가스

공사노조는 25일 오후에 타결하였고 철도노동조합은 3일 만에 타결하였다. 발전노조는 산개투쟁과 가족대책위원회 투쟁을 병행하면서 38일 동안 파업을 이어갔다. 정부와 재계는 파업이 생산에 차질을 주어 수출에 악영향을 미친다며 국익 논리를 들먹였다. 국익 논리의 정점은 월드컵 개최국의 이미지에 타격을 준다는 내용이었다. 언론도 이에 편승했다. 그러나 민주노총은 임시 대의원대회를 열어 발전노조 연대파업을 결정했다. 민주노총은 산개 파업 중인 발전노조 조합원들에게 숙소와 식사를 제공하고 지역별 연대 집회를 진행하는 등 투쟁을 지원을 하다가, 4월 2일 민주노총 1차 총파업, 4월 9일 2차 총파업으로 연대파업을 확대한다.

울산대병원지부는 민주노총 지침에 따라 임시대의원회의를 열어 투쟁지원금 전달과 산개투쟁 중인 발전노조 조합원들에게 숙소와 식사 제공을 결정했다. 아울러 지역본부 주관 발전노조 파업지지 집회에 울산대병원 조합원들이 참가해, 발전노조 파업을 지지하는 별도의 유인물을 배포하기도 했다. 지역 연대집회에 울산대병원지부 조합원들이 70여 명이나 참여한 것은 이례적인 일이었다. 이런 집중연대가 가능했던 건 지부 대의원 중에 산개투쟁 중인 발전노조 조합원 가족이 있었기 때문이었다. 대의원회의에서 이 대의원은 발전노조의 상황을 눈물을 흘리면서 상세하게 설명하였고 연대를 호소했다.

울산대병원지부는 4월 2일 민주노총 1차 총파업을 수행하기 위해 3월 28일부터 간부 철야농성에 들어간다. 현장을 순회하며 조합원 간담회를 하고, 4월 1일에는 천막농성에 들어갔다. 민주노총 파업날인 2일에는 상집 대의원 간부들이 오후 파업에 돌입했다. 오전에는 조합원 하루교육이, 오후에는 병원로비에서 전 조합원 임시 총회를 소집했다. 태화강 고수부지에서 열린 민주노총 울산지역본부 집회에도 대의원 상집

간부 중심으로 참가했으나, 민주노총 총파업은 노정교섭 합의로 종료
됐다. 그럼에도 울산대병원지부에게는 발전노조 파업을 지지하고 민주
노총 연대투쟁에 함께하며 현장 조합원들까지 노동자간 연대의 중요성
을 각인하는 시간이 되었다.

미군 장갑차 압사 사건

2002년은 월드컵의 열기로 뜨거웠다. 그러나 이 열기는 곧 미군에
항의하는 촛불시위로 뒤바뀌었다. 그동안 쌓여오던 반미감정에 기폭제
가 된 건 '심미선, 신효순 압사사건'이었다. 경기도 양주군(현 양주시) 광
적면 효촌리 56번 지방도로 갓길에서 당시 조양중학교 2학년이던 신효
순, 심미선이 주한 미 육군 제2보병사단의 M60 AVLM에 깔려 현장에
서 숨졌다. 그러나 16강 진출을 앞 둔 6월 13일, 월드컵으로 흥분에 젖
어있던 국민들에게 미선이 효순이의 죽음은 알려지지 않았다. 이후 동
두천 캠프 케이시 내 미 군사법정에서 열린 군사재판에서 두 차례 무죄
평결을 내렸다. 당시 민주노동당 대선후보 권영길 후보가 재판 참관을
신청했지만 받아들여지지 않았다. 비밀로 진행된 재판에서 무죄가 선
고됐다. 이에 분노한 시민들이 항의했으나, 경찰은 방패와 곤봉으로 무
자비한 폭력으로 분노를 잠재우려 했다. 그러나 오히려 이 사건은 발단
이 되어 언론에 알려지고, 전 국민적인 분노가 일어난다. 국민들의 분
노는 네티즌들의 사이버테러와 천주교 정의구현사제단의 단식농성, 전
국 종교인의 릴레이 농성, 전 국민 촛불시위로 이어졌다. 서울에서 시
작된 촛불은 전국으로 확산되고 울산에서도 그 열기가 전해진다. 울산
대병원 노조 6대 집행부는 특별선전물을 발행하고 2002년 12월부터
2003년 1월까지 목요일마다 현대백화점 앞에서 미군의 진상규명과 사
과를 요구하는 촛불집회에 참여했다.

3. 7대 집행부와 산별파업

1) 7대 집행부 출범

2002년 12월 6대 이장우 지부장이 보건의료노조 울산경남지역본부 본부장으로 당선되면서 2003년 1월말까지 울산대학교병원지부장직을 겸직했다. 1월말 이장우지부장이 지부장직을 사퇴하면서 본부장을 전임했다. 2002년 지부의 규정을 개정해 지부장 1인이 출마하던 것을 지부장, 사무장 동반 출마하도록 하였다. 개정된 규정에 따라 지부장 신은아 후보와 사무장 주재명 후보가 동반 출마해 당선되었다.

7대 신은아 집행부는 사무장 주재명, 조직부장 방영재, 조직차장 박창원, 노동안전부장 안형진, 편집부장 이향순, 교육부장 김태우, 문화부장 김정은, 선전차장 한정아, 총무부장 김남일, 총무차장 안경옥, 권형정 조합원이 함께했다.

7대 집행부는 2003년 3월1일부터 2004년 12월 31일까지 1년 10개월간 집행했다. 집행기간 동안 울산대학교병원장례식장을 중심으로 벌어진 박일수 열사 투쟁을 이어 받아 수행했고, 2004년 노동조건 후퇴 없는 노동시간 단축 산별총파업을 조직하고 투쟁했다. 그러나 신은아 지부장은 임기 후 보건관리자로 임명되었다가 인사팀으로 들어가 사용자의 역할을 담당하면서 조합원들로부터 많은 비난을 받아야 했다.

2) 박일수 열사 투쟁

2004년 2월 14일 새벽 현대중공업에서 노동자 한 명이 몸에 시너를 붓고 분신했다. 하청노동자 박일수 열사였다. "하청노동자도 인간이다. 인간답게 살고 싶다." 라는 유서를 남기고 하청노동자의 고용보장과 처우개선을 요구하며 자신의 몸을 불태웠다. 박일수 열사의 시신은 경찰에 의해 울산현대병원에 안치되었다. 민주노총 울산지역본부는 열사의 시신이 안치된 울산현대병원에서 긴급 운영위원회를 개최하고 지역본부 운영위원회를 '박일수 열사 투쟁위원회'로 전환하였다. 경찰은 민주노총 울산지역본부가 현대병원 안치실을 장악하자 부검을 빌미로 시신 탈취를 시도하였다. 박일수 열사 투쟁위원회는 경찰의 시신탈취 시도를 막아내고 울산대학교병원 장례식장으로 열사의 시신을 옮겼다. 울산대학교병원 장례식장을 근거지로 박일수 열사의 염원에 따라 하청노동자 처우개선을 위한 집회와 농성에 돌입했다. 현대중공업노조 탁학수 위원장은 긴급 울산지역본부 운영위원회에 참석해 박일수를 '열사'로 인정하였으나, 다음날 아침 기자회견을 열고 '박일수를 열사로 인정할 수 없으며 단순히 생활고를 비관한 자살'이라며 말을 번복하였다.

며칠 뒤인 17일, 3명의 현대중공업 하청노조 간부들이 현대중공업 안 크레인에 올라 고공농성에 들어갔으나 5시간 만에 회사경비들에게 무자비한 폭력을 당한 채 끌려 내려왔다. 경찰은 고공농성 간부를 구속했다. 현대중공업은 열사투쟁이 하청노동자들에게 확산되는 것을 막기 위해 안간힘을 다했다.

전국노동자대회가 진행된 3월 13일, 현대중공업 정문 앞은 무법천지였다. 현대중공업 관리자들과 용역경비대로 구성된 구사대는 무차별적으로 폭력을 휘둘렀고 경찰은 방조했다. 정문 앞 열사투쟁지원 지역대책위의 천막 안에 있던 임산부와 여성노동자들에게도 용역경비들의 폭력이 가해졌다. 그러나 이런 현대중공업의 폭압에도 현대중공업 사내하청지회 조합원들을 제외한 대부분의 노동자들은 침묵했다.

현대중공업 정규직노조의 수백 명의 대의원들은 수시로 박일수 열사의 빈소를 침탈해 영정을 엎어버리고 열사대책위원들을 폭행하는 등 난동을 부리는 만행을 저질렀다. 이때마다 울산대병원지부 간부들

박일수 열사 영정

은 지역 동지들과 침탈을 막기 위해 분투했고 폭행을 당하기도 하였다. 당시 보건의료노조 울산경남본부장으로 활동하던 이장우 조합원은 집회 중에 '현대중공업노동조합은 어용'이라고 했다는 이유로 현대중공업노조에 명예훼손으로 고발당하고 경찰조사를 받기도 했다. 이런 탄압에도 불구하고 현대중공업 하청노동조합과 지역 연대 동지들은 굽히지 않고 투쟁했다.

투쟁 기간 동안 치러졌던 4월 총선은 투쟁하는 노동자들을 더욱 힘들게 하였다. 노동자 정치세력화를 외치던 민주노동당의 김창현 후보는 박일수 열사 투쟁이 길어지자 현장에서 모습을 감춰버렸다. 이후 김창현 후보는 동구 주민들의 여론과 표를 의식해서 열사 투쟁을 외면했다는 평가와 비난을 들어야 했다.

반면 울산대학교병원지부는 투쟁대책위의 제안을 수락해 노동조합 사무실 일부를 대책위 상황실로 내어주었다. 울산대학교병원 지부는 열사 투쟁의 거점이 되었다. 투쟁은 56일간 이어졌다. 병원 경영진은 장례식장 운영에 방해가 된다는 이유로 박일수 열사의 시신을 다른 곳으로 옮기라고 요구했다. 대책위가 이를 받아들이지 않자 급기야는 병원 관리자들을 동원해 장례식장 앞 농성장을 물리적으로 침탈하려 하였다. 이 소식을 들은 김태우 교육부장은 업무를 내려놓고 장례식장으로 뛰어갔다. 농성장을 지키던 사람이 대여섯인데, 병원관리자들은 20명이 넘었다. 김태우 교육부장은 울산대학교병원지부 간부들이 보이지 않자 잠시 당황했지만 병원 구사대와 지역 동지들 사이에 막아서면서 "이게 뭐하는 짓인가. 동지들을 끌어내려거든 나부터 끌어내라"며 소리쳤다. 당황한 병원 관리자들이 물러나 이날 병원관리자들의 영안실 침탈은 시도에 그쳤다.

지역동지들이 영안실 앞 입구에 농성을 깔았어요. 그랬더니 병원 사측이 농성장을 끌어내겠다고 온 거야. 나는 일하다가 그 얘기를 듣고 쫓아 올라갔어요. 근데 올라가니까 아무도 없는 거야 조합원이. 앉아 있는 동지는 네다섯 밖에 안 되고 그 당시 박 아무개, 지금의 행정부원장쯤 되는데 박모 부장이랑 붙기 일촉즉발인 거야. 내가 막으니까 '니는 뭐야' 이러길래 '울대지부 간부다' 했지. '동지들 끌어낼 거 같으면 나부터 끌어내라' 하면서 개판을 쳤거든. 부장이 황당하잖아. 그 당시엔 노조하고 척을 지기 싫으니까 나한테 해꼬지는 안 했는데. 나중에 들은 거지만 병원이 농성장을 친다는 소식을 노조는 알고 있었어. 노조에서 지부장이 그랬는지 사무장이 그랬는지 모르겠지만 '구사대에서 우리 조합원은 빼라'고 얘기했다네. 나는 조합에서 그런 얘기가 오간 줄 모르고 올라가서 막은 거야. 그 때 희한하게 순순히 물러난 거야. 자기들끼리 얘기하더니 가버리더라고. (중략) 지부 집행부가 농성장을 앞장서 지켜주지는 못할 망정 병원 측하고 합의를 했다는 게 너무 실망스러워서 '나는 상집 못하겠다. 그렇게 해서 나는 사퇴했지.

김태우 당시 울산대병원분회 교육부장

4월 7일 민주노총 울산지역본부는 현대중공업과 '유족보상금 지급, 사내하청노조의 활동 보장, 하청업체에 대한 지도감독 철저 및 고용보

2004년 박일수 열사 분신투쟁 일지

2.14 박일수 열사 현대중공업서 분신 자살, 민주노총 지역대책위 구성

2.15 현대중공업노조 대책위 불참 선언

2.17 현대중공업 협력사 해고자 3명 사내 크레인 점거농성

2.18 대책위 항의농성 중 현대중공업 직원과 충돌 20여 명 부상

2.21 민주노총 영남노동자대회

2.23 민주노동당 소속 공직자 현대중공업 사태해결 촉구

3. 9 민주노총 전국노동자대회

3.11 현대중공업분신대책위 집회에 맞서 회사 방어 조직 '현중사랑 자원
     봉사단' 발대식

3.13 민주노총 전국노동자대회

3.16 울산 동부서 분신대책위 관계자 6명 체포영장 발부

3.18 분신대책위, 현대중공업에 45개항 요구

3.22 분신대책위, 정몽준 낙선운동 등 총선 연계투쟁 선언

3.26 금속연맹 중앙위원회서 현대중공업노조 제명 결의

3.29 대책위 관계자 2명(이헌구. 조성웅) 구속

3.29~30 민주노총, 분신 관련 잔업 거부

3.31 현대중공업노조, 상급단체 사업 불참 선언

4. 7 합의

4. 9 장례

장 노력, 하청노동자 차별 해소 및 처우 개선, 분신 사건 관련 민형사상
책임 불문' 등에 합의한다. 박일수 열사 사망 56일 만인 4월 9일 박일수
열사의 장례가 치러지고, 민주노총 금속연맹은 농성장 침탈 등 반 노동

자적 행위를 근거로 현대중공업노조를 징계위에 올려 제명한다.

3) 청소와 식당 외주화

병원측은 1998년 김대중 정부가 제정한 '파견 근로자 보호 등에 관한 법률'이 시행된 후부터 지속적으로 식당과 청소업무를 외주화해야 한다고 주장해왔다. 그러나 매번 노동조합의 반대에 부딪혀 진행시키지 못하고 있었다. 병원식당, 미화를 비롯한 기능직 부서에는 파견업체 노동자와 직접고용 계약직 노동자, 그리고 정규직 노동자 이렇게 3가지 고용형태의 노동자들이 근무했다. 고용형태별 노동자들의 갈등이 갈수록 심화되어 현장 내에 잦은 문제가 발생했다. 함께 식사도 하지 않을뿐더러 업무에 있어서도 갈등을 빚었다. 비정규직에 대한 임금과 복지 차별도 심각했다. 정규직과 직접고용 비정규직 사이의 차별, 그리고 직접고용 비정규직과 파견노동자 사이의 차별이 존재했다. 계약직 임금은 정규직 초임의 90% 수준이었고, 파견직은 최저임금을 받아 왔다. 직원 복지도 아무것도 받을 수 없었다. 노동조합은 파견이나 비정규직 노동자에 대한 처우개선과 정규직화를 지속적으로 요구했다. 2003년부터 병원의 외주화 추진과 노동조합의 반대가 격화되었으나, 2004년 4월 7일 노사합의로 일단락된다.

1. 현재(2004년 4월 7일) 미화와 영양실 근무자 중 정규직을 제외한 비정규직에 한하여 용역으로 전환한다. 그 외 타 직종은 5월 1일부로 원내 계약직화 하고 파견 근로를 받지 않는다. 현재의 정규직에 대해서는 정년을 보장한다.
2. 현 계약직 중 7명은 정규직화한다.
3. 병원은 모든 용역직의 임금 및 근로계약서 작성 시에 노동조합의 참여를 보장한다.
4. 병원은 모든 용역직의 실질임금 향상을 보장하며 보건의료노조 최저임금 이상을

유지한다.

5. 병원은 모든 용역직에 대해 의료비 감면, 경조 및 하기 휴가 부여, 생일티켓, 부서
   활동비, 후생복지비, 후생용품, 피복비 등을 동일 지급한다.

6. 병원은 추후 타 직종에 대해 파견이나 일반용역 할 수 없다.

7. 비정규직 관련 합의문을 단체협약에 삽입한다.

식당과 청소 업무 외주화를 노사합의로 결정한 것이다. 이에 대한 다양한 평가가 있었다. 비정규직 확대에 합의한 신은아 집행부에 대한 비판이 일었으나, 그럼에도 병원이 일방적으로 밀어붙일 수 있는 상황을 막고 처우 개선을 약속받은 것을 긍정적으로 보는 시각도 있었다. 비정규직은 이후 직접고용 조리사에 대한 수가인정, 2007년 비정규직법 시행 등으로 항상 노사 간의 쟁점사항이 되었고, 많은 변화를 겪게 된다.

4) 2004년 여름 무더웠던 14일 파업투쟁

울산지역 3개 병원지부 공동교섭

2004년 울산지역 3개 지부(울산대병원지부와 동강병원지부, 울산병원지부)가 2004년 임금단체협약 합동 상견례를 결의했다. 울산지역에 있는 보건의료노조 소속 세 병원이 이렇게 결의한 배경에는 그동안 쌓아온 신뢰가 있었다.

울산지역 3개 병원 지부는 2002년부터 지부별 교섭에 교섭위원을 교차해 들어가는 연대교섭을 진행해왔다. 교섭요구를 서로 협의해 결정하고 공동 투쟁기간에 시기집중 투쟁을 전개했다. 그 경험을 바탕으로 2004년에는 임단협 투쟁을 공동으로 진행하고 평가를 통해 지역지부 건설로 나아가고자 하였다. 세 지부는 합동 상집회의, 대의원대회를 통

2004 투쟁속보 – 울산지역 합동상견례

해 공동 임단협과 투쟁 계획을 확정하고 같은 날, 같은 장소에서 임단협 상견례를 진행하겠다는 공문을 사측에 동시에 발송했다.

병원 사용자들은 노동조합이 처음 제기한 공동교섭을 거부했다. 생소한 노동조합의 교섭방식에 대해 의도를 알 수 없었을 뿐만 아니라, 주도적인 노동조합의 요구에 끌려 다니기 싫었기 때문이었다. 3개 지부는 교섭에 응하지 않는 병원을 집중 타격대상으로 삼겠다며 각각 의 사측을 압박했고, 사측들은 3개 병원 공동교섭 상견례에 참석하기로 했다. 다른 병원의 노동조합 간부가 참여하는 대각선교섭도 부담스러워 하던 사측이 합동교섭에 응한 것이었다. 상당한 난관을 예상했던 노동조합은 사측의 갑작스러운 입장변화에 내심 놀라웠다.

병원마다 공동교섭에 임하는 입장과 계산은 달랐다. 울산대학교병원 사측은 합동교섭을 진행할 경우 동강병원이나 울산병원과의 차이를 강조하면서 임금인상을 최대한 억제하겠다는 계산이 있었다. 울산병원과 동강병원은 매년 지부의 투쟁으로 피로감이 심화된 상황에서 공동교섭이 이루어지면 교섭과 투쟁의 집중대상이 결국 울산대학교병원이 될 것이라는 판단이었다.

4월 1일 울산 근로복지회관 회의실에서 3개 지부 합동 상견례가 열렸다. 보건의료노조 최초로 이뤄진 지역 집단교섭이었다. 산별발전위원회에서 결정한 보건의료노조 발전 방향을 현실에서 실행하는 첫 모델인 만큼 3개 지부는 흥분을 감추지 못했다.

처음 하는 공동교섭인 만큼 상견례부터 만만치 않았다. 사측과 노동조합은 교섭 원칙에 대한 의견을 나누었으나 교섭위원 수, 교섭위원의 공가, 교섭횟수 등 구체적인 사안마다 이견이 발생했고 합의에 이르지 못했다. 노동조합은 단체협약에서 노조활동 관련 내용과 산별교섭 참가 결의, 의료공공성 강화, 인력충원을 기본으로, 개별사업장 문제를 제외한 공통요구를 다루자고 하였다. 사측은 거기에 더해 2004년 임금 결정까지 합동교섭에서 진행하자는 의견을 제시하였다. 4월 16일, 울산대학교병원에서 2차 상견례를 진행하고 4월 20일에는 보건의료노조 울산지역 합동 출정식을 울산대학교병원에서 진행하였다. 4월 29일 울산대학교병원지부는 제7차 임시대의원대회에서 공동교섭을 전제로 지부 요구 축소를 포함한 울산지역 공동 요구안 확정과 공동투쟁본부 결성을 결의하였다.

5월 7일 본 교섭에 돌입하기로 하였으나 울산병원 사측의 불참으로 제대로 진행되지 못했다. 5월 14일부터 6차 교섭까지 진행되었지만 경영상황을 공개하는 것에 대해 부담을 가진 사측이 교섭 관련한 자료를 제공하지 않거나 명확한 자료도 없이 무조건 어렵다는 주장만 하는 등 불성실한 태도로 의미 있는 교섭이 이루어지지 않았다.

6차 교섭 이후 산별중앙이 조정신청을 접수하고 산별중앙투쟁이 본격화 되었다. 산별중앙교섭과 별도로 지역교섭 틀을 유지하려 하였으나 사측은 중앙교섭에서 대부분 결정될 것으로 보이는 상황에서 지역공동교섭을 유지하는 것이 필요 없다는 판단을 내렸다. 결국 산별교섭이 정리 된 후 지역에서 추가 논의할 사항이 있다면 교섭을 재개하는 것으로 하고 지역공동교섭을 일시 중단하기로 했다.

산별파업 후 지역 거점투쟁 병원으로 울산대학교병원을 지정하고 지역 3개 병원 지부가 공동으로 로비농성을 진행하며 공동교섭 재추진과 공동투쟁을 계획하였으나 이루어지지 못했다. 울산지역 공동교섭은 산별 총파업이 종료된 후 6월 29일 공식 해산했다.

산별중앙교섭에서 중요한 의제들을 정리한 상황에서 울산지역 지부장을 비롯한 현장 간부들 또한 현장의 소소한 문제들을 해결하는데 지역교섭까지 해야 할 필요성을 느끼지 못했다.

울산지역 3개 병원 공동교섭은 보건의료노조 산별전환 후 산별노조 발전전략에 근거해 처음 시도된 매우 의미 있는 일이었다. 그러나 울산에서 지역공동교섭을 추진하는 것에 대해 보건의료노조 중앙은 달가워하지 않았다. 중앙교섭을 살려 가야하는 마당에 지역별 교섭은 산별중앙교섭에 집중하는 것을 방해하고 교섭의제를 분산시킬 수밖에 없다고 여겼기 때문이다. 실제 보건의료노조 중앙 간부가 울산지역의 공동교섭 추진을 우려해, 지역공동교섭을 중단해야 한다는 입장을 지도부에 제기하기도 했다. 결국, 보건의료노조는 2004년 산별중앙교섭과 투쟁을 진행하면서 산별노조의 힘을 중앙협약 쟁취에 집중함으로써 산별노조 전환 당시에 세웠던 지역 중심의 산별노조 발전전략은 어떠한 새로운 논의도 없이 폐기되어 버린 것이다.

산별중앙교섭

전국보건의료산업노동조합은 2004년 2월 26일부터 27일까지 한국노동교육원에서 150여 명이 모여 정기 대의원대회를 열고, '근로조건 저하 없는 주 5일제, 산별교섭 성사, 민주노동당 국회 진출'을 그 해에 투쟁목표로 삼았다. 전 조합원 총투표를 통해 6월 산별총파업을 결의했다. 보건의료노조 5대 요구는 ▲산별 기본협약 요구 ▲의료 공공성 요구 ▲주 5일제 요구 ▲비정규직 요구 ▲임금인상 요구 (10.7% 인상) 이었다.

3월 17일 산별교섭 상견례로 산별교섭의 막이 올랐다. 그러나 반쪽짜리 교섭이었다. 국립대병원은 일절 참석하지 않았고 중소병원과 일부 사립대병원만 참여했다. 사립대병원도 상견례 후 특성별 교섭을 고집하면서 7차 교섭까지 참석하지 않았다. 4월 21일부터 22일까지 1박 2일 동안 보건의료노조 간부 1,500여 명이 상경해 '대정부 의료공공성강화' 투쟁을 진행하고 병원협회와 서울대병원을 압박했다. 5월 19일 8차 교섭에서 13개 사립대병원이 교섭에 참석했다. 122개 병원을 대표하는 6개 특성 중 국립대병원을 제외한 사립대병원, 지방공사의료원, 민간 중소병원, 특수목적 공공병원(보훈, 원자력), 적십자사 등 5개 병원 특성이 대표단을 구성해서 모두 참석했다. 8차 교섭까지도 국립대병원은 교섭에 나오지 않았다. 전국 9개 국립대병원 노동조합은 병원 앞 천막농성, 로비농성, 항의집회, 피켓시위 등을 전개하며 국립대병원의 산별교섭

보건의료노조 산별총파업 투쟁 일정

5월 20일(목) 전국 간부·대의원 총력투쟁 결의대회
5월 25일(화) 산별조정신청

5월 27일(목) 12:00 대정부투쟁(과천정부종합청사)-〉15:00 광화문집회

14:00 10차 산별교섭, 지부장회의

5월 28일(금) 전 지부 동시 조정신청 보고 및 승리결의대회

6월 1일(화)~3일(목) 전 조합원 쟁의행위 찬반투표

6월 4일(금) 전 지역별 총파업투쟁 결의대회

6월 9일(수) 보건의료노조 총파업 전야제

6월 10일(목) 보건의료노조 총파업

6월 1일부터 3일까지 전국적으로 진행된 쟁위행위 찬반투표에서 전체 조합원 36,584명 가운데 88.9%인 32,530명이 투표에 참가, 77%인 25,042명이 산별총파업을 찬성. 국립대병원도 산별교섭에 참여 시작.

6월 4일 보건의료노조 각 지역본부 '산별총파업을 위한 결의대회' 동시 개최.

지역본부별 결의대회 시간과 장소

서울본부 19:00 서울대병원 주차장

인·부천본부 18:30 인천의료원

경기본부 18:00 광명로데오거리집회 →광명성애병원

대·충본부 15:00 서산의료원(6월 5일)

부산본부 17:00 서면 천우장

대·경본부 19:00 경북대 본관 앞마당

울·경본부 18:30 울산병원야외주차장(울산권) 18:30~20:30 경상대야외 주차장 (진주권)

광·전본부 18:00 전남대병원 주차장 앞

전북본부 19:00 전북대병원 앞

제주본부 18:30 제주대병원로비

참가를 촉구했다.

총파업을 3일 앞둔 6월 8일, 보건의료산업 13차 산별교섭에서 9개 국립대병원이 정식으로 참여했다. 그러나 교섭대표 문제로 인한 갈등으로 교섭은 파행됐다. 9일 오전 11시 보건의료노조는 기자회견을 열어 '10일 오전까지 교섭을 전개하고 만약 협상이 타결되지 않을 경우 오전 7시를 기점으로 예정대로 전국 121개 지부 3만 7천여 명이 참가하는 산별총파업에 돌입한다'고 밝혔다. 보건의료노조는 노조의 5대 요구안을 수용할 것을 재촉구하고 막판까지 교섭에 최선을 다한다는 입장이었다. 또 정부에 협상 타결과 산별교섭 정착을 위해 책임을 다할 것을 촉구했다. 중앙노동위원회에서 열린 특별 조정회의에서 밤샘 교섭을 진행했다.

보건의료노조 핵심지도부는 5대 요구안과 함께 산별협약 체결을 강하게 내세웠다. 특별조정위원회에서 교섭이 원만하게 이루어지지 않자 중앙노동위원회에서 직권중재를 선언하겠다고 압박해왔다. 쟁의조정 신청이 10일 새벽 0시를 기해 완료되면서 중앙노동위원회는 노사양측의 조정연장 신청을 받아들여 조정기간을 4시간 연장했다. 한편 6월 9일 오후 10시부터 1만여 명의 조합원이 고려대 운동장에 집결해 파업전야제를 진행했다. 10일 새벽 1시가 넘어 전야제가 마무리되고 노천극장의 조합원들은 교섭상황을 기다리며 문화제를 이어갔다. 몸짓패의 공연과 풍물패의 풍물 굿을 비롯한 각종문화 공연이 진행됐다. 밤새 상경해 지친 상태임에도 조합원들의 박수와 함성의 열기는 하늘을 찌를 듯

했다. 전국 각지에서 상경한 조합원은 서로를 확인하며 놀라고 흥분했다. 최종교섭 보고는 새벽 4시가 되어서야 이루어졌다. 10일 새벽까지 노사가 합의점을 찾지 못하자 중앙노동위원회에 특별조정위원회는 조정안을 냈다는 것이었다. 그러나 이 조정 또한 결렬됐다. 보건의료노조는 전국대의원대회에서 기존의 방침대로 산별총파업을 결행했다.

〈중앙노동위원회의 조정안〉

1. 근로시간은 1일 8시간, 주 40시간으로 하되 토요일 근무 및 기타근로조건에 관련된 사항은 노사가 자율 합의하여 결정한다.
2. 임금은 주 40시간 및 기타 근로조건과 연계하여 결정한다.
3. 산별 기본협약의 체결을 위하여 노사공동협의기구를 구성하여 운영한다.
4. 비정규직 문제 해결을 위하여 노사공동협의기구를 구성하여 운영한다.
5. 의료공공성 강화 및 의료산업 발전에 관한 사항
   - 환자 권리장전을 노사공동으로 작성하여 선포하고 이를 실천한다.
   - 기타 제도개선과 의료산업의 발전을 논의하기 위한 기구를 노사정위원회에 설치 운영하여 줄 것을 노사공동으로 정부에 건의한다.

서울로 모이다

6월 9일 울산대학교병원지부는 다음날 상경을 위한 최종점검 회의를 했다. 상집회의에 수간호사를 비롯한 병원관리자들이 조합원의 상경을 막기 위해 온갖 부당노동행위를 저지른다는 보고가 올라왔다. 집행부는 관리자의 조직적인 방해를 피해 상경 일정을 하루 앞당겼다. 신은아 지부장은 간호사 대의원들을 긴급 소집해 수간호사들의 개입이 심각한 간호부부터 상경해야 한다고 설득했다. 간호부에 바로 상경할 수 있는 조합원들은 저녁 7시에 출발한다는 지침을 내렸다. 문제는 수술실 조합원들이었다. 수술실의 고연차 조합원들이 지부장에게 찾아와 수술대기 환자들을 두고 파업에 동참할 수 없다고 주장했다. 한 시간 가량 설득 끝에 수술실 조합원들을 상경버스에 태울 수 있었다. 저녁 8시에 퇴근한 상근근무자들과 낮 근무를 마친 병동조합원 70여 명이 탄 버스 2대가 출발했다. 첫 출발 버스에는 이장우 울산경남 본부장이 책임자로 함께 출발했다. 서울로 가는 6시간동안 산별파업의 의미와 행동지침에 대해 교육을 진행했다. 버스에 탄 조합원들이 울산에 남은 조합원들에게 전화를 돌려 반드시 상경하라고 설득하기도 했다. 밤 11시에 주재명 사무장과 저녁근무를 마친 조합원들을 태운 버스 한 대가 더 출발하였다. 10일 오전에 신은아 지부장과 150여 명의 조합원들을 태운 버스 5대가 출발하였다. 울산대학교병원 지부는 이틀에 걸쳐 230여 명이 상경해 고려대 운동장에 집결하였다.

서울에서 9일

9일 저녁에 출발한 선발대는 자정이 되어서야 고려대학교 노천강당 입구에 도착했다. 울산대학교병원지부 조합원들은 지부깃발을 앞세우고 행사장 안으로 들어갔다. 노천강당에는 이미 수천 명의 보건의료노조 조합원이 총파업 전야제에 참여하고 있었다. 먼저와 있던 조합원들은 노천극장으로 입장하는 조합원들을 환호로 반겨주었다. 새벽 1시가 넘어 전야제가 끝나고 배정받은 천막으로 이동하였다. 천막 바닥은 깔판이 깔려 있었지만 맨 바닥이나 다름없었다. 6월 중순에 접어들었지만 새벽이 되니 기온이 내려가 쌀쌀하기까지 하였다. 장시간 차를 타고 와서 피곤했던 조합원들은 세수도 못한 채 겨우 자리 잡고 눈을 붙였지만

2004년 서울 고려대학교 노천극장에 모인 보건의료노조 조합원들

쉽게 잠이 오지 않았다. 몇몇은 주변 포장마차에서 밤을 새웠다. 새벽 4시가 되어 11시에 출발했던 두 번째 버스가 도착했다. 10일 오전 10시에 1만 명이 넘는 조합원이 모여 총파업 출정식을 진행하였다. 오후가 되면서 지역에서 출발한 상경대오가 속속 도착했다. 울산대학교병원지부 조합원도 전부 모였다. 이날 고려대 노천강당으로 상경한 울산대학교병원지부 조합원은 230여 명이었다. 파업기간 동안 서울 상경에 참여한 조합원이 350여 명 이었다.

　운동장에서의 노숙생활은 결코 만만치 않았다. 흙먼지 속에서 밥을 먹는 게 제일 힘들었다. 그마저도 매 끼마다 경쟁이 치열했다. 중앙 집행부가 도시락을 준비했지만 항상 부족했다. 지부별로 배식을 했는데 일찍 받는 지부가 넉넉히 받아 가면 늦게 받는 지부는 도시락이 모자랐

천막 생활

다. 한번은 울산대학교병원지부 조합원들에게 배급된 도시락이 턱없이 부족했다. 투쟁본부에서 급히 추가주문을 했지만 10시가 넘어서야 아침식사를 할 수 있었다. 점심배급도 마찬가지였다. 아침 경험 때문에 서로 더 많은 도시락을 챙기려 했다. 결국 한쪽에선 식사를 하지 못하고 한쪽에선 도시락이 남아 버리는 경우가 생겼다. 식사를 못한 조합원들이 보건의료노조 본부 천막에 항의하는 일도 벌어졌다. 배식경쟁은 며칠이 지나서야 정확한 인원파악과 주문으로 안정을 찾았다.

"제가 총무부장이어서 밥 담당이었는데 밥을 200인 분 넘게 가져오는 게 힘드니까 남자직원들은 행정부, 진료지원부, 시설 이렇게 세파트로 나눠서 돌아가면서 밥을 타 왔어요. 시설팀이 연령대가 높으니까 아침밥 타오고, 연령대가 낮은 진료지원부는 햇살 뜨거운 점심 때 보내고. 이렇게 나눠서 일을 했어요. 한번 기억나는 게 가니까 밥이 없는 거예요. 우리가 250인분을 타 와야 하는데. 백 명분도 안 되는 거예요. 본조 CP(투쟁본부)에서 하는 얘기가 '앞에서 다 타가고 밥이 없다 일단 이거 먹고 추가로 더 시켜주겠다' 하더라고요. 남자조합원들 싹 끌고 CP로 쳐들어가서 항의를 했죠. 거기서 농성을 했죠. 밥도 안주는데 투쟁 못하겠다' 그랬더만 윤영규 위원장이 저녁에 우리 병원 텐트로 와서 공개사과 했어요."

김남일 당시 울산대병원지부 총무부장

화장실도 문제였다. 간이 화장실을 설치했지만 턱없이 부족해 아침 저녁으로 길게 줄을 서야했다. 더구나 울산대학교병원지부 천막은 간이 화장실 바로 옆에 있었다. 냄새와 소음으로 조합원이 이중고를 겪었다. 화장실 냄새도 곤욕이었지만 샤워시설은 아예 없었다. 긴 줄을 서서 화장실에서 겨우 세수와 등목을 하는 게 전부였다. 탈의실도 없어 몇 명이 가림막을 만들어주면 돌아가면서 옷을 갈아입었다. 하지만 시설의 부족함보다 조합원을 힘들게 한 건 날씨였다. 야외농성장은 견디기 힘들 정도로 덥고 습했다. 게다가 밤이 되면 기온이 내려가 냉기가 올라왔다. 급기야 탈진을 하거나 빈혈로 쓰러지는 조합원들이 있었다. 집행부는 환자가 발생하면 응급처치를 해서 여관에서 잠을 재우기도 했다. 며칠이 지나자 설상가상으로 장마에 접어들어 비가 내리기 시작했다. 파업의 결의를 다지고 상경투쟁에 임했지만 상황이 열악하고 농성이 길어지자 조합원들의 불만이 쏟아져 나왔다.

1만여 명이나 모인 대형 농성이었지만 첫 산별투쟁이다 보니 중앙집행부의 준비가 부족했다. 집행부가 하루 종일 중앙교섭에 들어가 버리면 현장은 지부 간부들의 몫이었다. 지부 간부들 역시 처음 하는 상경투쟁에서 조합원의 편의를 챙길 여력이 안 됐다. 생리대나 기타 생필품 보급은 생각조차 못했다. 7대 집행부는 상경하기 전 부서별 간담회에서 '서울에 올라가 구경도 하고 쉬엄쉬엄 2~3일 정도 하고 내려오면 된다며 파업 참여를 설득했으나, 3일이 지나도 끝나지 않으니 조합원들은 불만이 점점 커졌다. 주재명 사무장은 조합원들의 불만을 달래기 위해 조합원에게 하루에 5,000원씩 나눠주고 목욕탕을 가거나 구경을 할 수 있게 자유시간을 주었다. 조합원들끼리 삼삼오오 인근 목욕탕이나 찜질방을 찾아가거나 동대문시장에 다녀오기도 했다. 조합원들도 처음엔 적응을 못하고 질서도 어지러웠지만 차츰 적응해 갔다.

서울로 상경한 지역단위들의 조합원 관리 방식은 제각각이었다. 어떤 지부는 300명이 넘는 조합원들의 이탈을 방지하기 위해 조별단위로 강하게 통제하였는데 전체 대오를 이탈해 서울시내 관광을 가거나 개인적으로 행동하는 자유를 일체 허용하지 않았다. 심지어 결혼을 위한 상견례 일정도 미루게 할 정도였다. 반면에 그늘이 있는 고려대 노천강당 위쪽 숲속에서 밖으로 나오지도 않고 며칠을 보낸 지부도 있었다. 그에 비하면 울산대학교병원지부 조합원들은 질서를 유지하면서도 비교적 자유롭게 지냈다고 할 수 있었다.

"밥도 그렇고 처음부터 정신없던 상황이 벌어지면서 질서가 잘 잡혔죠. 질서 유지 총괄이 저였거든요. 살면서 사람들한테 소리를 질러본 게 처음이었어요. 마이크에 대고 '당신들 지금 놀러왔냐 어디 이런 행동을 하느냐'라면서 소리를 질렀어요. 예를 들면 앞에서 얘기할 때 자기들끼리 웃고 떠든다든지 몰래 빠져 놀러간다는 등. 아침에 일어났는데 정리정돈을 해야 하는데 뭔가 잘 안 됐던 거 같아요. 내 생에 그렇게 소리쳐본 처음이었던 거 같아요. 지금도 생각나는 건, 아침에 하는 일이 정해져 있어요. 은행에 가서 백이십오만 원을 오천 원짜리로 바꿔오는 거예요. 왜냐하면 한 사람당 오천 원씩 나눠줬거든. 아침에 주머니 양쪽에 오천 원짜리를 넣고 사람 수대로 주었던 기억, 그 다음에 중간 중간에 쓰러진 사람이 있었어요. 탈진한 거죠. 그런 사람은 링겔 맞고 여관에서 재우고 했죠."

주재명 당시 울산대병원지부 사무장

파업 참가자들은 아침식사를 마치면 10시에 출정식을 한 뒤 서울 시내에서 선전전 또는 가두시위를 진행하고, 국회나 정부청사 앞에서 집회를 했다. 그렇게 일과를 보내고 오후 5시에 농성장으로 돌아왔다. 밤이 되면 노천극장에서 문화제가 진행되었다. 야간문화제에서 지부마다 장기자랑이나 문화 공연을 준비했는데 울산대학교병원지부의 문화패의 활약은 손에 꼽혔다.

"또 기억나는 건 우리 지부 노래패와 율동패가 다른 지역보다 잘했어. 그때 이군재가 문화부장인가 했었거든요. 각 단위별로 나가서 무대에서 뭔가 하잖아요. 군재가 그때 '일초라도 안 보이면' (숫자송) 이 노래로 안무를 만들어서 했는데 반응이 엄청 좋았어요. 그걸로 중앙무대에 나가보자 해서 준비했던 기억이 나네요. 문화패, 노래패 이런 사람들이 굉장히 다른 단위보다 잘했던 기억이 나고"

주재명 당시 울산대병원지부 사무장

6월 12일부터 산별파업 대오 가운데 일부가 서울지역 5개 국립대병원과 사립대병원 로비를 점거해 농성을 했다. 6월 14일에는 노동부 장관의 중재로 고려대학교 운동장으로 철수했다가 사측대표단이 교섭에 성실히 임하지 않자 이틀 뒤 다시 서울지역 대학병원 로비농성에 들어간다. 울산대학교병원지부는 고려대 안암병원 로비로 농성을 옮겼다. 로비에서의 농성은 천막 생활에 비하면 모든 것이 나았다. 울산대학교병원지부는 12일에 지원자를 모아 울산으로 내려갔다. 이는 지도부가 조합원들에게 "파업이 3일이면 끝난다"고 말한 데 책임이 있었다. 3일이라 믿은 조합원들이 옷가지 등도 제대로 준비하지 못하고 왔다. 12일 울산에 도착한 대오는 다음날 오후 다시 서울로 출발했다. 내려왔을 때 보다 조금 더 많은 조합원들이 버스에 올랐다. 병동 간호사 조합원들은 울산에 남아 있던 조합원들과 교대했다. 조합원들은 본인들도 놀랄 정도로 수간호사나 관리자의 회유와 압박에도 굴하지 않고 노동조합의 지침을 철저히 따랐다.

18일 서울지역을 중심으로 했던 집중 타격투쟁을 전국으로 확대하기로 하였다. 지역별 타격투쟁 병원을 지정하고 파업 대오를 대상병원 로비농성으로 배치했다. 울산·경남에서 타격 대상 병원은 국립대병원인 경상대학교병원과 울산대학교병원이었다. 울산대학교병원지부 파업대오는 9일 만에 울산대학교병원으로 돌아왔다. 울산대학교병원지부는 17일 울산으로 내려와 오후 7시 30분 약식 집회를 하고 조합원들을 귀가시켰다. 간부들은 남아 농성계획을 세우고 로비에 농성장을 꾸렸다.

상경을 다녀와서

2004년 6월13일 자유게시판

설렘과 걱정으로 상경했던 우리가 다시 현장으로 돌아왔습니다. 상경하는 버스 안에서도 중간관리자들의 전화에 시달리고 남겨진 동지들의 걱정에 맘이 편하지 않았습니다.

하지만 고려대 대운동장에 펼쳐진 수많은 천막 속에 우리와 같은 목적을 가지고 전국에서 상경한 동지들을 보니 참 잘 왔다. 혼자가 아니구나…….
조금은 자신이 생겼습니다.

차가운 땅바닥에서 은박지 하나만 깔고 모래가 퍼석되는 잠자리지만 새벽의 차가운 공기를 동지를 안고 난로삼아 잠을 자고 때때로 불어 대는 먼지바람에 도시락이 뽀얗게 되어도 물에 말아 깨끗이 넘기고 쏟아지는 땡볕에도 굴하지 않고 거리행진을 하며 냄새나는 간이 화장실도 참아내고 제대로 씻지 못하는 불편함도 감수하면서 투쟁했습니다. 땀에 찌든 단체티를 입고 까맣게 탄 얼굴을 보며 있어도 참 좋았습니다. 저녁이면 문화제를 열어 더위에 지친 우리를 일으켜 세우고 다시 투쟁의 의지를 불태우기를 며칠!..

현장에 남겨진 동지들이 과다한 업무에 시달리고 있다는 소식에 함께 맘 아파하며 고민했습니다. 이제 우리가 근무교대를 합니다. 남겨진 사람들의 고충 충분히 이해합니다. 여기 이제 우리에게 넘기고 뜨거운 투쟁의 한복판으로 가서 우리가 느끼고 돌아온 것과 같이 느끼고 공감하며 투쟁의 중심이 되어주시길 바랍니다.

친구에게

2004년 6월14일 자유게시판

서울에서 투쟁하는 우리 친구에게
지금은 어느 곳에서든 동지라는 표현을 쓰지만 지금은 왠지 그냥 친구라고 부르고 싶다.

　같이 상경하지 못한 미안한 마음이 시간이 지날수록

　너의 목소리가 지쳐갈수록 크게만 다가온다.

　상경첫날 친구마음이 벅차 "올라오길 잘했어"하는 소릴 들을 땐 그나마 괜찮았는데　어제는 울먹이며 "이다음에는 절대로 노동자로 안 태어 날란 다"라는 소릴 하는 너를 보며 정말이지 마음이 무지무지 아팠다. 이놈이 얼 마나 힘들면 그럴까 하는 생각에

　그렇지만 오늘아침 다시 해가 뜨듯이 너의 투쟁의 힘 있는 목소리를 들으 니 다시 한 번 내 마음도 추스른다.

　친구야 힘내! 만나면 우리 맛있는 거 많이 먹으면서 웃으면서 네 얘기 다 들어줄게.

울산대학교병원에서 투쟁

　6월 17일 울산으로 돌아온 울산대병원지부, 동강병원지부, 울산병원 지부 조합원들은 18일 오전 10시 울산대학교병원 로비에서 거점투쟁 출정식을 했다. 거점 투쟁기간 동안 파업대오는 흐트러짐 없이 유지되 었고 오히려 늘어났다. 그러나 한편에선 서울 상경투쟁을 한 조합원과 현장에 남아 업무를 맡았던 조합원 사이에 투쟁을 받아들이는 인식 차 가 생겨났고 갈등은 커져 갔다.

　거점투쟁 기간 동안 중앙에서 산별교섭이 계속됐다. 울산 3개 지부 는 교섭내용을 공유하고 토론하였고 조합원과 각종교육과 토론, 장기 자랑을 진행했다. 23일 보건의료노조 지도부는 '6월 23일부로 산별총 파업 투쟁 중단을 선언하고 지부현안과 지부별로 풀어야 할 세부사항

2004 파업 울산대학교병원 로비

들에 대해 지부별 투쟁으로 전환 한다'고 발표했다. 거점투쟁은 중앙교
섭이 잠정합의를 한 23일 오후 6시까지 진행됐다. 24일부터 조합원들
은 현장으로 복귀했다.

그러나 복귀를 결정하는 과정에서 울산대학교병원지부가 3개 지부
지도부와 사전 논의나 합의 없이 독자적으로 조합원 복귀 지침을 내려

논란이 됐다. 이 문제는 추후 평가를 하는 과정에서 울산지역 지부 간부들의 갈등으로 야기됐다. 내부적인 문제도 있었다. 7대 집행부는 파업참가자에 대한 무노동무임금 적용에 대해 사측과 협의하기 전에 현장복귀 지침을 내려 후폭풍에 시달려야했다.

현장대책팀

한편 울산에 남은 간부들은 현장대책팀을 꾸렸다. 현장대책팀 팀장은 윤태희 대의원, 부팀장은 김태우 조합원이 맡았다. 김태우 조합원은 박일수 열사 투쟁과정에서 상집을 사퇴한 상태였지만 집행부의 요청을 받아 현장대책팀을 책임지기로 했다. 파업에 참가하였으나 임신, 육아, 건강상 이유로 상경하지 못한 조합원 50여 명이 있었다.

현장대책팀 소속 조합원들은 사측의 회유와 탄압을 피하기 위해 병원 밖을 돌아다니며 활동했다. 매일 아침 병원 인근 공원에서 외부에서 교육을 하기도 하고 보건의료노조 총파업을 지지해달라는 대국민 지역 선전전도 했다. 현장대책팀의 주 역할은 산별중앙교섭과 투쟁 상황을 병원에 있는 조합원들에게 알리고 사측이 퍼트리는 유언비어에 대응하는 일이었다. 특히 병원 홈페이지를 비롯한 사이버 공간에서 파업참가자와 현장조합원들을 이간질하거나 파업에 부정적인 내용이 올라오면 적극적으로 대응했다. 또 다른 역할은 서울 상경을 하던 중에 내려오는 조합원들을 관리하고 다시 조합원을 조직해 상경시키는 일이었다.

현장대책팀은 파업대오를 안정적으로 유지하고 사측의 공격에 대응하는데 큰 버팀목이 되었다. 의료연대 산별파업 동안 현장대책팀을 운영한 지부는 전국에서 울산대학교병원지부와 경북대학교병원지부 정도였다.

투쟁일지

3월 17일 산별교섭 상견례

3월 22일 보건의료노조 울산지역 상근자 회의

3월 23일 울경본부 정기 대의원대회

3월 26일 노사협의회, 울산대학교병원지부 임시대의원대회

3월 27일 영·호남 노동자 대회 (박일수 열사 투쟁)

3월 29일 울산지역 3개 병원 공동 투쟁기획단 회의

3월 30일 울경본부 집행회의

4월 1일 울산지역 3개 병원 합동 상견례

4월 8일 박일수 열사 영결식

4월 8~10일 산별교섭 불참 사업장 집중 타격 투쟁 (경상대병원)

4월 14일 제4차 산별교섭

4월 15일 17대 국회의원 선거

4월 20일 울산지역 3개 병원 2차 합동 상견례, 합동 출정식, 합동 대의원대회(울
산대학교병원)

4월 21~22일 보건의료노조 전 간부 상경투쟁

4월 27일 1차 산별요구 지역 선전전(성남동)

4월 28일 6차 산별교섭

4월 29일 울산대학교병원지부 제7차 임시대의원대회

4월 30일 울산노동자대회

5월 1일 114주년 세계 노동절대회

5월 3일 울산지역 투쟁기획단 회의

5월 6일 산별중앙교섭, 전국지부장 및 전임자 회의

5월 7일 울산지역 1차 본 교섭

5월 10일 울경본부 집행회의

5월 12일 8차 산별 교섭, 전국지부장단 회의. 보건의료노조 청와대 광화문 집회

5월 14일 울산지역 2차 본 교섭

5월 17~18일 산별교섭 촉구 철야농성

5월 18일 제8차 울산대병원지부 임시대의원대회

5월 19일 9차 산별교섭

5월 20일 상집, 대의원 간부 상경투쟁

5월 21일 울산지역 5차 합동교섭, 상경투쟁 지부 중식보고대회

5월 24일 의료공공성강화 토론회

5월 25일 산별 조정신청, 환자·보호자 선전의 날

5월 27일 10차 산별교섭, 의료공공성 강화 100만인 서명운동 전국 동시 선전전

5월 28일 산별조정신청 보고대회 및 산별총파업 결의 중식집회, 임시대의원대회
　　　　　쟁의대책위원회 전환

5월 29일 1차 조합원 사이버 투쟁

6월 1일 쟁의행위 찬반투표, 조합원 철야농성

6월 4일 총파업투쟁 결의의 날 – 울산병원

6월 7일 일반병동, 특수병동, 의무실, 미화, 영양, 시설, 약국 철야농성

6월 8일 진료지원부, 보험심사, 신검, 구매, 의무기록, 장례식장, 외래 및 센터, 인
　　　　　공신장실, 주사실, 낮병동, 안내, 운전, 공급실, 교환 로비 철야농성

6월 9일 파업전야제, 1차 상경

6월 10일 산별총파업 1일차, 2차 상경. 총파업 출정식

6월 12일 산별총파업 3일차. 서울지역 주요 거점 병원 로비점거

6월 13일 산별총파업 4일차, 3차 상경

6월 14일 산별총파업 5일차, 서울지역 주요 거점 병원 농성 철수

6월 15일 산별총파업 6일차, 투쟁문화제

6월 16일 산별총파업 7일차 전체 지부장 회의. 민주노총 총력투쟁결의대회(국회)

보건의료노조 탈퇴 개표

6월 17일 산별총파업 8일차, 지부 현장투쟁으로 전환, 상경 파업대오 오후 7시
　　　울산대학교병원 도착
6월 18~22일 거점별 산별총파업, 울산 3개 지부 합동 출정식(울산대학교병원 로
　　　비)
6월 23일 산별총파업 14일차, 오전 3시 산별중앙교섭 잠정합의, 오후 6시 울산
　　　대학교병원지부 파업 철회 복귀
6월 29일 울산지역 공동교섭, 쟁대위 회의, 울산지역 공동 교섭단 해산
6월 30일~ 조합원 설문조사 시작. 부서별 조합원 간담회 시작 (상황 설명, 지부
　　　교섭 준비를 위한 의견 수렴)
7월 1일 무노무임 대상자 무이자 대출 시작
7월 2일 지부교섭 시작
7월 6일 쟁의대책 회의

7월 9일 쟁의대책위 회의

7월 13일 지부교섭 잠정 합의

7월 22일 쟁의대책 회의

7월 27~29일 2014 산별 잠정합의안, 지부교섭 잠정합의안에 대한 전 조합원 찬
　　　　반투표 진행.

　　　　전체 조합원 35,678명 중 26,899명(75.4%) 참여

　　　　21,139명 찬성(78.6%) 반대 5,595명(20.8%)

8월 17일 산별교섭 조인식

8월 27일 울산대학교병원지부 조인식

파업 후

2004년 파업은 울산대병원지부가 한 가장 장기간 파업이었다. 조합원들에겐 서울이라는 낯선 곳에 상경해 투쟁한 파업이기도 하였다. 14일이란 시간동안 350여 명의 조합원이 참여했다.

파업이 끝나고 일상에 복귀하면서 예상했던 대로 관리자와 의사들의 탄압이 시작되었다. 특히 일부 의사들은 파업참가 조합원을 진료실 출입을 차단하는가 하면 업무에서 배제시켰다. 파업 참여 조합원과 현장 조합원들 사이에 갈등도 불거졌다. 사측 관리자들은 의도적으로 "고작 임금 2% 인상하려고 그렇게 고생했냐?"라면서 파업을 폄하하는가 하면, 파업 참가 조합원을 승진 승급에서 누락시키고 노골적으로 무시하기도 했다. 이런 공격은 파업기간 동안 조합원들의 단결 수준이 매우 높았기 때문이었다. 병원은 파업 후에도 조직력이 유지되는 것을 경계했다. 노동조건 후퇴 없는 주5일제를 쟁취하기 위한 중요한 투쟁이었음에도 애써 무시하고 저조한 임금인상과 후퇴된 조항을 부각시키고 파업참가자에게 불이익을 주면서 직원들 사이에 갈등을 고조시켰다. 무노동무임금에 따

른 파업참가자들의 불만도 갈등의 원인이었다. 7대 집행부는 노동조합 적립금을 대출하는 방식으로 당장의 불만을 완화했지만 사측의 노골적인 탄압에 노출된 조합원들은 지속적으로 고통 받았다.

보건의료노조 중앙은 현장복귀 후 탄압에 대한 대응전략을 제시하지 않고, 전적으로 지부의 역량에 맡겼다. 신은아 집행부도 파업을 철회하고 현장으로 복귀하는 과정에 파업참가 조합원에 대한 탄압방지 등 노동조합 조직력을 지키기 위한 최소한의 장치를 마련하지 못했다. 조합원은 탄압에 노출되었고 초기에 지녔던 파업에 대한 자부심은 후회로 변하기도 했다. 집행부는 현장에 복귀한 뒤 바로 지부현안 문제들을 해결하기 위해 지부교섭을 진행했다. 임금, 주5일제 등에 관한 주요쟁점이 산별교섭에서 확정된 후인지라 지부 단체협약을 위한 교섭은 조합원들의 관심을 받지 못했다.

2004년 상경투쟁을 마무리하고 진행한 설문조사에서 조합원 448명 가운데 75%인 350명이 파업이 정당했다고 답했다. 파업투쟁에 대한 높은 지지였다. 그러나 2주 정도 지난 7월 13일 지부교섭을 잠정합의하고 신은아 지부장은 조합원들에게 드리는 글에서 "유례없이 긴 파업을 진행하면서 다들 힘든 시간을 보내게 한 점에 대해서 사과드립니다."라고 적었다. 현장탄압에 효과적으로 대응하지 못해 달라진 당시 현장의 여론을 반영한 성명이었다. 14일 간의 강고한 파업투쟁 성과를 지부조직 강화로 발전시키지 못한 아쉬움이 큰 투쟁이었다.

4. 산별협약 10장 2조와 보건의료노조 탈퇴

1) 산별협약 10장 2조

보건의료노조 파업 후 산별협약이 쟁점으로 부각되었다. 보건의료노조 집행부는 최초의 산별협약 쟁취에 의미를 부여하고 선전했다. 그러나 산별협약 합의 당시부터 문제가 된 내용들이 있었다. 그 저항도 만만치 않았다. 유급 생리휴가 폐지, 간접고용 노동자의 사용자가 원청이 아니라는 것을 인정한 내용 등이 문제가 되었다. 협약안의 내용이 '직접고용 비정규직 근로자'의 처우개선에만 국한되어 있고, '제5장 병원의 사회적 노력' 항에서는 "사용자는 용역회사 직원들의 직접사용자는 아니나"라는 표현을 명시한 것이다. 이는 원청이 간접고용 노동자들의 진짜 사장임을 주장해온 비정규직 노동자들을 부정하는 일이었다.

이 중에서도 큰 논란이 벌어진 조항은 산별협약 10장 2조였다. 10장 2조는 임금, 노동시간 단축, 연·월차 휴가 및 수당, 생리휴가에 대한 산별협약은 지부 단체협약 및 취업규칙에 우선하여 효력을 가지며, '협약 시행과 동시에 지부의 단체협약 및 취업규칙을 개정한다.' 라고 했다.

보건의료노조 산별협약 제10장. 협약의 효력

1) 산별교섭 합의 내용을 이유로 기존 지부 단체협약과 노동조건을 저하시킬 수 없다.
2) 단, 제9장(임금),제3장(주5일제 노동시간단축) 제1조(노동시간단축),제5조 (년. 월차 휴가 및 연차수당),제6조(생리휴가)는 지부단체협약 및 취업규칙에 우선하여 효력을 가지며, 동 협약시행과 동시에 지부의 단체협약 및 취업규칙을 개정한다.

10장 2조는 잠정합의 이전부터 이미 몇 차례 문제제기를 받았다. 임금과 노동조건에 대한 개별사업장 단체협약보다 산별협약이 우선한다면, 오히려 노동조건의 하향평준화를 낳을 수도 있다는 지적이었다. 울산대학교병원지부는 이 조항에 동의할 수 없었다. 이러한 문제제기에 보건의료노조 위원장을 비롯한 핵심간부들은 '산별협약을 맺기 위해 어쩔 수 없는 선택이었다.'라고 주장하다가 나중에는 '산별노조 중앙을 강화시키기 위한 전략적 선택이었다.'고 밝히며 10장 2조의 정당성을 주장하였다.

보건의료노조는 2004년 산별교섭 잠정합의안에 대한 조합원 찬반투표를 7월 27일부터 29일까지 진행하였다. 산별교섭 찬반투표 시기를 두고 보건의료노조 내에서 논쟁이 계속됐다. 찬반투표를 통해 교섭 결과에 조인하면 산별요구로 확보한 파업권이 소멸된다. 지부교섭이 아직 끝나지 않아 투쟁 중인 사업장의 파업은 불법이 되는 것이었다. 그러함에도 보건의료노조 중앙은 찬반투표를 강행했다.

찬반투표 결과, 조합원 3만 5,687명 중 75.4%인 2만 6,899명이 투표해 78.6%(21,139명)이 찬성하고 20.8%(5,595명)이 반대했다.

2) 보건의료노조 탈퇴

치열한 공방 속에 평가와 갈등은 2005년까지 이어졌다. 보건의료노조 중앙은 10장 2조를 문제제기하는 토론회를 개최하고 선전물을 배포했다는 이유로 서울대병원지부 김애란 지부장을 징계 제명하였다. 조직에 대한 명예훼손 및 결의사항 위반을 징계 사유로 들었다. 2005년 산별교섭에서 '10장 2조'를 삭제하는 요구안을 만들자는 제안도 역시 묵살됐다. 보건의료노조 중앙의 비민주적인 태도를 비판하던 지부(서울대학교병원지부, 강원대학교병원지부, 충북대학교병원지부, 울산대학교병원지부, 제주대학교병원지부, 경북대학교병원지부, 동국대병원지부) 대표자들은 토론 끝에 보건의료노조 탈퇴를 결정했다.

울산대학교병원지부도 탈퇴의 뜻을 밝혔다. 임상구 집행부는 보건의료노조 산별협약 10장 2조와 보건의료노조 운영 방식에 대한 간부토론과 현장토론을 진행하였다. 2005년 6월 16일 울산대학교병원지부 상집회의에서 전국보건의료노조 탈퇴를 만장일치로 결정하고, 28일 대의원대회에서 탈퇴가 결의됐다. 7월 19일 전체 조합원 741명을 대상으로 탈퇴 및 조직변경 여부를 놓고 찬반투표를 벌인 결과, 90.1%(579명)이 찬성표를 던졌다.

서울대학교병원을 중심으로 보건의료노조를 탈퇴한 지부들은 병원노동조합협의회(병노협)를 꾸리고 8월 24일 민주노총 공공연맹에 가입했다. 공공연맹으로 들어가는 과정도 순탄치 않았다. 보건의료노조 지도부는 병원노동조합협의회가 보건의료가 아닌 공공연맹에 가입하는 것이 산별노조 건설운동에 역행한다는 이유로 문제제기를 했다. 공공연맹은 보건의료노조를 탈퇴한 병노협의 손을 들어주었다. 병노협은 다음해 의료연대를 설립한다. 산별협약 10장 2조 문제로 촉발된 산별노조와 산별협약에 대한 문제의식은 이후에도 민주노총 내에서 논쟁이 된다.

5. 노동자 정치세력화

1) 민주노동당 창당과 6·13 지방선거

　1987년 노동자대투쟁을 시작으로 1995년 민주노총을 설립하고 산별노조까지 조직하였지만 노동자 세력이 자본과 정부에 대항할 힘은 부족하였다. 96~97년 노동법 날치기 통과로 총파업까지 치른 노동자들은 "노동자 국회의원 한 명만 있었어도 날치기로 노동법을 통과시키지 못했을 것이다."라는 생각에 한이 맺혔다. 민주노총을 중심으로 노동자들의 조직된 역량을 통해 노동자들이 직접 정치에 나서겠다는 의지를 분명히 했다. 중앙에서부터 현장 조합원까지 노동자 정당의 필요성을 인지했다.

　2000년 1월 30일 민주노총이 중심이 되어 민주노동당을 창당하였다. 민주노총은 민주노동당을 배타적 지지 정당으로 결정하고 노동자 정치세력화에 박차를 가했다. 울산지역 노동조합은 선거마다 민주노총 지지후보를 정하고 당선을 위한 정치활동을 했다. 그 결과 민주노총 지지후보 중 다수가 지방의원으로 당선됐다. 울산대학교병원지부도 민주노총의 정치방침에 따라 민주노동당 당원 가입운동을 진행하고 지부 내당원모임을 운영했다. 그 외에도 노동자 정체세력화 내용으로 간담회와 조합원 교육을 진행하고 민주노동당의 선전물을 배포하는 등 조합원들의 정치의식을 높이기 위해 노력했다. 1997년 '국민승리 21'의 대선후보로 출마한 권영길 후보가 1.19%의 득표를 하고 2000년 총선에서 출마지역 평균 13.5%의 득표를 하면서 2002년 지방선거에 대한 기대감이 커졌다.

　민주노총 울산지역본부는 민주노총 지지 후보를 결정하기 위해 전체 조합원 투표를 했다. 4월 17일부터 19일까지 공직자 후보선출을 위한 전 조합원 총회를 열었고, 22일 민주노총과 민주노동당의 울산지역 6·13지방선거 후보를 확정했다. 조합원들은 투표를 통해 민주노총 지지후보 6명(시장, 구청장, 시의원, 구의원, 비례 시의원, 비례 구의원)을 선택했다. 울산대병원지부 조합원들은 잘 알지 못하는 사람들 가운데 후보를 결정하는 것에 불만을 표출하기도 하였지만, 지방선거에 출마하는 노동자 후보를 스스로 선택한다는 사실에 자부심을 느끼기도 했다. 5월 말부터 본 선거기간 동안 동구지역 구청장 선거사무실과 민주노동당 선거사무실에 지부 전임인력을 파견하고 대의원 상집간부와 당원들을 선거운동원, 투표 참관인으로 등록해 선거운동에 함께했다.

6·13지방선거에서 민주노동당은 기초단체장 2명과 광역의원 11명(비례 9명 포함)이 당선되고 8.13%의 정당득표율을 얻었다. 울산 동구에서도 이갑용 구청장을 비롯한 다수의 시의원, 구의원이 당선되었다. 노동자 출신 구청장의 탄생은 노동자가 정치에 대해 다시 한번 생각하는 계기가 되었다. 동구청장은 동구지역 노동조합 대표들과 정기적인 협의를 통해 동구현안과 노동현안에 대해 소통하는 구조를 만들었다. 이갑용 구청장은 전국에서 처음으로 지자체 참여 예산제를 도입하면서, 예산결정에 노동자들과 주민들이 직접 참여할 수 있게 했다. 노동조합 대의원대회나 상집회의에 구청장이 직접 참여해 지역노동자의 의견을 들었다. 노동자들이 정치에 한발 다가서는 발판이 되었다.

2) 2004 총선

2004년 노동정치 1번지 울산 동구의 노동현실은 여전히 참담했다. 2월 7일 박일수 열사가 "비정규직도 인간이다. 인간답게 살고 싶다"고 외치며 분신했다. 현대중공업 정규직노동조합은 박일수를 열사로 인정하길 거부했다. 노조 대의원들은 열사의 빈소를 짓밟는 만행을 저질렀

의료의 공공성 강화! 주 5일제 쟁취! 비정규직 철폐! 산별교섭 쟁취! 4·15총선 승리! 산별총파업 승리! http://myhome.naver.com/uuhlab

민주노동당 10명 당선!

창원을 국회의원
권영길
"저 권영길과 민주노동당의 당선은 사람이 돈을 지배하지 못하고 돈이 세상을 지배하고 있는 세상을 거부하는 승리입니다. 17대 국회에 나가 도와의 소중한 국회를 반드시 국민에게 드리겠습니다."

울산북구 국회의원
조승수
"저 혼자 국회에 들어가는 것이 아니라 우리 사회에서 차별받고 억압받는 모든 사람들이 국회로 가는 것입니다."

민주노동당의 자랑스런 국회의원들은 이제 민중과 '함께' 국회에 들어갑니다.

민주노동당은 자신을 낳아준 '어머니 민중'의 눈에 맺힌 눈물을 닦아주고, 가슴에 맺힌 한을 풀어줄 것입니다.

♣비례대표 당선자8명 (윗줄부터 오른쪽으로) 심상정, 단병호, 이영순, 천영세, 최순영, 강기갑, 현애자, 노회찬

2004년 4월 총선 결과

다. 현대중공업은 정규직과 하청노동자들을 분리시키고 열사투쟁을 폭력으로 탄압했다. 한편 현대중공업의 대주주 정몽준이 4.13 총선에 국회의원으로 출마했다. 민주노동당 국회의원 후보는 김창현이었다.

울산 동구의 총선은 2월부터 시작한 박일수 열사투쟁과 함께 전개되고 있었다. 당시 민주노동당 이갑용 동구청장은 퇴근시간 후에 열사투쟁에 함께했지만, 김창현 후보는 선거에 악영향을 미친다는 이유로 열사투쟁 현장에 나타나지 않았다. 열사투쟁에서 민주노동당의 선거운동원들이 모습을 감추었다. 열사투쟁은 어용노조와 현대자본에 의해 짓눌리고 있었으나, 노동자를 위한다는 민주노동당은 열사투쟁을 회피하고 다른 곳에서 선거운동을 했다.

울산대학교병원지부는 4월 총선을 준비하면서 조합원 교육과 간담회를 진행했다. 민주노동당의 비례후보를 중심으로 현장순회를 하면서

지지를 호소하고 '정당은 12번 민주노동당, 후보도 민주노동당'을 강조했다. 한편 울산대학교병원이 소속된 재단의 이사장인 정몽준 후보가 무소속으로 출마한 상황에서 관리자들은 정몽준을 지지했다. 박일수 열사의 죽음 앞에서 맞이하는 총선임에도 자본에 대한 반감은 수면 위로 떠오르지 않았다. 그만큼 자본의 힘이 강했고 노동자들은 위축되어 있었다. 그러나 보이지 않는 곳에 있는 노동자 정치세력화의 열망과 전국적으로 일어난 민주노동당에 대한 지지 바람은 대단했다. 선거 결과 민주노동당은 전체 투표자의 13.1%의 지지를 얻었고 권영길(창원을)과 조승수(울산 북구) 지역구 국회의원을 비롯해 10명의 비례대표(심상정, 단병호, 이영순, 천영세, 최순영, 강기갑, 현애자, 노회찬) 국회의원을 탄생시켰다. 2003년 노동악법을 통과시키려는 국회의사당 앞에서 "단 한명의 국회의원만 있었어도 이렇게 노동자들을 우습게 보지 않았을 것이다."라고 분노하던 노동자들에게 새로운 희망이 보였다.

총선 후 울산에서는 열사 투쟁 과정에서 보여준 민주노동당의 태도와 동구의 총선 패배 원인에 대한 비판과 평가가 이어졌다.

4부 다시 기업노조를 넘어서
(2005~2010)

4부 다시 기업노조를 넘어서(2005~2010)

1. 새로운 산별노조, 의료연대노동조합

1) 8대 집행부 출범

2004년 11월 23일부터 25일까지 치러진 8대 집행부 선거에서 임상구 지부장과 김남일 사무장이 당선되었다. 8대 집행부는 부지부장 윤태희, 회계감사 곽진근, 권금도, 총무부 권순영, 박영실, 권형정, 조직부 김태욱, 여윤정, 박창원, 문화부 김동호, 최자경, 교육부 도순화, 이병근, 편집부 김영상, 선전부 박창모, 김윤희 조합원이 각 부서별 역할을 맡아 함께했다. 임상구 지부장과 김남일 사무장, 권형정 총무차장이 전임하고 이장우 조합원이 보건의료노조 울산경남 본부장으로 겸임활동을 했다.

8대 집행부는 2004년 보건의료노조 산별 총파업 평가를 통해 구성된 집행부였다. 임상구 집행부는 2005년 1월 취임해 그해 7월 보건의료노조 탈퇴를 결정할 때까지 보건의료노조와 산별총파업에 대한 평가토론을 몇 차례 거치며 결단의 시기를 보냈다. 보건의료노조를 탈퇴하고 2007년까지는 병원노동조합협의회, 의료연대노동조합 건설, 공공노조 건설에 주도적인 역할을 담당하면서 노동조합운동에 새로운 길을 찾아가는 시기였다. 한편 비정규법 개악, 노사관계선진화 방안 추진, 한미 FTA, 필수유지업무제도 도입, 영리병원 허용 의료민영화 정세와 맞물리면서 노동자 서민의 삶이 직결된 제도개악 저지투쟁에 노력을 다했

투쟁속보 –보건의료노조탈퇴 성명

던 시기이기도 하다.

내부에선 2004년 파업 후유증을 해소하고 10년 전 만들어진 호봉제, 비정규법 등 법 제도 개정에 따른 현장 고용문제를 해결해야 했다. 조합원 수는 2005년 741명, 2006년 741명, 2007년 796명이었다. 병원 경영은 울산지역의 고령인구 증가와 의료수가 인상, 시설 개선 등으로 2004년 14.1%, 2005년 14.7%, 2006년 12.4% 성장해 매년 매우 높은 성장세를 나타냈다. 병원이 고도성장을 이루어가

고 있던 시기였으나 조합원은 크게 늘어나지 않았다. 병원이 인력을 충원하지 않았기 때문이었다. 비정규직 인력만 충원했다. 인력이 충원되지 않는 만큼 노동 강도는 높아져 직원들의 불만은 커져 갔다.

2) 보건의료노조 탈퇴

2004년 산별교섭은 시기상조라는 우려 속에 진행되었고 산별파업으로 이어졌다. 실제로는 참여한 사업장의 노동조건을 집단적으로 결정하는 기업별 집단교섭 형태로 진행되었으나, 보건의료노조 결성 후 산별교섭을 지향하는 첫 번째 집단교섭이라는 점에서 의미는 대단했다.

산별파업 또한 기대 이상으로 투쟁력을 확보하면서 역사적 파업이라고 부를 만큼 위력적이었다. 그러나 치밀한 준비 없이 진행된 교섭은 교착상태에 빠졌고 "노동조건 후퇴 없는 주 5일제"를 관철시키려는 노력보다는 산별교섭과 산별협약 틀을 쟁취하는데 집중함으로써 보건의료노조 역사상 최대의 조직력을 확보하고도 '산별협약을 위한 양보교섭'이라는 잘못된 사례를 만들었다.

2004년 산별협약 10장 2조를 폐기하라는 현장의 요구에도 불구하고 문제조항을 폐기하기는 커녕, 폐기를 요구하는 서울대병원지부장을 징계 제명했다. 이후 2005년 산별교섭에서는 10장 2조를 전면화하는 '산별협약 우선 적용' 요구안을 확정했다.

산별노조를 건설한 노동자들의 바람인 구조조정 저지, 미조직 노동자 조직, 비정규직 철폐, 의료공공성 강화는 간 곳 없고 산별노조의 중앙권력만 강화할 뿐 지부 단위의 사정은 고려하지 않는 보건의료노조 중앙을 보며, 서울대병원지부를 비롯한 7개 사업장은 탈퇴를 준비했다.

울산대학교병원지부 8대 임상구 집행부는 2005년 6월 초 임단협 교섭이 시작되자 보건의료노조 탈퇴를 위한 준비에 들어갔다. 산별노조에 대해 다시 한 번 돌아보고 평가하는 '산별노조 교육시리즈'를 발행, "산별노조란 무엇인가?" "산별교섭과 산별협약의 문제와 과제" 등의 내용으로 8회까지 이어갔다.

6월 16일 상집회의에서 '조직변경 여부에 대한 심의 및 확정의 건'을 상집위원 12명의 만장일치로 의결, 보건의료노조 탈퇴를 추진하기로 결의했다. 6월 28일 임시대의원대회에서 대의원 26명이 참석해 만장일치로 보건의료노조 탈퇴의 안건을 총회에 상정하는 것으로 결정했다.

임상구 지부장은 당시 임시 대의원대회에서 보건의료노조 탈퇴 사유를 네 가지로 제시했다.

첫째, 조직구조의 문제 – 과도한 중앙 집중, 특성별 조직 강화, 지역조직의 취약함으로 미조직사업의 토대가 없다. 비효율적인 투쟁과 사업방식으로 원정투쟁과 과다비용 발생, 소외된 작은 조직과 개별가입자에 대한 대책이 없다. 기업 이기주의 경향을 확대시킨다.

둘째, 교섭구조의 문제 – 2004년 산별협약 10장 2조로 인해 지역교섭의 의미가 사라지고 현장교섭도 약화되는데 2005년 교섭요구에서도 10장 2조를 더욱 확대시키는 요구를 하고 있다. 지역별 교섭의 구조를 고민하기보다 특성별 교섭을 추진하고 있다.

셋째, 민주성의 문제 – 10장 2조 문제에 대한 정당한 토론 요구를 묵살했다. 별도 평가토론을 진행하고 문제점을 선전물로 제기했다는 이유로 2004년 가장 장기로 파업했던 지부의 지부장을 징계 제명하면서, 산별협약을 지키지 않는 지부와 사용자는 무방비로 방치하는 등 조직운영에 있어서 민주적 절차를 가장한 비민주성이 만연하다.

넷째, 자주성과 투쟁성 – 2004년 산별파업 당시 직권중제의 압박에 중집위원들이 7시간의 마라톤회의에서 결정한 '직권중재를 뛰어 넘는 강고한 투쟁방침'을 세우고도 직권중재 유보를 고민하겠다는 노동부 관료의 말에 따라 30분 만에 뒤집고 대형병원 로비에서 점거농성 하던 파업대오를 철수시켰다. 정부의 "산별노조와 지부의 2중 파업을 자제하라"는 요구에 순응해 지도부가 현장문제를 해결하기 위해 투쟁하는 지부에 파업중단을 권고했다. 결국 산별파업으로 중앙 간부는 단 한 명도 기소되지 않았는데 산별파업에 이어 현장요구를 쟁취하기 위해 지부파업을 지속한 서울대병원 지부장은 기소되어 형을 받아야만 했다.

울산대학교병원지부는 보건의료노조 탈퇴와 조직형태 변경을 위한 조합원 총회를 공고하고 7월 11일 7층 강당에서 조합원 공개 토론회를 가졌다. 7월 12일에는 울산대학교병원지부 전직 지부장 송영대, 이장우, 신은아의 성명서가 발표됐다. 성명서에는 보건의료노조가 2004년의 잘못된 산별협약을 2005년에 더욱 강화해 산별노조의 힘을 중앙으로만 집중하려는 것을 비판하며 지역중심, 현장중심의 산별노동조합의 길을 찾아 다시한번 올바른 노동조합의 길을 선택하자고 호소했다.

7월 12일부터 14일까지 진행된 조직형태 변경 찬반투표 결과 642명(86.64%)이 투표해 579명(90.19%)이 찬성, 58명(9.03%)이 반대해 보건의료노조를 탈퇴하는 조직형태 변경안이 가결됐다.

3) 의료연대노조 건설

보건의료노조를 탈퇴한 서울대학교병원지부노동조합, 울산대학교병원노동조합, 동국대학교병원노동조합, 충북대학교병원노동조합, 강원대학교병원지부노동조합, 제주대학교병원노동조합, 제주의료원노동조합 7개 병원 노동조합은 병원노동조합협의회를 구성하고 공동 활동을 이어갔다. 2005년 10월 14일 열린 병원노동조합협의회 준비위원회의에서는 협의회의 목표를 다음과 같이 설정하였다.

1. 산별노조 활동을 목표로 한다. 현재는 산별활동을 위한 과도기적 조직과 활동으로 설정하고 빠른 시일 내에 산별노조로 전환한다.
2. 공공연맹이 이후 산별노조로 되는 것을 염두에 두고 현재의 공공연맹조직과 활동에 상충되지 않으면서 내용적으로 병원노동조합으로서 필요한 실제의 산별활동을 시작한다.

2006년 2월 10일 서울대병원지부노동조합, 경북대학교병원노동조합, 울산대학교병원노동조합, 충북대학교병원노동조합, 제주대학교병

보건의료노조 탈퇴 7개 병원 합동수련회

원노동조합, 제주의료원노동조합, 제주한라병원노동조합, 제주서귀포
의료원노동조합, 제주한마음병원노동조합, 경상병원노동조합, 한동대
선린병원노동조합, 강원대학교병원지부노동조합, 동국대학교병원노동
조합, 청구성심병원노동조합, 서울간병인지부 등의 14개 병원노동조합
및 단체가 함께하는 병원노동조합협의회(병노협)가 정식 출범식을 했다.
병원노동조합협의회 의장으로 임상구 울산대학교병원노동조합 위원장
이 선출되었다.

　같은 해 6월 1일 병노협에 소속된 제주지역 4개 병원노동조합이 산
업노조 지역지부 전환을 전제로 '제주지역의료노동조합' 건설을 위한
조직변경 찬반투표를 진행하고 7월 19일에 창립 대의원대회를 열었다.
제주지역의료노동조합은 제주지역 제주대학교병원노동조합, 제주의료
원노동조합, 서귀포의료원노동조합, 한마음병원노동조합이 조직과 재

정을 통합해 하나의 조직과 재정구조를 갖춘 지역노조를 건설했다. 보건의료노조를 탈퇴한 노동조합들이 주장했던 미조직노동자들을 조직하고 현장을 강화하기 위한 새로운 조직구조를 만들어낸 것이었다.

병노협은 2006년 6월 16일 대의원대회를 통해 산업노조 건설안을 확정하고 7월 18일부터 21일까지 8개 사업장에서 투표를 진행했다. 그 결과 평균 투표율 82.1%에 평균 찬성률은 85.5%로, 소속 노조 8개 사업장 모두가 높은 찬성률로 가결했다. 병노협 5,000여 명의 조합원은 2006년 9월 1일 서울남산유스호스텔에서 의료연대노동조합을 출범시켰다.

울산대학교병원노동조합은 7월19일부터 21일까지 조합원 총회를 통해 조직형태를 산별노동조합으로 변경해 의료연대노동조합 울산대학교병원분회로 전환하였다.

4) 병노협과 의료연대노조의 활동

제주 영리병원 저지투쟁

2005년 1월 임시국회에서 경제특구에 들어서는 외국병원에 내국인 진료 허용을 골자로 하는 경제자유구역법 개정안이 통과되었다. 5월 13일에는 의료기관 영리법인화를 추진하겠다는 보건복지부의 발표가 있었다. 11월 국회에 제주도 특별법이 상정되었는데 제주도 특별법안에 제주도에 의료기관의 영리법인화가 들어있었다. 노무현 정부는 국민들의 반대에도 불구하고 끈질기게 의료의 시장화 영리화를 목적으로 한 의료기관의 영리법인화를 시도했다.

11월 9일 제주도 특별법 공청회가 제주도에서 열릴 예정이었다. 당시 병노협(준)에서는 제주도 특별법 공청회를 저지하기 위한 긴급지침을 결정했다. 병노협 간부들이 긴급히 제주 공청회 현장으로 달려갔다.

울산대병원노동조합에서도 임상구 위원장을 비롯한 전임자 3명이 참여했다. 제주도 특별자치도 법은 제주도에 신자유주의를 전면화해 국제자본에 제주도를 팔아먹겠다는 것으로 그동안 논란이 되어왔던 부동산 개방, 의료기관 영리화, 교육개방, 공무원성과퇴출 인사제도 등이 포함되어 있어 각계에서 폐기를 요구해왔던 법안이다. 공청회 시작과 동시에 병노협(준) 조합원들이 선봉에서 단상을 점거하고 준비해간 현수막을 펼치며 공청회 진행을 막았다. 총리실과 제주도청은 300여 명의 공무원과 사복경찰을 동원해 공청회장을 메우고 공청회를 강행하려 했지만, 제주도 특별법저지를 위한 공동대책위원회 회원들과 병노협(준) 조합원들의 끈질긴 저항으로 실패했다. 그러자 제주도청과 총리실은 이틀이 지난 11월 11일 다시 공청회를 개최한다. 관변단체와 공무원을 동원해 공청회장 출입을 원천적으로 막고 자신들만의 공청회를 강행했다. 이에 항의하는 시민단체 회원들을 폭행하는가 하면, 공청회에 참가한 시민을 반대 의견을 냈다는 이유로 경찰을 동원해 강제 퇴장시키는 등 군사독제시절을 연상하게 하는 반민주적인 관제공청회를 진행했다. 이러한 강압적 공청회를 제주언론들은 대대적으로 비난했다.

얼마 뒤 서울에서 열린 공청회도 병노협(준) 조합원들과 시민단체 회원들의 거센 항의를 받았다. 결국 보건복지부와 열린우리당은 의료기관 영리법인화에 대해 전면 재검토하게 되고 결국 제주도 특별자치도법은 의료기관 영리법인허용 문제가 제외된 채 처리된다.

제주 영리병원 저지투쟁은 보건의료노조를 탈퇴하고 처음으로 병노협(준) 노동조합들이 투쟁한 사례였다. 제주도 공청회 저지투쟁으로 동국대병원노동조합 이춘기 위원장과 제주지역 활동가들이 기소되고 벌금형을 받았지만 의료공공성을 위한 의미 있는 투쟁으로 기록되었다.

동아대학교병원분회 파업투쟁, 경상병원분회 투쟁

2006년 9월 1일 의료연대노동조합이 출범했다. 울산대학교병원노조 이장우 부위원장이 의료연대노조 위원장으로 선출되었다. 그리고 며칠 후인 9월 6일 의료연대노동조합 산하 동아대병원분회가 파업에 들어간다. 동아대병원과 노동조합이 비정규직 정규직화 등 쟁점 사안에 대해 잠정합의 수준까지 이르렀으나, 사측이 갑자기 입장을 바꾸어 비정규직 정규직화를 철회하고 지방노동위원회의 중재안을 받을 것이니 노동조합이 중재안을 수용하라며 노동조합을 우롱했다. 이에 동아대병원분회는 9월 8일 12시 파업에 돌입했다. 부산지방노동위원회는 동아대병원 노사교섭을 직권중재에 회부함으로써 정당한 파업을 불법으로 몰아갔다. 힘을 얻은 사측은 구사대를 동원해 노동조합을 압박하고 탄압했다.

의료연대는 긴급히 상근 인력을 배치하고 파업 지원에 나섰다. 각 사업장별로 연대인력을 동아대학교병원분회 파업현장에 배치하고 9월 15일에는 의료연대노동조합이 주도하여 동아대학교병원분회 파업투쟁 승리를 위한 결의대회를 열었다. 의료연대노조가 결성되고 설립신고증도 나오기도 전에 일어난 투쟁이었다. 동아대병원분회의 파업은 의료연대 사업장의 단결을 요구하는 첫 번째 파업투쟁으로 의미를 지녔다. 동아대병원분회 파업투쟁은 11일간 지속되었고, 병원이 일부 비정규직 직원의 정규직화에 합의하면서 마무리됐다. 임상구 집행부는 동아대병원분회 파업투쟁 기간 동안 전임자를 파견하여 투쟁에 연대했다.

한편 경북 경산지역 경상병원은 경영진의 만성적인 비리경영에 몸살을 앓고 있었다. 사용자의 극심한 비리가 병원 존폐 문제로 확대되자, 경상병원 직원들은 노동조합으로 가입해 노동조합과 함께 비리경영진을 몰아내고 병원 정상화 투쟁을 전개했다. 경상병원 노동조합은 오랫동안 사실상 휴면 노조상태였다. 그러나 병원경영진의 비리문제로 조합원들이 노동조합에 관심을 가지기 시작하면서 10여 년 만에 정상적인 노동조합 활동을 회복하게 된 것이다. 경상병원분회는 9월 25일부터 비리경영진 퇴진과 병원 정상화를 걸고 무기한 조합원 교육, 분회장 단식 등 투쟁을 진행했지만 사측은 노동조합의 요구를 무시했다. 노동조합이 쟁의절차를 거치고 전면 파업에 들어가자 비리경영진은 용역깡패 70여 명을 동원해 조합원들을 폭행 협박했다. 노동조합은 지역 연대의 힘을 빌려 용역깡패들을 몰아냈으나, 경상병원분회 투쟁이 장기화되면서 조합원들의 생계가 어려워졌다. 의료연대노조는 즉각 대의원대회를 소집해 경상병원분회 조합원들의 생계와 투쟁을 지원하기 위한 기금 조성을 결의했다. 지역과 의료연대노조의 지원을 버팀목 삼아 경상병원분회 조합원들은 끈질긴 투쟁을 전개, 결국 비리 경영진을 퇴진시켰다.

경상병원분회와 동아대학교병원분회의 투쟁은 의료연대노조가 설립된 직후 발생한 파업으로, 의료연대의 대응 능력을 시험하는 장이었다. 신생조직으로서 나름 최선을 다한 투쟁이었다. 더 나아가 임상구 집행부는 동아대학교병원분회와 경상병원분회에 대한 탄압을 보건의료노조를 탈퇴해 새롭게 의료연대노조로 조직된 개별사업장 노조에 대한 사용자측의 공격으로 인식했다. 그리하여 전임자 파견, 전 조합원 매월 5천 원 연대기금 결의, 집중집회 참가조직 등을 통해 개별 병원에 가해지는 탄압을 최대한 방어하고 이를 지원할 연대를 조직하는 데 힘썼다.

2. 일상 투쟁과 임단협 파업

1) 2005·2006년 임단협

2005년 임단협은 보건의료노조 탈퇴 과정과 함께 진행됐다. 6월 1일 출정식을 시작으로 임금인상, 호봉개선, 학자금지원인상, 노동조합 전임인력 1명 추가, 완전한 주5일제 시행, 공조금 인상 등을 요구했다. 14차 교섭까지 진행한 끝에 기본급 6.4% 인상과 자녀 2명에 대해 대학학자금 인상(8학기는 100%, 8학기는 50%를 지급), 의료비감면 확대, 장기근속자 포상 등을 내용으로 한 단체협약을 잠정합의했다.

2006년에는 한미 FTA협상이 추진되고, 전임자 임금 지급 금지 복수노조 허용 등을 골자로 한 노사관계로드맵이 발표됐다. 필수공익사업장에 필수유비업무제도가 도입되고 비정규법이 개악되는 등 노동자들의 기본권과 생존권에 직결된 문제들이 한꺼번에 쟁점화된 시기였다. 9월 11일 한국노총은 노사정위원회에서 야합을 통해 노사관계로드맵을 전격 합의하였다. 민주노총은 노사관계로드맵 저지를 포함해 비정규권리보장 입법 쟁취, 한미FTA 협상 저지, 산업재해보상법 전면 개정 등 4대 요구 쟁취를 위해 11월 총파업을 조직하면서, 내부적으로는 임원 직선제 선거 도입을 준비했다. 보건의료노조를 탈퇴한 병원 노동조합들은 병원노동조합협의회를 결성하고 9월 의료연대노동조합을 건설, 11월 공공노조건설을 추진하고 있었다.

울산대병원노동조합은 7월 13일 출정식을 시작으로 06년 임금 및 보충협약을 시작했다. 2006년 임상구 집행부는 임보협 2차 교섭에서 병원장의 교섭대표 참석을 강하게 요구했다. 사측은 2003년부터 2005년까지 3년 동안 행정부원장이 교섭대표 역할을 위임받아 교섭해왔다. 행정부원장을 교섭대표로 인정해야 한다고 주장하였다. 임상구 위원장은

2005 송년문화제

병원장이 교섭대표로 참석할 때까지 본안은 다룰 수 없다는 입장을 밝히고 수석부위원장에게 교섭권을 위임하였다. 5차 교섭까지 병원장 교섭 참여에 대한 공방이 지속됐다. 결국 병원장이 나와 교섭대표 수행에 대해 어려움을 호소하고 해명한 후에야 정상적인 교섭이 진행됐다.

2006년에는 통상임금대비 8%의 임금 인상과 의료공공성 요구, 노동시간 준수와 변형근로금지 요구, 인사에 관한 요구, 비정규직 정규직화와 인력충원에 관한 요구, 노동안전에 관한 내용을 주요 요구로 주장했다. 이에 사측은 비정규직 25% 사용 등 개악안을 제시했다. 병원장의 교섭참여 문제와 마찬가지로 사측의 개악안 상정 시도도 계속됐다. 노동조합은 그때마다 현재의 단체협약과 근로기준법보다 상회하는 노동조건만을 교섭에서 논의하겠다는 입장을 고수하였다. 또한 병원노동조합협의회에서 결정된 공동요구를 병원이 받아들일 것을 요구했다. 공

2005 출정식

동요구 내용은 아래와 같았다.

1. 국민건강 파탄 나는 병원의 영리법인화 및 민간의료보험을 도입하지 않는다.
2. 의료비, 약값 폭등 사회양극화 심화하는 한미 FTA 중단하라.
3. 의료상업화를 추진하는 의료선진화 위원회 해체하라.

　노동조합의 집요한 요구와 투쟁에 병원 사측은 노동조합의 요구에 동의하고 병원 협회 등 관련 단체에 노사간 합의된 의견을 전달하겠다는 입장 또한 밝혔다. 한미 FTA와 의료기관 영리법인 허용 등 의료상업화가 추진되고 있던 시기에 의료연대노동조합은 노사 공동 입장으로 의료공공성 요구를 정부에 전달했다.
　11차 교섭까지 서로의 주장을 공방하다가 9월 20일 12차 교섭에서 임금인상과 단체협약 개선안이 제시되었다. 사측이 1차로 제시한 내용은 기본급 인상 5.8%, 무쟁의 타결금 20만 원, 계약직 체력단련비 인상, 40세 이상 종합검진 2년 1회, ICU수당 신설, 명절귀향비 인상 등이었다. 노동조합의 단협 요구안에 한참 못 미치는 안이었다. 몇 차례의 공방이 지속되자 사측은 15차 교섭에서 돌연 입장을 바꾸어 2차 안을 제시하며, 무쟁의 타결금 20만 원과 성과 달성 시 50만 원 지급 중 한 가지를 선택하라고 했다. 쟁의를 멈추거나 성과금을 받기 위해서 열심히 일하거나, 둘 중 하나를 선택하라는 것이었다. 노동조합을 우롱하는 일이었다. 그 외 사측은 간호인력 13명 충원, 용역직 하기휴가비 인상, 해외연수 확대실시, 근무환경 개선을 2차안으로 제시했다. 노동조합이 2차 제시안을 거부한 후 지리 한 공방이 계속됐다. 2006년 임단협 교섭은 11월 9일 21차 교섭까지 계속되다가 임금 5.8% 인상과 타결 일시금 70만 원, 2009년까지 성과에 따른 성과급 50% 지급, 인력 충원, 비정규직처우 개선을 골자로 하는 내용으로 잠정합의했다.

2) 제도개선위원회와 호봉제도 개선

임상구 집행부는 2005년 임단협에서 제도개선위원회 구성을 요구하고 취업규칙, 주5일제 보완, 해외연수대상자 선정 원칙, 호봉제도 개선, 인사제도 개선에 대해 다루기로 하였다. 9월 6일부터 실무팀 상견례로 시작한 제도개선위원회는 9월14일 취업규칙에 관한 합의서를 작성하고 주5일제시행에 따른 외래축소 방안에 대해서 단계적으로 주5일 시행부서를 확대하는 것으로 합의하고 토요일 출근 부서와 미 출근 부서를 확정하였다. 해외연수 대상자 선정원칙을 논의하여 해외연수자 선정 시 전체 부서원들의 의견수렴을 통해 부서장과 대의원 공동 서명하고 최종 대상자 선정 시 노동조합과 협의하도록 하는 원칙으로 10월

호봉제 공청회

18일 합의하였다. 직제, 초임 및 승진제도에 관해서도 논의해 부장대우 직제를 추가하고 직위 호칭을 변경해 조무사와 보조원에 대한 호칭을 주임에서 책임으로 주사에서 주임으로 각각 변경하였다. 승진형태도 변경해 5급 이하는 자동승진, 4급을 승진자는 3회 이상 탈락 시 4회째 자동승진, 4급 승진자는 2회 이상 탈락 시 3회째 자동 승진하는 것으로 정비하였다. 승진 시 인사평가 적용기간을 2년에서 3년으로 확대 변경하였다. 그외 포상에 대한 배점기준을 조정하였다.

10월 중순부터 호봉표 개정과 관련해 논의해 12월 22일 대의원대회에 논의된 내용을 보고하고 호봉제도 개선 공청회를 진행했다. 1995년 직급별호봉제가 노사합의로 처음 도입되고 10년이 지나면서 호봉제도에 대한 개선의 필요성이 대두되었다. 직급별 호봉제도의 문제점으로 지적된 것은 호봉간의 간격 격차가 너무 적고 근속이 오래되어도 임금

인상 효과가 발생하지 않아 이직률이 높은 점, 진급 시 가급 되는 호봉 외에 발생하는 추가 인상분이 동일하지 않아 누락 년 수가 많은 사람이 진급하면 가급액수가 적어지는 문제, 근속이 같더라도 직급이 다르면 지급별 정률로 임금 분배 시 차이가 발생하는 점, 4년제 입사호봉과 3년제 입사호봉의 불합리 한 점 때문에 5급에서 4급으로 진급하는 경우 선후배간 기본급 역전이 발생하는 불합리한 문제들이 지적되었다.

호봉표 개선방향은 호봉표에 대한 불합리한 부분을 개선하기 위해 호차간격을 넓혀 노동자 생애 곡선에 가까운 임금체계를 구축하고 임금분배의 불균형을 해소하는 방향으로 논의하였다. 2개월 동안 논의한 결과 우선 직급별 단계별 호봉표에서 단일한 호봉표로 전환했다. 생애 곡선에 가깝게 호차 간격을 조정해 1호봉에서 10호봉까지는 18,000원으로 11호봉에서 20호봉까지는 22,000원 21호봉에서 30호봉까지는 26,000원 31호봉에서 50호봉까지는 28,000원의 간격을 유지하기로 하였다. 자연승급호봉표의 호차간격도 평균14,781원에서 22,481원으로 7,700원 상승시켰다. 필요한 비용은 2005년 임금교섭에서 합의한 1인 당 8,700원을 정액으로 적용하기로 하였다. 2006년 3월1일부터 구호봉표의 기본임금보다 높은 기본금액으로 신 호봉표에 적용하기로 하였다. 승진가급호봉과 병역에 따른 가급호봉은 변화 없이 유지하고 학력별 입사호봉은 4년제 대졸은 9호봉입사에 승진 소요연한은 1년, 3년제 대졸은 7호봉입사에 승진소요연한은 2년, 2년제 대졸은 6호봉입사에 승진소요연한은 3년, 고졸은 1호봉입사로 조정하였다.

새롭게 정리된 호봉표는 대의원대회 심의와 전 직원대상 공청회를 거쳐 2006년 1월 10일 합의서를 체결했다. 호봉제가 만들어 지고 10년 만에 이루어진 호봉제 개선은 호봉간격을 확대해 매년 호봉승급으로 인한 기본급 인상효과를 확대시킨 것과 직급별로 된 호봉표를 단순화

시켜 누구라도 개인의 임금과 호봉을 쉽게 이해 할 수 있도록 한 것이어서 매우 의미 있는 일이었다.

3) 2007투쟁과 비정규직 정규직화 파업

비정규법 시행

2007년 비정규법 시행을 앞두고 비정규직 문제는 대부분의 사업장에서 임단협 핵심 쟁점이 됐다. 2003년 집권한 노무현 정부는 비정규직법 개악을 추진했다. 비정규직을 사유 제한 없이 3년간 마음대로 사용할 수 있도록 하고(기간제 사용기간 3년으로 연장) 파견노동 허용 업장을 확대하겠다는 내용이었다. 노동계가 요구해온 비정규직 사유 제한과 파견제 폐지, 특수고용직 노동자성 인정과 노동3권 부여는 무시됐다. 2005년 2월 비정규법 개악안을 국회에 상정하고 강행처리를 시도했다가 민주노총과 민주노동당의 반발로 무산됐다. 정부는 매번 국회가 열릴 때마다 비정규법 개악안 처리를 밀어붙였고 민주노총은 총파업 시도로 맞섰다. 결국 비정규법 개악안은 민주노총의 반대에도 불구하고 2006년 11월 30일 국회를 통과했다. 노무현 정부의 신자유주의 노동정책이 관철된 것이었다.

2007년 7월 1일, 300인 이상 사업장에 개악된 비정규직법이 적용을 앞두고 있었다. 새해 벽두부터 들려오는 소식은 비정규직으로 3, 4년 일했는데 재계약하지 않고 해고됐다는 이야기들이다. 7월 1일부터는 계약기간이 2년을 넘을 경우 기간의 정함이 없는 노동자로 간주해 법과 취업규칙에 의하지 않고 해고할 수 없기 때문에, 사용자들이 사전에 해고한 것이다. 7월 1일이 되기 전에 해고될 것인가? 아니면 7월 1일부터 정규직이 될 것인가? 수많은 계약직 노동자들의 하나같은 관심사였고 노사관계의 핵심 화두였다.

2007년 3월 우리은행이 비정규직 노동자 3,100명을 정규직화 했다는 소식이 언론에 보도되면서 노동계를 흔들었다. "우리은행 노사가 합리적인 결정을 했다."는 의견과 "우리은행 노사가 결정한 분리직군제도는 차별을 고착화시킨 것으로 잘못된 적용이다."라는 의견이 대립했다. 우리은행은 '별도직군'을 따로 만들어, 우리은행에 직접고용 계약직으로 근무하던 3,100명의 여성 직원들을 별도직군의 무기계약직으로 전환시켰다. 무기한 고용은 보장하되 임금의 차별은 유지하는 방식이었다. 우리은행 노사의 분리직군 합의는 정규직 임금동결을 전제로 했다.

비정규법 시행을 앞두고 계약직들을 기존의 직군으로 정규직화해야 함에도 불구하고 사용주들은 차별이 그대로인 별도직군으로 분리해 무기계약직화 하는 방식으로 비정규법을 피해가려는 꼼수를 부렸다. 또한 우리은행에서 분리직군으로 전환하는 노동자들 100%가 여성노동자였기 때문에 직장 내 성차별을 고착화한다는 비판도 컸다. 그러나 우리은행 분리직군 노사합의는 2007년 내내 노동계의 화재가 되었고 이후다른 사업장의 비정규직 문제에도 많은 영향을 미쳤다.

울산대학교병원에는 2004년 미화업무가 외주화되고 주차관리 등 새로운 업무에 외주인력이 투입되면서 50여 명의 간접고용 노동자들이 있었다. 식당에는 2004년 외주화되었다가 직접고용 조리사에 대해 수가인정이 이루어지면서 다시 직접고용 비정규직으로 전환된 20여 명의 노동자들이 있었다. 병동보조, 안내, 야간수납, 장례식장 등에는 비정규직 직접고용 계약직이 상시 근무했다. 그 외에도 종합건강검진센터와 직업환경보건센터에 20여 명의 단기계약(계절직) 비정규직들과 육아휴직, 분만휴가 등으로 인한 임시직들이 근무하고 있었다. 병원은 단체협약에 명시된 '전체 병원 직원의 13.5% 범위 내에서 비정규직을 운영한다'는 협약을 지키고 있었다. 그러나 정규직화 절차와 과정이 단체협약안에 적시된 대로 지켜지지 않고 사측 관리자들의 재량에 따라 정규직이 되기도 하고 계약이 해지되기도 했다. 입사한 지 얼마 되지 않아 정규직이 되는 사람도 있고, 몇 년이 지나도록 여전히 계약직인 사람도 많았다. 그러다보니 비정규법 시행을 앞두고 울산대병원 내 비정규직 노동자들의 혼란은 크기만 했다. 2년이 넘도록 계약직인 사람은 어떻게 되는지? 2년이 되지 않은 사람들은 해고되진 않는지? 정규직이 되면 임금은 그대로인 채 고용만 보장되는 건지? 아니면 임금이나 복지도 정규직과 동일하게 되는지? 여러 가지 문제에 있어서 불안했다.

6일 파업

6월 5일 상견례를 시작으로 울산대학교병원의 2007년도 임단협이 시작됐다. 노동조합이 요구한 것은 비정규직 정규직화, 인원조정 및 인사위원회 노사협의, 중환자실 등의 인력충원, 기본급 94,478원 인상이었다. 6월 20일 임단협 승리를 위한 전 조합원 결의 대회가 본관로비에서 진행되고 6월 29일에는 민주노총 차원의 총력투쟁 울산지역노동자대회가 태화강둔치에서 열렸다. 다음은 2007년 정세와 상황을 반영한 민주노총 총력투쟁 울산노동자대회 결의내용이다. 여러 요구 중 핵심은 비정규법 시행령 폐기였다.

1. 국민연금법, 의료법, 징수공단설립법 등 각종개악 졸속법안저지 및 개정법안 쟁취
2. 비정규법시행령 폐기 - 계약해지, 외주화, 노사합의사항 불이행, 무기계약직화
　　　중단 및 비정규직 정규직화 쟁취
3. 특수고용노동자 노동3권 쟁취
4. 최저임금 전체 노동자 임금평균의 50%(936,320)쟁취

5. 한미FTA 타결 무효, 체결반대

6. 정부예산 편성지침과 3% 임금 인상율 강제폐지

7. 사회서비스 시장화 저지를 위한 각종 제도보완

상견례에 이어 노동조합의 요구안 설명과 사측의 경영현황 보고가 끝나고 본격적인 교섭이 진행된 4차 교섭에서 사측은 10월로 예정된 병원 증축공사를 이유로 현재 13.5%의 비정규직을 20%로 확대하고 분리직군제를 시행하는 개악 안을 제시했다. 노동조합은 1년 이상 근무한 비정규직에 대해 정규직화를 요구했다. 교섭 시작부터 비정규직 노동자의 정규직화 문제가 첨예하게 충돌했다.

노동조합은 비정규직 노동자들을 대상으로 한 간담회를 진행하고 고용문제를 해결하기 위해서는 스스로 나서야한다는 점을 강조했다. 그러는 동안 사측은 한발 더 나가 정규직과 분리직군간의 고통분담을 주장하며 정규직의 복지 또한 축소할 것을 요구했다. 가족수당 3만 원 제한, 학자금 지급 대상을 10년 이상 근속자들로 축소(1자녀 500만 원, 2자녀 250만 원), 종합검진 축소, 조리보조원·병동보조원·안내·전화예약·교환직을 용역으로 전환, 파업권을 제한하는 협정근무자 확대, 어린이집 위탁운영 등 전면적인 개악을 단행하려 했다. 분리직군과 관련해서는 분리직군 초임 -14호봉, 정년 50세, 각종수당은 정규직의 70% 수준, 10년 이상 근속자들에게만 학자금 및 정기검진 제공, 공채시험을 통한 정규직 전환, 용역직 확대 내용에 노조가 동의할 것을 요구했다.

21차 교섭까지 진행했으나 사측은 개악안만을 고집하였다. 울산대병원분회는 8월 21일 임시대의원대회를 열어 쟁의조정을 결의하고 비상대책위원회로 조직을 전환했다. 8월 27일 공공노조 차원에서 조정신청을 접수하고, 8월 28일부터는 천막농성장을 설치하여 간부들이 농성에 들어갔다. 9월 5일 1차 조정회의에서 공익위원들은 사측이 주장한 대부분의 조건이 차별이므로 시정되어야 한다는 입장을 제시하였다. 조정회의가 끝난 후 열린 축조교섭에서 사측 대표위원은 "어차피 정해진 수순 아닙니까? 단체복 입고, 철야농성하고, 파업하세요." 라며 노동조합의 대표들의 분노를 자극했다.

9월 3일부터 3일간 쟁의행위 찬반투표를 진행했다. 전체조합원 796명중 691명(86.8%)이 투표해 504

2007 파업

명(72.96%)이 찬성하고 178명(22.36%)가 반대해 쟁의행위가 가결됐다. 10일까지 3일간 부서별 철야농성을 진행했지만 진전된 안은 나오지 않았다. 사전조정회의에서 사측은 "차별처우 금지를 원하면 정규직초임 100%에 맞춰 줄 수 있다. 그러나 고용은 보장할 수 없다."고 했다. 사전

조정회의가 끝난 10일 오후 8시 40분에 진행된 축조교섭에서 "비용부담이 없는 몇 가지 사안에 대해서는 고민해보겠지만 돈과 관련된 부분은 올해는 해결해줄 수 없다"라고 잘라 말했다. 파업이 코앞인데도 사측은 노동조합의 요구에 대해 어떠한 타협안도 제시하지 않는 태도를 고수했다. 9월 11일 10시 부산지방노동위원회에서 열린 본 조정회의에서 "조정중지"가 결정됐다. 그날 저녁 6시 30분, 본관로비에서 파업전야제가 열렸다.

9월 12일 오전 8시부터 전면파업에 돌입했다. 파업에 돌입하자 사측 교섭대표인 김정식 행정부원장이 농성천막으로 찾아와 교섭을 요구해 오후 2시부터 교섭이 재개됐다. 같은 시각 공공노조의 이영원 위원장과 현정희 부위원장이 병원장을 면담하였다. 그러나 병원의 입장은 달라지지 않았다. 파업 2일차 노동조합은 노동조합과 사측의 미합의 사항에 대한 의견 차이를 조합원들에게 공개했다. 1년 6개월 이상 근속한 비정규직을 정규직화 하라는 노동조합의 요구에 사측은 비정규직 124명중 15명에 대해 정규직의 70% 수준 기본급을 적용하는 조건으로 정규직화 요구에 답했다. 근속수당 인상 요구에는 제헌절을 유급휴일에서 제외하는 조건을 걸었다. 학자금 전학기 100% 지급 요구는 근속10년 이상에게만 적용하겠다고 했다. 기본급 7.5% 인상 요구에는 5.1% 인상과 성과 달성 시 50%지급을 제시했다. 사실상 핵심적인 쟁점사항은 비정규직 정규직화 방안이었다.

파업투쟁 참가 지침

1. 간호부 교대근무자의 경우 낮(D) 근무자는 근무 마치고 농성장에 결합하고, 저녁 (E) 근무자는 오전10시에 농성장에 결합했다가 출근하고, 밤(N)근무자는 근무 후 농성장에 결합해서 오전10시에 퇴근한다.

2. D-N근무의 경우와 O-N근무의 경우는 농성장에 결합한다.
(저녁시간 휴식 후 근무 투입)
3. 통상근무자전원 참여를 원칙으로 하고 단협에 명시된 협정근무자까지만 근무를 허용한다.
4. 비상대책위(임원,상집,대의원)은 전원 근무표 편성에서 제외하고 파업대오에 결합한다.

파업 2일차 파업대오가 안정을 찾았다. 환자들의 반응도 그리 나쁘지 않았다. 하지만 관리자들의 부당노동행위가 심화되면서 조합원들의 파업참가를 막으려는 시도가 곳곳에서 일어났다. 규찰대를 조직해 병원을 순회하면서 파업참가를 독려하고 부당노동행위에 적극 대응했다. 파업 6일차에 투쟁을 강화하는 지침이 발표되었다.

하나. 9월17일(파업6일차)부로 병동이상 Day 근무자부터 적정인력만 남기고 파업투쟁에 합류한다.
하나. 외래 및 특수파트 일부 복귀 조합원(응급,긴급투입)도 파업투쟁에 합류한다.
하나. 우리의 비정규직 철폐 투쟁의 정당함을 동구지역 주민들에게 알리는 시민선전 투쟁을 전개한다.
하나. 현 상황을 방치하는 직접 책임자 병원장 항의 방문을 조직한다.
하나. 재단이사장 항의 방문을 조직한다.

9월 15일 파업 4일 차에 교섭대표를 포함한 노사교섭위원 2명으로 이루어진 집중교섭이 열렸다. 사측의 변화된 제시안이 나왔지만 9월 16일 비상대책위원회 회의에서 논의 결정된 것은 "예정대로 파업수위를 높여 더 강도 높은 투쟁으로 병원 측에 우리의 확고한 의지를 보여주자"였다. 동시에 2년 이상 비정규직으로 7월 1일부터 기간의 정함이 없는 노동자가 될 수 있는 계약직 직원들을 대상으로 몇 차례의 간담회를 진행했다. 지속적으로 계약직 노동자들에게 노동조합 가입을 제안하였고, 27명이 노동조합에 들어왔다. 그러나 심각한 고용불안과 2007년 파업이 어떻게 진행될지 알 수 없는 상황에서 노동조합 가입을 공개하고 파업에 참여하기에는 망설임이 많았다. 오랜 논의와 고민 끝에 파업 6일 차가 되는 날 오후 계약직 조합원들은 파업의 주체로 나서기로 결의하고 파업대오에 참여했다.

9월 17일 축조교섭이 이어졌고 최종안이 도출되어 임원과 교섭위원이 모여 심의한 결과 비상대책위원회에 상정하는 것으로 의견을 모았다. 파업농성장에 조합원들이 대기하고 있는 가운데 병원식당에서 비상대책위원회가 열렸다. 교섭단의 의견 접근 내용을 두고 토론이 진행되었다. "사측이 주장해오던 분리 직군제도를 받아들인 것은 문제가 있다."는 주장과 "비정규직들의 고용 보장을 위해서 분리직군 하위호봉 제도를 받아들이는 것은 어쩔 수 없는 선택이다."라는 주장이 맞섰다. 토론 끝에 거수로 사측 최종안에 대한 찬반을 결정하였다. 참석 비상대책위원 46명 중 찬성 30명, 반대 15명, 기권 1명으로 최종안에 대해 가합의하기로 결정했다. 다수의 대의원들은 하위호봉 분리 직군제가 가진 문제를 알고 있지만, 파업이 길어지는 상황에서 어쩔 수 없는 선택이라고 판단했다. 비상대책위원회의 결정으로 18일부터 파업을 중단하고 업무에 복귀하기로 했다. 임상구 비대위원장의 교섭 보고와 파업해산 지침을 끝으로 6일간의 파업을 마무리하였다.

9월 17일 사측의 최종안 중 핵심 쟁점 사항이었던 비정규직 관련 내용은 다음과 같았다.

1. 20명+α(종검, 건강검진 일부 포함하여 25명 이내) 정규직화. 계약직 간호사, 의료기사는 임금 90%로 적용한다.
2. 정규직화 대상은 장기근속 우선으로 하되 직종별로 안배한다.
3. 근속을 인정한다.(근속수당은 적용하지 않는다)
4. 최초 -10호봉에서 매년 2호봉씩 상향(기능직 초임까지만 2호봉씩 상향)
5. 2008. 3.1부로 정규직화 한다.
6. 영양팀은 -14호봉에서 매년 1호봉씩 상향한다.
※ -10호봉에 대입되는 대상은 현재의 비정규직의 업무를 구획정리하여 제한
※ 비정규직업무외의 직종은 정규직화 할시 현재의 임금체계대로 100%적용

파업이 마무리된 후 노동조합 자유게시판을 중심으로 평가 토론이 일었다. "그동안 임상구 집행부가 비정규직의 분리직군의 문제를 비판해왔음에도 사측의 개악안인 -10호봉과 -14호봉의 분리직군 제도를 받아들였다"는 비판과 "비정규직들의 고용안정을 위해서는 일부 차이를 인정해야 한다."라는 평가가 제기되고 토론되었다.

임상구 집행부는 분회비상대책위원회에서 결정한 사안을 공공노조 협약위원회와 중앙집행위원회의 심의와 추인을 요청하였다. 공공노조 중앙에서는 울산대학교병원분회 가합의 내용 중 비정규직 정규직화와 관련해서 문제 있음을 지적하고 재교섭을 권고하였다.

임상구 집행부는 공공노조의 권고에 따라 사측과 실무교섭을 진행해 교섭내용을 하위호봉대상 직종과 업무에 대해 최소화하고 분명히 적시하는 방식으로 일부 보완하였다. 실무교섭의 내용을 비상대책위에서 재논의하여 가합의안에 대해 조합원 토론회를 개최할 것을 결정하고 조합원투표 일정을 확정했다.

노동조합 사무실에서 진행된 가합의안에 대한 토론회에는 10여 명의

조합원이 참여했는데 주로 하위호봉제도에 대한 문제점이 지적되고 토론되었다. 10월 29일 기본급 67,000원 인상, 일시금 50만 원, 하위호봉, 학자금지급 기준 변경, 노동조합 현수막개시 제한, 직원감시제한 등을 내용으로 2007년 임금 및 단체협약이 체결됐다. 2007년 파업과 하위호봉 합의와 관련한 토론과 평가는 이후에도 노동조합 홈페이지 자유게시판을 중심으로 계속되었고, 노동조합 활동가들의 의견대립과 분열로 이어져 2007년 10월에 진행된 9대 집행부 임원선거에도 영향을 미치게 된다.

3. 노동조합의 새로운 국면

1) 9대 집행부 출범

2008년도 이명박 정부가 들어서면서 의료민영화를 비롯한 각종 시장개방과 노동탄압이 더욱 거세질 것으로 예상되었다. 현대중공업노동조합이 일명 어용노조라 불리던 시기, 사측의 노동조합 활동에 대한 통제는 매우 강하게 진행되고 있었다. 재단은 현대중공업 노무관리를 담당하던 운영지원부의 인력을 울산대학교병원에도 배치하여 노동조합에 대한 관리를 강화하려 했다. 당시 현대중공업노동조합 위원장은 자신의 입지를 강화하기 위해 현대중공업이 영향력을 행사할 수 있는 사업장의 노동조합 대표자들을 모아 모임을 결성하고 현대중공업 노무관리 하에 어용화를 고착화시키려 했다. 울산대병원분회는 2007년 비정규직 정규직화 투쟁을 통해 많은 내부 토론 등을 거치며 한 단계 성장의 계기를 맞고 있었다. 안팎으로 녹록하지 않은 상황에서 분회장 후보 김태우, 사무장 후보 박창모가 9대 집행부에 단독으로 출마해 당선된다.

9대 김태우 집행부는 분회장 사무장외에 조직부장 장민석, 교육선전부장 박창원, 정보지원부장 한주현, 문화부장 이군재, 총무부장 김경옥, 부분회장 이장우로 구성되었는데 이장우 부분회장은 2009년 9월까지 공공사회서비스노동조합 수석부위원장으로 파견되어 있었다. 9대 집행부 초기에는 김태우 분회장, 박창모 사무장, 박창원 조직부장 3명이 전임을 맡아 노동조합 사무실에서 근무하다가 김경옥 총무부장이 새롭게 임명되면서 박창원 조직부장과 전임을 교체하였다. 회계감사는 주재명, 이건우 조합원이 맡았다.

2) 9대 집행부의 임단협 투쟁

2008, 2009년

노무현 정부가 추진한 노사관계 로드맵이 노사정위원회를 거쳐 국회 입법 절차를 거치면서 필수공익사업장의 직권중재제도 폐지와 필수유지업무제도 도입, 해고 사유 서면통보, 복수노조허용, 전임자 임금 지급금지 등이 쟁점화되었다. 2006년 12월 복수노조허용과 전임자 임금 지급 금지 제도는 3년간 유예되고 필수공익사업장의 직권중재제도 폐지와 필수유지업무제도 시행, 해고사유 서면통보 법안은 통과됐다. 필수유지업무제도와 관련해 병원 노동조합을 포함한 공공부문 노동조합들이 필수유지업무의 범위가 굉장히 포괄적인 점을 들어 헌법에 보장된 파업권을 원천적으로 차단당할 수 있다며 극렬히 반대했지만, 노무현 정부와 국회는 강행처리했다. 필수유지업무제도는 2008년 1월 1일부터 시행되었다.

2008년 임보협 투쟁을 앞두고 노동조합의 목적을 달성하기에는 너무나 많은 장애물이 기다리고 있었다. 그 중 가장 문제는 이명박 정부가 국정운영을 시작하면서 진행될 각종 민영화 정책과 노동개악이었다. 울산대병원분회 내부로는 2007년 파업 후 지도부 교체기를 겪으면서 사측의 부당노동행위에 적극적으로 대응하지 못한 후유증과 조합원들의 피로축적으로 인해 조직력은 약화된 상황이었다. 이 틈을 타 사측의 현장통제는 더욱 강화됐다. 2008년 김태우 집행부가 넘어야할 산은 높고도 험했다.

2008년 주요 요구는 다면평가 승진시험 반대, 비정규직 고용보장, 공공노조 필수요구안, 의료공공성요구, 실질임금 쟁취였다. 병원 측은 9대 집행부의 출범 이후 길들이기와 타도의 대상으로 노동조합을 인식했다. 노사 간의 힘겨루기가 3월 말까지 진행된 현장투쟁에서 교섭은 그 연장선에 있었다. 사측과 정권의 노동압제 정책에 대응하며 임보협 투쟁을 노동조합조직 강화로 연결시키는 것이 가장 중요한 전략적 목표였다.

그러나 교섭위원을 선출부터 어려움을 겪었다. 교섭위원이 부족한 상태로 교섭을 진행할 수밖에 없었다. 교섭이 중반에 접어들면서 노동조합은 대의원들의 교섭 참관을 조직하였으나 대의원들의 불참으로 참관 조직 또한 실패했다. 교섭위원도 제대로 꾸릴 수 없을 정도로 노동조합 대의원 간부들부터 위축되어 있었다. 조합원들의 힘을 모아내기 위한 출정식을 준비하였는데 200여 명의 조합원들이 참여했다. 최근 몇 년 사이 가장 적은 수의 조합원 참여였지만, 병원 측의 억압을 뚫고 온 이들이라 수는 적어도 더욱 밝고 활기찬 모습들이었다. 분회는 출정식의 경험을 바탕으로 현장조직을 강화하기 위한 활동으로 전 부서와 식사자리 마련, 주 3회 현장 라운딩, 주 2회 선전물 발행, 매주 화요일 야간 라운딩, 분회 홈피 활성화, 교섭 보고대회 등을 계획하고 실천했다. 한편으로 간부 역량 강화를 위해 대의원회의를 늘렸지만 겨우 성원을 채울 정도여서 쉽지 않았다.

요구의 쟁점화를 위해 4~6월까지 상반기 조합원 교육을 진행했다. 총 16회의 조합원 교육을 통하여 전체 50%가 넘는 조합원에게 2008 임보협 요구안을 설명했고, 교육을 마친 조합원 역시 만족도가 높게 나타났다. 4대 중요 요구 버튼을 제작하여 현장에 배포하기도 하였다. 의료 공공성 요구의 쟁점화를 위하여 분회가 요구한 공공성 요구를 대자보로 작성하여 교섭기간 동안 게시하였고, 환자보호자 대상의 선전전도 3차례 진행했다.

7월 15일 사측의 일괄제시안이 나왔다. 사측 제시안을 보면 임금은

2008 조합원 교육

71,050원(5.5%) 인상으로 예년의 합의 수준에 머무는 정도였고, 단체협약은 공공노조 필수요구안과 공공성 요구안의 철회를 요구하면서 교섭내용을 축소시켰다. 그러면서 예년에 비해 조금 더 높은 금액을 제시한 일시금으로 현장분위기를 타결 쪽으로 유도하려 하였다. 노동조합은 다면평가 승진시험 반대, 비정규직 고용보장 또는 정규직화, 인력추가제시, 통상급 수당 요구에 대한 추가적인 사측 제시를 요구했고 8월 5일 사측이 추가내용을 제시함으로서 최종안에 접근하게 되었다. 대의원대회를 개최하여 현장토론을 바탕으로 잠정합의에 대한 찬반투표를 실시하기로 결의했다. 잠정합의안은 조합원 891명 중 81%의 찬성으로 가결되었다.

2008년 임보협 투쟁은 노동조합 간부들의 부족한 경험과 강화된 사측의 통제와 위축된 조직상황에서도 나름 성과적인 측면이 많은 투쟁이었다. 단협 부분에서 다면평가제, 승진시험등을 통한 병원측의 현장 통제전략을 현장에 알려내고 이를 일정부분 막아냈다. 노동강도 강화에 대응하여 간호사 12명 충원을 비롯한 21명의 부서별 인력충원과 26명의 비정규직 정규직화, 교대근무자의 휴일을 보장을 쟁취한 것은 의미 있는 성과였다. 임금 부분도 예년 수준의 인상을 이루어냈다. 무엇보다 임보협 기간 동안 현장순회와 간담회, 교육을 통해 조합원들을 만나고 조직한 것이 가장 큰 성과였다.

노사협조주의를 조장하는 사측의 원내소식지

2009년에는 2008년 미국에서 촉발된 서브프라임 모기지로 인한 세계금융위기 분위기로 노사 간의 임단협 교섭에 난항이 예상되었다. 전반적인 경제위기를 이용한 사측의 공세가 임단협 교섭 시작부터 강했다. 교섭 시작부터 비정규직보호 관련 단체협약과 노동조합 활동에 관한 개악안을 상정하고 〈원내소식지〉라는 선전물과 홈페이지 게시판을 활용해 노동조합 흔들기를 시도하였다. 그러나 사측의 주장이 결국 노동조합을 약화시키려는 의도임을 조합원들이 충분히 알고 있었기 때문에 크게 파장을 만들지 못했다. 사측의 선전 공세는 오히려 개악안을 쟁점화해 문제점을 부각시키는 역할로 작용했고 교섭초반에 개악안을 스스로 철회하게 만들었다.

2009 출정식

　2009년 임담협 투쟁은 출정식준비부터 제대로 해보자는 간부들이 의지가 반영되어 간담회, 여론화, 식사자리 마련 등 다양한 방법으로 현장을 조직했다. 450여 명의 대오가 형성됐고 이 중 조합원은 300여 명이 참여했다. 그러나 출정식 이후 교섭이 지지부진해지고 또렷한 투쟁 쟁점이 만들어지지 않으면서 조합원들의 관심이 멀어졌다. 이런 상황에서 '의료민영화 정책에 대한 보건의료인 시국선언'을 전 조합원 명의로 기명하는 결정을 대의원 결의로 진행한 일이 문제가 되어 노동조합의 정당성이 위축되었고 임단협 투쟁에 대한 집중력이 떨어졌다. 한편 신종플루가 전국적으로 유행해 병원이 비상상황으로 전환되면서 노동조합이 투쟁의 명분을 세우기 어려워졌다. 10월 1일 기본임금을 현재 수준으로 유지하고 위험수당 5천 원 인상, 통상임금의 40%와 별도의 타결금 80만 원 지급 등 일시금 위주의 임금인상에 합의하였다. 그

외 비정규직 정규직화와 연장근로 신청누락 방지, 정년퇴직자 의료비 감면에 대해 합의하였는데 정년퇴직자 의료비 감면은 이례적인 것으로 병원에서 장기근속하고 퇴직하는 분들에 대한 예우차원으로 의미있는 합의였다

2010년 지배개입의 벽을 넘어

2010년 임보협의 투쟁 목표를 경제위기로 위축된 조합원 의식회복, 노동조합 조직의 중요성 재인식으로 설정했다. 이는 노조법 개악에 대한 심각한 위기감이 반영된 것이기도 했다. 목표에 따른 요구로는 정당한 성과배분을 위한 임금인상, 사측의 인력통제에 맞선 인력충원, 노동조합 역량보전을 위한 전임자-복수노조 대응이 핵심요구였다.

설정된 투쟁목표와 핵심요구는 조합원 교육(266명 참여), 조합원 간담회(1차:240명 참여, 2차:177명 참여)을 통해 공유를 하였으나, 조합원들의 전반적인 참여도가 떨어지면서 대중적 공유에 어려움을 겪었다. 정기적으로 투쟁속보 발행(주 2회), 7월 중순부터 교섭보고대회 개최(주 1회)하였고, 쟁점사안이 있을 때마다 호외를 발행하여 여론화를 꾀하였다.

6월 9일 진행된 임보협 출정식은 약 350여 명의 조합원과 연대대오가 결합하여 힘 있게 치러졌다. 특히 집행간부들의 공연과 대의원 노래공연을 배치되었고 이는 확대간부가 함께 준비한다는 의미를 더할 수 있었다. 매년 임단협 과정에서 사용자의 지배 개입이 있었으나, 2010년 임보협에서는 한층 강화된 양상으로 나타났다. 사측은 원내소식(08년 10월~)을 통하여 노동자들의 연대(민주노총)를 공격하였고 노사협조주의를 미화했다. 노동조합을 공격함과 동시에 조합원을 구경꾼으로 내몰아 노동조합을 분열시키려는 작업을 진행한 것이다. 일부 부서에서는 출정식에 참여하는 조합원을 대상으로 개별면담을 진행하는 등 상당한

수준의 노무관리가 발생하였다. 노동조합은 병원 측에 항의 및 경고하였으나 관리자에 대한 징벌까지 만들어내진 못하였다.

노사 간의 대립적인 사안이 발생되면 특정 직종의 관리자들이 노동조합에 쳐들어와 업무를 방해하고 이어서 대의원들이 집단적으로 분회장 면담을 요청해 사측의 요구를 대변하는 방식의 어용적 행태도 나타났다. 사측의 지배개입 시도는 대의원대회에서도 발생했다. 임보협 투쟁과정에서 중요한 안건이 대의원대회에 상정되면 부서장이 일부 대의원에게 사측이 유리한 의결을 주문하고, 다른 대의원들의 회의 참석 여부를 통제하려는 움직임을 보였다. 이런 흐름 때문에 대의원대회에서는 힘 있는 투쟁이 결의되기보다는 집행부의 투쟁의지를 발목 잡는 발언이 많아졌다.

김태우 집행부는 7월 15일 열린 9차 임시대의원대회에서 조정신청 결의 안건을 상정했다. 이미 전차 회의에서 조정결의안을 상정했지만 시기상조라는 일부 대의원들의 의견에 따라 결정을 유보했던 결의안이었다. 그럼에도 불구하고 일부 대의원들은 조정신청 결의에 반대하는 입장을 분명히 하였다. 김태우 분회장은 더 이상 조정결의를 미룰 수 없다는 판단 아래 일부 대의원들의 반대에도 불구하고 무기명 비밀투표로 조정신청 결의안을 상정하였다. 일부 대의원들의 어용적인 태도에도 불구하고 조정신청 결의안은 압도적인 찬성으로 가결되었다.

조정신청 결의는 지지부진한 교섭을 압박하고 투쟁전술을 폭넓게 구사할 수 있는 조건을 마련할 수 있었고 교섭에서 성과를 낼 수 있는 원동력으로 작용되었다. 사측이 부서장과 관리자들을 통하여 1차 제시안이 최종제시안이라며 상향조정 불가를 주장하고 유포였으나, 조정신청과 조정기간 투쟁계획을 집행함으로써 일정 부분의 임금인상을 쟁취할 수 있었다. 23차 교섭에서 보충협약과 인력충원에 대한 노사 간에 의견접근이 이루어졌다. 23차 교섭 후 임금요구만 남김으로서 정회를 거듭하며 노사 이견을 좁힌 결과, 접근안이 도출될 수 있었다. 임금 40,530(3.0%)인상, 설 귀향비 하계휴가비 각 10만 원 인상, 일시금 100만 원, 통상임금40% 지급에 대해 합의했다. 인력요구에 대해서는 '경영권' 논리를 주장하여 상당기간 논쟁이 이어지기도 했지만 간호부 인력 13명을 포함한 인력 15명 충원을 합의했다. 그 외에도 간병인에 대한 예방접종을 합의하고 노조 전임자 및 복수노조와 관련한 사항은 2011년 2월부터 진행하는 것으로 정리했다.

4. 정당한 노동력의 대가를 찾아

1) 일방적 복지축소와 임금체불

　울산대병원 측은 2005년 1/4분기 노사협의회의 합의에 따라 2006년 설부터 10만 원 상당의 선물을 정기적으로 지급하였으나, 2008년 설 명절에는 일방적으로 지급을 중단하였다. 선물 지급을 중단한 이유에 대해 사측은 '병원경영이 어렵다'고 하였으나 그 이면에는 2007년 파업투쟁에 대한 보복이라는 소문이 무성했다. 노동조합은 명절을 앞둔 2월 5일부터 선전물과 피켓팅을 통하여 명절선물을 떼어먹은 사측을 규탄하였고, 명절 이후에도 중식 피켓팅, 조합원 스티커 붙이기 등 현장 조합원의 여론을 주도했다.

　한편 2007년 임단협을 2007년 10월 29일 조인하였으나 병원 측은 합의사항 중 근속수당이 임금이 아닌 단협사항이므로 소급적용을 할 수 없다고 주장하였다. 과거 병원은 통상임금에 포함되는 수당 인상분을 소급적용하였고 단협 역시 소급적용토록 규정하고 있음에도 사측은 수개월동안 임금을 체불하였다. 현장여론을 바탕으로 2007년 4/4분기 노사협의회에서 체불된 근속수당과 명절선물 지급을 요구하였으나 사측은 '파업으로 경영성과 나쁘다'고 주장하며 노동조합의 요구를 거부했다.

　노동조합은 노사협의회 결과에 따라 3월 17일 임시대의원대회에서 2007년 성과급 지급, 미지급된 설 선물 지급, 2007 제주도 교육연수자 공가처리, 미지급된 근속수당 지급을 위한 투쟁을 결의했다. 그리고 정몽준 이사장을 고소고발(고소인: 분회장, 사무장, 대의원 전원)하기로 결정했다.

2) 이사장 고소고발과 총력투쟁

　노동조합은 2008년 3월 17일부터 19일까지 분회장, 사무장, 대의원 전원의 고소고발 연서명을 조직하고 20일 노동부 울산지청에 〈근속수당 임금체불〉 정몽준 이사장에 대한 고발장을 접수하였다. 3월 19일에는 조합사무실 외벽에 현수막을 설치하고, 20일부터는 병원 맞은편 가로수와 난간에 현수막을 추가 게시했다. 사측은 21일 저녁, 노동조합이 설치한 현수막을 무단 철거하여 노동조합의 강한 항의를 받았다. 현수막 철거에 맞서 노동조합은 투쟁수위를 올려 24일부터 무기한 조출선전전, 분회장 1인 시위, 중식피켓팅을 진행했다. 사측은 악화된 현장여론을 돌리기 위해 3차례에 걸친 병원장 명의의 선전물을 통해 노동조합의 투쟁을 왜곡하였으나, 노동조합은 매일 선전물과 호외를 통해 투쟁의 정당성과 진행상황을 자세히 선전하면서 현장여론을 주도하였다

노동조합의 투쟁을 잠재우기 위해 사측은 5개월이나 지급을 거부하던 근속수당 소급분을 노사합의 없이 지급하고, 설 선물은 증축선물로 대체하겠다고 선전하며 노동조합과 조합원의 분열을 꾀하였다. 하지만 노동조합은 조합활동에 대한 사측의 탄압이 멈추지 않은 상황에서 투쟁을 접을 수는 없었다. 노동조합의 투쟁이 지속되자, 사측은 27일 공문을 통해 현수막 설치와 출근선전전에 대해 업무방해혐의로 고소·고발입장과 이사장 고소고발에 대해서는 명예훼손을 운운하며 손해배상청구를 무기로 협박하였다. 또한 출근선전전을 방해할 목적으로 병원 현관 앞 콘센트를 제거하는 치졸한 방법까지 사용했다. 이에 노동조합은 긴급 임시 대의원대회를 개최하여 대의원 전원이 함께하는 투쟁을 결의, 병원 측에 사태해결을 촉구하는 입장서를 발표하였다.

노동조합의 완고한 투쟁으로 28일 오후 병원장, 행정부원장, 분회장, 사무장이 참여하는 노사협의가 열렸고, ▲근속수당 소급지급 ▲설 선물 대신 30만 원 지급 ▲병원장 담화문, 해당팀장 사과, 재발방지 약속, 신관 조합게시판 신설 ▲고소고발 취하를 골자로 한 노사합의가 도출

됐다. 이후 긴급 대의원대회에서 찬반투표를 통해 찬성 16명, 반대 3명으로 합의안을 수용하기로 결정되면서 07년 말부터 08년 3월까지의 노사 현안 문제는 일단락된다.

3) 전직 노조대표자의 인사팀으로 부서 이동

2008년 9월 말, 노동조합과 사측은 노동조합의 전직 대표자의 부서 이동에 대한 협의를 진행했다. 협의의 내용은 노동조합의 전직 대표자가 인사·노무부서의 중간관리자로 부서이동을 한다는 내용이었다. 당사자 역시 동의했다고 하였다. 노동조합은 전직대표자가 노무업무로 배치되는 것은 부적절한 것이기에 동의할 수 없다는 입장을 전달하였으나, 사측은 노조의 동의가 전제조건이 아니라며 자신들의 배타적 인사권을 강조했다. 결국 10월 1일부 회람을 통하여 사측은 노동조합 전직대표자를 인사·노무부서 UM으로 이동시킬 것임을 공식화했다. 노동

노조 파괴 인사 반대 선전전

조합은 상집회의를 개최하여 전직 대표자가 인사·노무업무를 맡는 것이 부적절하다는 데 의견을 모았으나 즉각적 대응보다 문제점이 발생되면 대응하기로 결정하였다.

10월 31일, 노동조합은 인사팀으로 이동한 해당자가 모 부서의 조합원들과 간담회를 진행하였음을 확인했다. 노동조합은 이를 전직 대표자를 이용한 병원 측의 현장장악 의도로 규정하고 소식지를 통해 입장을 발표한 후 조출 선전전을 진행했다. 또한 현장조합원들의 다양한 토론과 의견이 노동조합 홈페이지를 뜨겁게 달구었다. 하지만 노동조합 전직대표자의 부서이동을 철회시키지 못하였다. 이 시기에 사측의 선전물인 〈원내소식〉이 처음 등장하였다.

4) 간호부 이브닝 야간수당과 산전후 휴가 임금 보전

노동조합은 2009년 임단협 준비 과정에서 간호부 이브닝 야간수당과 산전후 휴가임금(100%)이 지급되지 않음을 확인했다. 체불임금에 대한 법률문제에 대해 4월 3일 새날법률원에 법률 자문을 의뢰하였고, 단협과 노동관련 법률에 따라 당연히 지급받아야 한다는 내용의 결과를 회신받았다. 이에 사측에 미지급된 체불임금 지급을 요구하는 노사협의를 수차례 진행하였으나, 병원 측은 ▲간호부 이브닝 야간수당은 지급할 수 없다 ▲일부 미지급된 산전 후 휴가임금은 2009년 5월 급여에 소급(소급대상 344명)해서 지급하겠다는 입장을 내놓았다. 야간수당 지급 불가 입장에 그치지 않고 간호부 3교대 근무시간을 개악하려는 움직임을 보였다. 사측의 근무시간 개악안은 8시간 근무 + 30분 식사시간(무급) 또는 낮 근무 시업시간을 07시로 당기는 내용이었다. 노동조합은 조합원 간담회를 통해 사측의 3교대근무제의 개악내용을 설명하고 현장의 의견을 수렴하였다. 또한 대의원대회에서 수차례 논의를 진행하였다. 2009년 초에 시작된 야간수당 지급 요구 노사협의는 저녁근무 마치는 시간을 22시에서 22시 30분으로 변경하여 변경합의 이후 야간수당은 지급하고, 합의 전 야간수당 지급 요구는 철회하는 내용으로 합의되어 2010년 2월 말경 마무리되었다.

5) 사측의 대기수당 삭감 시도

병원 측은 단협 72조에 명시된 대기수당과 수당지급대상에 대해 "콜 건수가 차이 나는데 수당액이 동일한 것은 형평성에 어긋난다."는 주장을 하며 대기수당의 삭감과 대기기간을 늘리는 방안을 노동조합에 협의 요청하였다. 노동조합은 대기수당의 취지가 응급 콜에 따른 보상목적이지 콜 건수에 따른 수당이 아니라는 입장과 함께 현장 조합원간담회와 실사조사를 통하여 조합원들과 의견을 나누었다. 사측 역시 부서장을 통하여 대기수당 삭감 또는 대기기간 연장의 정당성을 강변하였지만 조합원의 반대여론과 노동조합의 대응에 부딪쳐 대기수당 삭감문제는 수면 아래로 가라앉았다.

6) 연말정산 기준 변경으로 가족수당 문제 발생

2009년 연말정산을 앞두고 정산기준이 몇 가지 바뀌었는데, 그 중 부양가족 등재연령이 母의 경우 만 55세에서 만 60세로 상향조정되었다. 기존 단협은 가족수당을 수령하기 위해서는 실 연령이 父 만60세, 母 만55세 이상이어야 하고 연말정산에 등재하도록 되어 있다. 하지만 2009년 연말정산 기준이 바뀜으로서 실 연령이 되었으나, 연말정산에는 못 올리는 경우와 향후 수령이 예정되는 직원들이 피해를 당하는 상황이 발생했다. 사측은 초기에는 국가의 기준이 바뀌었으니 우리도 따라야 한다며 수당지급이 어렵다고 했다. 이에 노동조합은 연말정산 기준변경으로 현재와 미래의 수당혜택이 박탈되어서는 안 된다는 입장을 강조하였다. 2개월을 끌어오던 가족수당 문제는 2010년 2월 중순부터 시작된 집중협의를 통해 연말정산기준이 바뀌어서 부양가족(母 만55~59세)으로 등재할 수 없는 경우에도 연말정산등재기준과 관계없이 가족수당(母 2만 원)을 기준대로 지급키로 결정하였다.

5. 현장통제와 노동탄압에 대한 저항

1) 승진시험 시행 시도

사측은 '공정한 능력별 승진'을 내세우며 2008년 1월 8일, 승진시험 시행(안)을 노동조합에 통보하였다. 사측은 승진시험 도입의 근거로 직원 승진 규정의 3장(승진시험)과 현대중공업의 예를 들었다. 하지만 직원 승진 규정 3장과 관련된 2005년 호봉-직제개편 노사협의에서 "승진시험은 재단 감사용으로 필요하며 실제 시행은 하지 않을 것"이란 사측의 설명으로 합의되었음을 확인했다. 대의원선거가 진행 중인 관계로 상집회의를 통해 노동조합은 승진시험 저지투쟁을 결의하였다. 승진시험에 대한 반대 피켓팅을 하는가하면 선전물을 배포하고 전 조합원 스티커 붙이기를 진행하여 조합원들의 의견을 모아냈다. 승진시험은 시험 실시 시기인 1월중 강제 시행되지 않았지만 2월 중순까지 노사 긴장감을 고조시키는 원인으로 작용하였다. 결국 사측은 승진시험 시행을 포기했다.

2) 원무팀 친절만족도 조사함 회수

노동조합은 2008년 6월 5일 원무팀 수납창구에 〈오늘의 원무직원 친절 만족도〉를 조사하는 카드와 수거함이 비치된 것을 확인하고 즉시 회수했다. 노동조합의 회수에 해당부서 팀장은 고객만족도를 모니터링할 용도이며, 노동조합이 우려하는 감시, 결과에 따른 인사고과 반영은 아니라고 설명하였다. 또한 노동조합이 반대한다면 시행하지 않겠다는 입장을 밝혀 큰 갈등 없이 마무리되었다. 한편, 사측은 최초 2개 부서에서 시범 실시한 후 결과에 따라 대부분의 부서에 확산할 계획이었다는 것이 투쟁 이후 확인되기도 하였다.

3) 활동기준 원가분석시스템(ABC 시스템) 대응

노동조합은 원내게시판에 게시된 활동기준 원가분석시스템(이하 ABC 시스템) 추진위원회 공문을 통해 사측이 ABC 시스템이라는 신기술을 협의 없이 도입하고 있는 것을 확인하였다. ABC 시스템은 인적, 물적자원 등 모든 자원을 활동기준으로 계산, 분석하는 시스템으로 병원 내 전반적인 업무에 대한 분석을 통하여 활동별 가치를 원가와 수익으로 평가하는 도구이다. 노사 협의 없는 신기술 도입에 반발하는 노동조합의 문제제기에 ABC 시스템이 과거 전통적인 원가분석방법을 전산화했을 뿐 신기술이 아니라고 사측은 주장하였다. 노동조합은 ABC 시스템이 새로운 기술을 바탕으로 한 구조조정시스템으로 규정하고 9월 23일 12차 임시대대를 개최하여 ABC 시스템 폐기투쟁을 결의하였다. 대의원대회의 결의에 따라 노동조합은 전 조합원 간담회와 조합원 교육을 통하여 ABC 시스템의 도입의도를 교육하였고 08년 3/4분기 노사협의회의 심의안건으로 상정하였다. 하지만 사측은 'ABC 시스템은 노동조합과 협의대상이 아니다'는 주장을 굽히지 않아 노사협의회에서 정리되지 못하였다. 노동조합은 ABC 시스템을 비롯한 사측의 신기술 도입과 구조조정에 지속적으로 대응하기로 결정하고 2009년 임단협에 ABC 시스템에 대한 합의요구를 이어가기로 하였다.

4) 억지 친절 강요하는 간호부 인사 행위

간호부 외래와 병동을 중심으로 환자, 보호자, 직원 상호간 인사를 업무시작 방송에 맞추어 시행하고 있었다. 노동조합은 획일적 친절을 강요하는 인사행위 중단을 요구했으나, 사측은 '직원들의 반응이 좋다'며 여론을 왜곡하며 노동조합의 요구를 거부하였다. 이에 노동조합은 해당부서 조합원 설문조사를 실시하여 반응이 좋다는 사측의 주장을

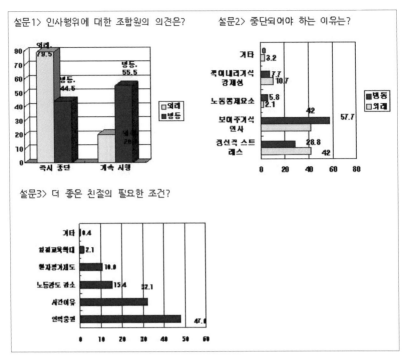

설문1> 인사헹위에 대한 조합원의 의견은?

설문2> 중단되어야 하는 이유는?

설문3> 더 좋은 친절의 필요한 조건?

설문조사 결과

일축했다. 설문조사 결과 외래 간호사들은 '즉시 중단해야한다' 79.5% '계속시행 해야 한다' 20.5% 이라 답했다. 병동간호사들은 '즉시 중단해야 한다' 44.5% '계속 시행해야한다' 55.5%로 나타났다.

즉시 중단해야하는 이유로 병동간호사들은 보여주기식 인사이기 때문이라는 답이 57.7%로 가장 높았고 정신적 스트레스 때문이라는 조합원도 28.8%에 달했다. 더 좋은 친절을 위해 필요한 조건으로는 인력충원47.9%와 시간여유 32.1%라고 답하였다.

노동조합의 설문조사 결과를 바탕으로 외래는 중단, 병동은 인수인계 시작 전에 직원들끼리 상호 인사하기로 노사 협의되었다.

5) 기업문화 주입을 위한 사측의 교육

2008년 12월 17일 사측은 기업문화교육(올포원 교육)의 시행을 위해 노동조합에 협의를 요청하였다. 사측이 시행하고자 하는 기업문화교육은 병원의 비전 공유와 조직을 위한 개인의 역할강화를 주 내용으로 담고 있었다. 노동조합은 기업문화교육의 시행 의도와 대응 방향에 대한 토론을 상집회의에서 진행하였다. 토론결과 조직의 발전을 최우선 과제로 선정한 '보물섬' 교육이 경쟁과 충성심 주입을 목적한다고 판단했지만 구체 내용과 과정을 볼 때 거부하기에는 뚜렷한 명분이 없기에 노동조합의 교육 참관 및 분회장 인사말을 조건으로 수락했다. 올포원 교육에는 분회장이 참석하여 교육내용을 확인하였고 확보된 노동조합 교육 시간에는 외부강사를 초빙하여 좋은 반응을 얻었다. 하지만 사측의 기업문화교육 프로그램은 지속적으로 진행되었고 2010년에는 보물섬교육으로 이어지게 된다.

사측은 2009년 올포원 교육에 이어 2010년에는 보물섬이라는 기업문화교육을 계획했다. 노동조합은 2010년 2월 말, 연간 교육계획 협의에서 "보물섬 교육은 노사협의회에서 심의·의결할 것"을 요구하였으나 사측은 노사협의회 안건으로 상정하는 조치를 취하지 않았다. 이후 사측은 보물섬 교육을 5월부터 시행하겠다는 안을 들고 나왔고, 노동조합은 노사협의를 통한 실시를 주장하며 교섭에서 현안문제로 다루었다. 노동조합은 이틀간의 보물섬교육이 노동강도를 높인다고 지적한 뒤, 하루교육으로 수정할 경우 동의할 수 있다는 대안을 제시하였지만 사측의 원안 고수로 논의는 진전되지 못했다. 결국 사측이 추진하는 보물섬교육은 6월 일방적으로 강행되고 노동조합은 이를 저지하지 못하면서 2009년 올포원 교육에 이어 2010년 보물섬 교육으로 사측의 영향력을 강화하는 교육들은 확대됐다.

6) 조합원 서명 없는 시국선언과 사측의 일방적인 급여공제

이명박 정부의 의료민영화 정책추진에 맞서 2009년 6월을 기점으로 노동, 시민사회단체의 시국선언이 줄을 잇는 가운데 분회는 4차 임시대 대에서 전 조합원 명의의 시국선언을 만장일치로 결의하였다. 대의원 대회의 만장일치 결의는 사전 안건 공지를 통한 조합원 의견수렴이 전 제되었기 때문에 가능했던 것이었다.

울산대병원분회 대의원대회가 결의한 시국선언 명단은 건강연대를 중심으로 언론에 발표됐고, 선언의 내용과 선언자 명단이 인터넷에 공 개되었다. 이를 확인한 조합원은 본인의 의사와 상관없이 시국선언에 이름이 도용된 점을 문제제기하면서 노동조합에 항의했다. 사측은 일 부 조합원들의 문제제기를 이용해 노동조합의 신뢰를 추락시키기 위 한 악의적 여론 조성을 시도하였다. 노동조합은 즉각적으로 상집회의 를 개최해 대자보를 통한 대 조합원 사과문을 게시, 향후 재발 방지와 명단 삭제 요청을 결정했다. 조합원 개인 명의가 들어가야 하는 사항은 개인의 동의를 구해야 함에도 불구하고 편의적 발상으로 대의기구에서 결의하고 집행한 것이다. 매우 심각한 문제였다. 이 사건은 노동조합 집행에 있어 대의기구를 통해 의견수렴으로 할 수 있는 사안과 그렇지 않은 사안의 구분을 분명하게 일깨워 준 사건이었다.

한편, 사측은 2010년 4월 급여에서 기타공제 명목으로 115,000원의 급여를 공제했다. 노동조합은 6월 임보협 중 이 사실을 확인하였고 간 호협회 회관 신축기금 20,000원까지 공제되었음을 확인하였다. '법령 에 의한 것 외에 공제할 경우 노사 합의하여 처리'할 것을 근로기준법 과 단협이 규정하고 있지만, 사측은 노동조합과 논의 없이 처리하였다. 노사합의 생략보다 심각한 것은 자율 모금을 해야 할 회관 신축 비용을 협회비와 같이 처리하면서 내역도 설명하지 않고, 서명을 받은 뒤 급여

공제를 하였다는 것이다. 이에 노동조합은 6월 23일 투쟁속보를 통해 관련 내용을 조합원에게 선전하였으며, 교섭에서 문제제기를 했다. 하지만 간호사 협회 관계자 15명은 노동조합을 방문하여 "우리 직종의 회비납부에 왜 노동조합이 끼어드느냐" "간호협회를 명시적으로 선전물에 표현해 간호직종의 자존심을 상하게 하였다."고 주장하며 소란을 피웠다. 아울러 간호 직종의 총회를 개최해 이 문제를 논의하고 노동조합에 대한 입장을 정하겠다고 압박했다

노동조합은 해당 직종 총회에 참석하여 일방적인 급여공제는 단체협약 위반이며, 단체협약을 지키기 위한 노동조합의 노력에 대해 이해를 당부하였다. 아울러 '해당직종 구성원의 자존감 상처'가 있다면 그에 대해서는 유감을 표명했다. 이러한 상황과 별도로 병원 측은 간호직종의 급여공제에 대해 "단협 위반이 아니다."는 주장을 굽히지 않았다. 그기에 더하여 급여에서 공제되고 있는 직종모임, 동호회의 회비로 사안을 확대하며 임보협에서 노동조합 고립을 꾀하였다. 노동조합은 사측으로부터 '급여공제는 노사합의 대상'임을 교섭 자리에서 확인했다. 확대간부수련회에서 차후 모금형태의 급여공제는 반드시 별도서명을 요구하기로 의견을 모았다. 병원 측이 단체 협약에 엄연히 명시되어 있는 사안을 위반하고서도 "단체협약 위반이 아니다."라고 주장하며 오히려 정당한 노동조합의 요구를 각종 동아리 모임까지 동원해 고립시키려고 시도한 것은 매우 충격적인 일이다. 사측이 단협을 위반하고서도 노동조합을 공세적으로 몰아붙일 수 있었던 것은 2009년 시국선언 문제로 노동조합의 민주적 정당성이 위축되었다고 판단하였기 때문이었다.

7) 약무보조 계약직 해고 대응 투쟁 분회장 폭행

병원 측은 약제팀에서 약무보조를 담당하는 계약직 3명을 정규직 약

사로 대체하기 위하여 노동조합과 협의 없이 2009. 12. 31 부로 계약해지 해고를 통보하였다. 노동조합은 상집회의를 통해 이번 사태의 본질을 병원 내 비정규직 고용 문제의 핵심 사안으로 규정하고 대응방법을 논의했다. 병원은 고용기간이 2년이 되기 직전인 1년 11개월 시점에 비정규직 직원들의 고용을 해지했다. 비정규법을 회피하려는 꼼수였다. 노동조합은 "1년 이상 계속 근무하는 비정규직에 대해서는 업무중요도 등이 정규직과 동일할시 공개채용과정을 거쳐 정규직으로 발령토록 한다." 라는 단체협약에 따라 정규직화를 요구했다. 상집회의 논의에 따라 해고통보를 받은 약무보조자 3명과 간담회를 실시한 뒤, 고용보장을 위해 투쟁하려면 본인이 투쟁주체가 되어야 가능하다는 점을 강조하였다. 당사자들의 가입의사에 따라 12월 22일 조합가입을 승인한다. 노동조합은 상시업무 정규직화와 비정규직 해고의 절차상 노동조합과 논의하여 함께 결정한다는 단협을 위반한 사측에게 항의와 해고통보가 무효임을 공문으로 통보했다. 그리고 사측에 당사자들의 조합가입 사실을 통보하고 노동조합과 맺은 단체협약을 준수할 것을 요구했다. 노동조합은 투쟁에 앞서 병원장을 면담한 자리에서 대화를 통한 해결을 제안하여 "방법을 찾아보겠다."는 병원장의 답변을 받았다. 하지만 되돌아온 사측의 입장은 병원장의 답변을 무색하게 하는 해고통보였다.

노동조합은 투쟁속보 발행, 중식 피켓팅을 중심으로 투쟁을 시작하였다. 병원 측은 인사총무부서의 다수 직원을 동원하여 노동조합의 합법적 투쟁을 위협하였고 피켓팅하는 조합간부를 카메라로 촬영하는 등 도발을 자행했다. 12월 30일, 사진촬영에 항의하여 카메라를 압수하는 분회장에게 사측 직원들이 집단으로 달려들어 목을 조르는 등 폭력을 행사했다. 신년연휴를 지나면서 약무보조 조합원 3명은 복직투쟁을 포기하고, 투쟁의 핵심과제는 노동조합 활동보장과 분회장 폭행 건으로 선회되었다. 노동조합은 단협으로 보장된 조합활동을 탄압하는 사측에게 폭력사태 사과, 관련자 문책, 재발방지를 요구하며 선전물배포와 언론사에 보도자료 배포, 피켓팅 등을 진행하면서 끈질기게 투쟁하였다.

2010년 1월 12일 분회장과 병원장 면담에서 분회장 폭행 병원장의 유감 표명, 당사자 사과, 노동조합 활동 보장, 조합과 사전협의 강화를 골자로 합의하면서 비정규직 해고대응 투쟁과 과정에서 발생된 분회장 폭행과 노조활동 관련 사안은 22일 만에 마무리되었다. 분회장 폭행사건은 노동조합의 권위을 훼손하는 대단히 심각한 사항이었음에도 강력하게 대응하지 못했다. 당시 노동조합의 열악한 간부층과 노조탄압으로 인한 위축된 현장 분위기가 영향을 미쳤다. 병원장의 유감 표명과 당사자 사과로 마무리되었지만, 더욱 적극적이고 강력하게 저항했어야 될 사안이었다.

8) 독수리 오형제

2007년 파업 이후로 노동조합의 조직력과 집행력이 약화되었다고 판단한 사측은 2008년 벽두부터 현장통제를 강화하는 프로그램들을 밀어붙였다. 친절 인사하기, 개인별·부서별 원가분석, 기업문화 교육, 비정규직 일방해고 등등 노동조합의 반대로 하지 못했던 직원 통제사업들을 부서별로 경쟁적으로 추진했다. 김태우 집행부는 적은 수의 상집간부들과 사측의 공격에 단호하게 대응했다. 김태우 집행부의 분투는 조합원들에게 입소문을 통해 퍼져나갔다. 조합원들은 다섯 명 밖에 되지 않는 상집간부들을 "독수리 오형제"라고 불렀다. 대의원회의조차 개최가 잘 되지 않고 상집간부를 할 사람이 없을 정도로 노동조합의 조직력이 약화되었던 시기에 김태우 집행부의 고군분투는 조합원들의 신뢰를 얻었다. 조합원들이 다시 강한 노동조합으로 일어설 수 있다는 희망을 가지게 하였다.

김태우 집행부는 전임자 3명과 상집 2명이 전부였다. 그러나 사측의 탄압에 한 치의 망설임 없이 투쟁했다. 일명 '독수리 5형제'로 불렸다. 개인적으로 이때 상집으로서 당당함과 조합원에게 인정받는 시기였다고 생각한다.

집행부 초기에 단협에 의한 미지급 내역을 발견하고 지급 요구를 하였으나 사측은 단협을 인정하지 않겠다는 반응을 보였다. 사측은 노조에서 걸어 놓은 현수막을 사전 합의 없이 철거하였고, 선전전 때 앰프 사용도 못하게 하려고 본관 입구 전기코드를 모두 막아버리기도 하였다. 역대 이런 적이 없었고 노동조합의 위기로 느껴졌다. 조합원들은 간부를 불쌍하게 여기면서도 사측의 달라진 행동에 그 누구도 선뜻 나서지 못하였다. 돌파구를 만들어야 했다. 플래카드를 찾기 위하여 인사팀의 문을 발로 차고 쳐들어가서 찾아 왔다. 계속 투쟁을 이어가 끝내 미지급금을 지급 받았다. 이후 노동조합을 바라보는 조합원의 눈빛이 불쌍함에서 당당함으로, 사측을 대하는 행동이 위축됨에서 당당함으로 변하였다. 나에겐 좋은 경험이었고 강성 조합원이 된 계기였다.

이군재 조합원

김태우 집행부의 끈질긴 현장투쟁은 함께한 간부들을 성장시켰다. 노동조합을 언론에서 이야기하는 것처럼 과격하고 임금 올려달라고 떼만 쓰는 빨갱이 집단으로 인식하던 조합원들이 현장 문제를 개선하기 위한 노동조합의 투쟁을 보면서 잘못된 고정관념을 깨고 노동자로 다시 태어나게 되었다.

2007년 비정규철폐 파업에서 문화행사를 진행하면서 간부로서의 역량을 키우는 계기가 되었다. 김태우 집행부에서 문화부장을 맡게 되었다. 파업을 겪은 후라 노동조합 활동에 다들 관심을 보이지 않았고 사측의 탄압도 시작되는 시기라 김태우 집행부가 집행 간부를 꾸리는 데 제약이 많았다. 내가 상집 간부를 한다고 하니 진료과장한테 허락받아야 한다고 해서 어이가 없었다. 조합원을 대신하는 것이지 진료부 과장을 대변하는 자리가 아닌데 진료과장의 허락을 맡으라니? 말도 안 되는 사측 지배개입의 대표적 사례였다.

이군재 조합원

6. 울산대병원 청소노동자들 노조를 결심하다

1) 청소노동자들의 현실

울산대학교병원 청소노동자들은 2004년 이전과 이후로 구분되어 진다. 2004년까지만 하더라도 병원의 청소노동자 중 절반은 정규직이었고, 절반은 파견직이었다. 몇몇은 직접고용 비정규직이었다. 2004년 노사합의를 통해 당시 파견직으로 있던 노동자들이 용역회사로 넘어갔고, 직접고용 비정규직들은 정규직이 되었다. 남은 정규직들은 정년이 얼마 남지 않은 이들로 다른 업무로 전환배치 되거나 정년퇴직 할 때까지 청소업무를 담당했다. 청소업무 용역전환은 IMF시기부터 사측이 집요하게 해오던 요구였다. 임단협 시기마다 용역전환을 개악안으로 제시하고 노동조합을 압박했다. 한편으로는 새롭게 입사하는 직원들을 계약직으로 묶어두거나 파견직으로 채용함으로써 더 이상 정규직이 늘어나는 것을 차단했다.

2004년 집요하게 외주화를 요구해오던 사측은 신은아 집행부가 요구한 상시근무자 정규직화 및 비정규직 노동자 처우개선 요구와 맞바꾸자는 제안을 했다. 노동조합은 용역직 고용보장과 처우를 개선하고 직접고용 비정규직의 처우를 향상시키는 것, 청소, 조리업무 계약직 4명과 보건의료직종의 3명을 정규직화 하는 것, 앞으로는 어떤 직종이든 외주화 하지 않는다는 것을 조건으로 청소, 조리 직종의 당시 파견노동자들을 외주화하는데 동의했다. 오랜시간 사측의 외주화 요구에 조리업무와 청소업무를 외주화하고 다른 직종은 외주화 하지 않는다는 약속을 받아내었다. 보기에 따라서는 청소, 조리업무의 외주화로 다른 직종의 외주화를 막은 것이었다.

청소직종이 외주화된 후 청소노동자들은 외주업체의 관리를 받고 있었지만, 울산대학교병원 노사가 맺은 단체협약에 의해 고용을 비롯한 휴가비, 명절귀향비 등 일부분의 복지를 보장받고 있었다. 하지만 임금은 최저임금을 받았고 근무환경도 열악했다. 과다한 업무량과 용역업체 소장의 제왕적인 횡포도 만만치 않았다. 특히 청소업무를 하찮게 생각하거나 청소노동자를 투명인간으로 취급하는 분위기는 인간적으로 모멸감을 느끼게 했다. 이러한 분위기는 용역업체 소장의 관리방식에서도 비인간적인 처사로 드러났다.

용역업체 소장은 매년 자신에게 잘못보인 몇 명을 찍어 고용해지를 시도했다. 소장은 노동자들을 해고라는 채찍과 좀 더 편한 자리라는 당근을 이용해 관리했다. 그는 직원들을 관리하는 장부를 만들었는데 그 장부는 특별관리 대상 노동자들의 업무태도와 지시 이행사항을 기록해 해고할 명분을 갖기 위한 것이었다. 일명 "찍힌 사람"에게는 업무량을 과중하게 배치하고 매일 점검해 업무의 성과를 평가해 기록했다. 이러한 사실을 노동자들은 대부분 알고 있었고, 소장에게 찍힘의 대상이 되지 않기 위해 무조건 복종하거나 어떤 노동자들은 때마다 소장에게 선물을 했다. 이런 일들이 만연해 그 누구도 소장의 부당함을 이야기하거나 자신들의 권리를 주장하지 못했다.

소장요? 굉장했지. 무서운 거는 말로 다 못했지. 언니하고 금숙이하고 병례, 62병동 엘리베이터 앞에 잠깐 앉아있었다고 복도에 세워놓고 어른인데도 벌을 세웠었어. 점심 먹고 내려와서 잠깐 쉰건데. 병실 몇 군데 닦고 나면 사람들이 덥거든. 그럼 물 한잔 먹을 수도 있고 화장실도 다녀올 수 있는데도 자기가 볼 때는 그 잠깐 갔다 오는 시간이 농땡이 피우는 거라고 생각하는 거지. 그리고 지금은 노조 생겨서 빵이랑 우유 지급받지만 그때는 그렇게 없었기 때문에 아침에 우리 새벽에 나와서 일하면 배고파. 일을 해놓고 잠깐 간식을 먹는 것도 용납을 못했어. 먹는 순간에 그 사람을 잡아 세워서 벌을 세웠고 완전 인간 원숭이지.

특별관리 대상은 고객 불만, 컴플레인, 그리고 몸이 불편한 거. 몸이 불편한 분도 그때 같이 대상이었어. 그리고 지 뜻대로 움직이지 않는 사람. 구구절절이, 나 같은 경우에는 A4용지에 3장정도 되더라고 해고사유가. 그러니까 이제, 별 거 아냐. 의자 닦으랬는데 의자 그 무거운거 닦다보면 팔 아프면 못 닦을 수도 있지. 그걸로 트집 잡고, 그러니까 내가 이렇게 가면 동료들이 한마디씩 보탠 것도 있어. 근데 이 소장이 내보내기 위해 머리를 쓴 거지. 본인이 그렇게 작성을 해놓고 당사자에게 이렇게 했는데 어떻게 생각하냐고 물었던 거 같애.

울산민들레분회 박경형

2) 해고를 강요당한 청소노동자를 만나

2009년 12월말 현대 SNS(미화 용역업체)는 미화 용역직원 6명에 대해 권고사직을 종용했다. 이러한 사실을 감지한 원청 미화조합원이었던 박영실 조합원이 노동조합을 찾아왔다. "용역 청소 식구들이 소장이 사람들을 자른다고 한다." " 소장이 강요해서 사표 쓰고 그래서 엄청 힘들어 하는데 어떻게 방법이 없을까요?"라며 어렵게 말문을 열었다. 사람들을 자른다는 이유가 뭔가를 물어보니 일을 못한다고 하는데 사실은 아니라는 것이었다. 논의 끝에 박영실 조합원이 나서서 용역청소노동자들을 대상으로 사표 철회 서명을 받기로 하였다. 대부분의 용역 직원들이 서명에 동참했다.

당시 의료연대본부에서는 지역지부 건설과 함께 미조직노동자 조직 사업을 추진하고 있었다. 그 첫 번째 사업으로 병원 내 비정규직 노동자들을 조직하려 했다. 사업장마다 달랐지만, 노동조합에 가입하지 않는 정규직 노동자와 직접고용 비정규직 노동자 그리고 외주노동자들이 그 대상이었다. 울산대병원분회의 경우 정규직은 입사와 동시에 노동조합 가입이 자동으로 이뤄지기에 직접고용 비정규직과 외주노동자들이 조직화 대상이었다.

12월 22일 공공운수노조 의료연대본부의 사내하청 조직화 계획에 따라 울산대병원분회에서 청소노동자들에 대한 간담회를 진행했다. 원청 노동조합에서 간담회를 진행하는 것에 대해서 대부분의 청소노동자들은 경계어린 태도를 취했다. 간담회에서는 김태우 분회장은 "어렵겠지만 동료들의 해고 문제에 있어서는 함께 나서야 합니다." "그런 측면에서 동료들이 서명에 함께하신 것은 매우 훌륭한 일이었습니다." "원청 노사간에 맺은 단체협약에는 여러분들의 고용보장 조항이 있기 때문에 함부로 해고해서는 안 됩니다." "이런 부분에서 우리노동조합이 나서겠습니다."며 조합원들을 안심시켰다. 이장우 부분회장은 해고 통보 문제를 해결하기 위해 해고대상이 된 노동자들을 면담하고 용역소장을 면담했다. 해고 대상자들은 억울하지만 어쩌겠느냐는 입장을 취했고 소장은 특별관리 대상자의 업무와 행적을 기록한 장부를 보여주면서 계약해지가 정당하다고 주장했다. 소장이 내민 장부에는 'O월 O일 OO시 A 직원에게 의자 청소를 시키고 한 시간 뒤에 점검한 결과 의자 다리가 청소불량 상태였음.' 'O월 O일 OO시 A 직원이 근무시간에 화장실에 앉아 쉬고 있었음.' 'O월 O일 OO시 A 직원이 근무시간에 B와 이야기하며 청소를 게을리 함.' 'O월 O일 OO시 A 직원이 소장에게 청소도구 불량에 대해 불만을 이야기함.' 일부직원들을 감시하고 특별관리해 온 내용이 빼곡히 적혀 있었다.

소장에게 "모든 직원들을 이런 방식으로 관리하느냐"라고 질문했을 때 소장은 "아뇨 이번에 계약해지하는 사람을 포함한 몇 명만 관리 합니다"라고 답했다. "왜 몇 명만 관리하느냐"라는 질문에는 "이 사람들이 문제가 많은 사람들이기 때문입니다"라고 했다. 소장은 자신이 직원들을 철저히 관리하는 것을 자랑삼아 늘어놓았다. "이거 복사해도 되겠습니까?"라고 하니 당당하게 그러라고 했다. 소장의 노트를 복사한 후 "소장님, 수십 명의 직원 중에 5~6 명만 정해 특별관리하고 그 사람들만 계약해지하는 것은 사전에 해고를 염두에 둔 계획적인 괴롭힘으로 보입니다. 이런 식은 인권침해가 될 수 있습니다."라고 했다. 울산대학교병원 단체협약에는 고용보장 조항이 있다는 것을 전하고 면담을 마무리하였다.

사실을 확인한 노동조합은 사측에게 용역업체 재계약 시 기존 용역노동자 고용보장(단협 48조 6항) 내용을 알려 주었는지를 확인하고 원청과 하청 간에 맺은 도급 계약내용을 단체 협약에 따라 노동조합에 공개(단협 48조 7항) 할 것을 요구하였다. 불합리한 방법으로 직원들은 감시하고 괴롭히는 방식으로 해고까지 하려했던 사실과 원청노사 간에 맺은 고용유지 단체협약 때문에 원청이 압박을 받았고 결국 미화 용역업체는 권고사직을 철회했다.

우리는 이번에 잘릴 대상자였지만 그 다음에 2차, 3차 한다는 건 우리 식구들도 알고 있었으니까. '다음은 나일지도 모른다.'는 걱정도 있었거든. 살생부에 적힌 게 한두 명이 아니었으니까. '다음이 날까, 그 다음일까?' 이런 기분을 가지고 있었던 거지. 그런 걸 흘렸었고 또, 다음엔 누구누구다. 이런 얘기들이 있었지.

울산민들레분회 박경형, 신영희

처음에 이야기가 나온 거로는 세 사람은 자기 나름 일을 못한다. 시킨 대로 안 한다고 해서 짜르고 그 다음 대상자는 말을 잘 안 듣는다. 버겁다는 차원에서 몇 사람을 더 자를 것이라는 소문이 돌았거든요. 그러니까 우리는 불안했죠.

울산민들레분회 임송자

3) 노동조합을 결심하다

2010년 새해 들어 울산대학교병원분회는 청소노동자들과 간담회를 이어갔다. 3명의 해고 대상자들이 다시 일하게 된 상황을 본 뒤라 노동조합에 대한 신뢰가 높아졌다. 전체 간담회에서 노동조합의 필요성을 이야기하였으나 청소노동자들은 "노동조합이 필요하다는 것은 알겠는데 누가 앞장설 것인가"라며 회의적인 태도를 보였다. 관심을 보인 몇몇 노동자들과 별도의 모임을 가져 노동조합 결성을 구체적으로 제안하였다. 주로 모임은 동구 화정동에 있는 작은도서관 더불어 숲 공간에서 진행됐다. 몇 차례 간담회와 노동조합 관련한 교육을 진행하고 노동조합이 꼭 필요하다는 사람들을 중심으로 노동조합 결성을 추진하기로 했다.

미화 용역직 노동조합이 결성되면 노동조합 조직편제를 어떻게 할 것인지에 대한 논의가 원청 노동조합인 울산대병원분회 상집회의에서 진행되었다. 의료연대본부와 공공울산지역본부, 울산대병원분회가 함께 협의하여 용역노동자 35명은 공공노조의 개별분회로 편성하는 것으로 결정하였다. 개별분회로 편제를 결정한 이유는 추후 울산대병원 분회와 지역지부를 건설할 때를 고려한 것이며, 또 독자적인 집행구조를 가지고 사용자에 대응하는 것이 유리할 것이라는 판단 때문이었다.

문제는 누가 분회장과 노조간부를 할 것인가였다. 반장을 맡고 있었던 천선애 씨를 비롯해 몇 명을 설득하였으나 쉽게 정리되지 않았다. 그러다가 집행부를 결정하는 전체 모임에서 "해고자 너거 때문에 노조 만드는 거니까 너거가 책임져라" 누군가 한마디 했다. 그러자 대부분의 노동자들이 "그렇게 해라"라고 했고 해고통보를 받았던 박경형 씨는 "그라머 내가 고민해보겠다"라고 하였다. 노동조합 결성총회 직전 박경형 씨가 분회장을 결심했다. 자체적으로 여러 차례 모임을 추진하며 노

울산 민들레분회 설립 총회

동조합 35명의 가입원서를 받고 분회명칭에 대해서도 많은 논의가 있었다. '울산대병원청소분회'라는 것도 이상하고 회사명을 따서 '현대 SNS분회'라고 하면 나중에 업체가 바뀌면 노조 이름도 바뀌어야 하는 문제가 있었다. 의료연대에서는 청소노동자들의 분회 명칭을 "민들레"로 하자는 의견이 모아져 있었던 터였다. 서울대병원의 청소노동자들은 '서울민들레분회'였다. "장미로 하자" "들국화로 하자" 등등 내부적으로 많은 고민과 논의 끝에 '민들레' 분회로 결정하였다. 3월 5일 점심시간을 이용해 본관 7층 휴게실에서 전체모임을 잡았다. 노동조합 결성을 선언하고 노동조합에 대한 교육과 결성총회를 진행하였다. 박경형 조합원을 분회장으로 선출하고 그 외 임원을 선출, 분회 운영규정, 사업계획을 만장일치로 확정하였다. 3월 5일 동구 명덕의 식당에서 노동조합 결성식을 열었다. 결성식에는 울산대병원 분회 간부들과 공공운수노조 울산본부 간부들이 함께했다.

4) 울산민들레분회 단체교섭 쟁취투쟁

울산민들레분회는 3월 29일 분회 임원들과 울산과학대지부 김순자 지부장과의 간담회를 통해 연대노조 울산과학대지부 단체협약을 기준으로 교섭요구안을 검토하고 3월 31일 조합원 간담회를 통해 단체교섭 요구안을 확정했다. 이어 4월 8일 단체협약 1차 교섭을 시작됐다.

처음 교섭하는데 떨고 이런 거는 없어도 신기했죠. 처음엔 거의 더불어숲에서 했죠. 그때는 병원 안에서 민들레노조가 교섭한다고 하면 병원이 안 빌려 줬어. 분회사무실에서 하자고 하니까 사측이 안 온다고 하고. 그래서 더불어숲, 한마음회관에서도 한 번 하고 거의 더불어 숲에서 했죠. 그때는 목표를 세울 정신도 없었어요. 임금쟁취는 기본으로 생각하고 우리를 이끌어주는 사람은 최만식 국장님이어서 국장님을 많이 따랐죠. 처음 하는 사람들이라 이런저런 생각할 정신이 없지. 겁부터 먹었었으니까. 이게 과연 맞을까 걱정을 더 많이 했던 거 같아요. 이전에는 항상 최저시급이었어요. 나라에서 정한 최저시급 그대로만 받았지. 일단 노조가 생기고 좋았던 건 최저시급보다 더 받았으니까

울산민들레분회 박경형

민들레분회는 5월 13일 7차 교섭을 마지막으로 지지 부진한 교섭의 결렬을 선언하고 조합원 총회를 개최해 쟁의행위를 결의, 부산지방노동위원회에 쟁의조정을 신청했다. 쟁의조정신청기간 중 민들레분회 조합원들의 준법투쟁에 병원 인사 노무담당자들은 불법적으로 카메라를 이용해 식당에서 밥 먹는 장면까지 근접해 촬영을 하는 등 비상식적인 태도로 탄압했다. 사측의 이런 행위는 원청 직원들에게 반감을 불러일

노동조합 홈페이지 자유게시판

으키기도 하였다.

병원 사측은 조합원들과 부서장들을 활용해 울산대학교병원분회 압박을 조직했다. 부서장들이 노동조합을 찾아와 청소노동자들이 노동조합을 만들고 임금을 인상하면 결국 원청 노동자들에게 불이익이 돌아올 수밖에 없다는 식의 주장을 늘어놓거나 조합원들에게 "민들레 분회 조합원들이 남편들이 대부분 현대중공업 정규직이고 부장도 있다고 하는데 놀러 다니듯이 직장 다니면서 임금 올려달라고 노동조합을 만들었다."는 유언비어들을 유포하기도 했다. 심지어 울산대병원분회 대의원 8명이 노동조합에 찾아와 민들레분회 투쟁지원을 중단하라고 요구

민들레분회 하청업체 사무실 항의 방문

하기도 했다. 상집간부들은 대의원 8명의 요구는 사측의 사주를 받은 전형적인 어용의 행태로 간주하고 비판하는 선전물을 발행하였다. 노동조합 홈페이지에서도 토론이 일어나 민들레분회에 대한 많은 내용들이 쟁점으로 토론되었다. 울산대병원분회 홈페이지에 올라오는 민들레분회와 조합원들에 대한 많은 비판 글 들이 있었는데 민들레 분회 조합원들의 대다수는 홈페이지의 자유게시판을 볼 수 없었다. 만일 보았다면 많은 상처를 받았을 것인데 다행스러운 일이었다.

울산대학교병원 청소노동자들이 노동조합을 만들고 투쟁하는 것을 본 울산대학교병원 조합원들은 혼란스러웠다. 우리 노동조합이 왜 조합원도 아닌 청소노동자들을 도와주는 것인지? 왜 청소노동자들은 외주업체 직원인데 울산대병원에서 투쟁하는지? 그동안 시키면 시키는 대로 하던 청소노동자들에게 이제는 어떻게 대해야하는지? 호칭은 어떻게 불러야하는지? 등등 혼란스러움을 토론하며 조합원 스스로 정리하는 시간을 가졌다. 물론 오랫동안 혼란을 정리하지 못하는 사람들도 있었지만 적어도 청소노동자들이 우리와 같은 노동자로 울산대병원에 존재한다는 사실은 인정할 수밖에 없었다.

민들레분회는 몸 벽보를 부착한 조끼를 입고 선전전을 진행하고 울산대학교병원 병원 앞 성당계단에 모여 중식집회를 개최하는 등 실천과 투쟁으로 사측을 압박했다. 파업이 임박한 5월 25일 합의점을 만들었다. 민들레분회는 자체적인 임단협 투쟁을 전개하였고 이를 상상조차 하지 못한 사측은 당황했다. 민들레분회는 2010년 6월 첫 번째 단체협약을 체결하고 임금인상을 쟁취하였다. 울산대학교병원 청소노동자들은 스스로 단결해 노동조합을 결성하여 고용을 지키고 임금을 비롯한 권리를 쟁취했을 뿐만 아니라 더 이상 투명인간이 아닌 울산대학교병원의 당당한 일원으로 자리 잡았다.

청소하게 되면 아래로 봤던 거, 우리 스스로 권익이 올라간 거. 자부심이 높아졌지. 직업에는 귀천이 있잖아요. 사실 있잖아요. 병원에는 전문직종이고 하다보니 미화를 제일 밑바닥으로 보는 경향이 있었죠. 하다못해 간병인도 우리를 밑으로 봤는데 지금은 오히려 우리가 복지나 임금이 나아지니까 간병인 하시는 분들이 주위에 일자리 없냐고 물어보는 사람도 있더라고요.

울산민들레분회 이점자

예전에는 간호사가 하는 일 미화가 하는 일이 따로 없었거든요. 지금은 이거는 미화가 할 일, 이거는 간호사가 할 일이 딱 있지. 예전엔 시키면 다했지. 우리 일이든 아니든.

울산민들레분회 신영희

민들레분회 결성은 울산대학교병원분회에도 큰 힘이 되었다. 울산대병원분회 노동조합 활동에 함께하게 된 것도 큰 힘이 되었지만, 민들레분회 투쟁에 울산대학교병원분회 간부들과 조합원들이 관심을 가지고 함께하면서 같은 노동자라는 생각을 가지게 된 데 더 커다란 의의가 있었다. 이런 의식의 변화는 이후 다른 사업장 노동자들에 대한 연대의식을 강화시켰다.

5부 연대로 도약하는 노동조합
(2011~2016)

5부 연대로 도약하는 노동조합(2011~2016)

1. 10대 집행부 협상과 투쟁

1) 10대 집행부 출범

2010년 11월, 10대 임원 선거에 재활의학과 한성기와 응급의료센터의 이현정이 분회장과 사무장 후보로 단독 등록해, 과반 이상 득표하여 당선된다. 10대 집행부는 조합원들이 즐겁고 행복한 노동조합을 공약으로 세웠다. 명분 없는 투쟁보다는 실리적인 협상으로 조합원들에게 실질적인 이익을 돌려주겠다고 했다. 이러한 한성기 집행부의 태도는 '어용화 되는 것은 아닌가?'라는 조합원들의 우려를 받기도 했다. 한성기 분회장은 9대 집행부에서 간부직을 맡았던 이들을 다시 상집 간부로 임명하면서 조합원들의 우려를 불식시키고자 노력했다. 한성기 분회장, 이현정 사무장 외에 박창모 조합원과 김남일 조합원이 부분회장을 맡았고 회계감사 김치한, 정책부장 배기원, 문화부장 이군재, 조직부장 박창원, 노동안전부장 황호현, 총무부장 김소현 조합원이 임명됐다. 박창모 부분회장과 김소현 총무부장이 한성기 분회장, 이현정 사무장과 함께 노동조합에 전임하였다.

한성기 집행부는 2011년 제25년차 정기 대의원대회에서 "조합원이 함께하는 노동조합"이라는 슬로건을 제시했다. ▷산업안전보건위원회 활동 강화 및 전문가 육성 ▷조합원이 참여할 수 있는 노동조합, 조합원이 주인 되는 노동조합 ▷조합원 복지 향상과 실질임금 쟁취를 목표로

조합원 문화 행사

한 투쟁 ▷현장과 공유하는 연대의식으로 지역연대 활동 강화 ▷원리원칙을 바탕으로 모든 것을 책임지는 노동조합, 이 다섯 가지 사업기조였다. 한성기 집행부는 가족 소풍, 짚라인 체험, 갯벌 체험, 현장사진 콘테스트, 둘레길 탐방, 스키 체험, 송년의 밤 행사를 진행하면서 조합원과 조합원 가족들의 참여를 유도하는 사업을 추진했다.

2) 협상과 투쟁

타임오프 협상

10대 한성기 집행부는 출범하자마자 병원 측과 전임자 임금에 관한 협의에 들어갔다. 2010년 7월 1일부터 시행된 전임자 임금 지급 금지와 타임오프제로 인한 것이었다. 2010년 임단협에서 10대 김태우 집행부가 타임오프제와 관련한 협의를 진행했으나 합의에 이르지 못하고 한성기 집행부로 넘어온 상황이었다.

전임자 임금 지급 금지는 1997년 '노동조합 및 노동관계조정법'에 명시되었으나 노동계의 반대로 세 차례나 시행이 연기되다가, 2009년 한국노총이 참여한 노사정회의에서 야합으로 시행이 결정됐다. 타임오프제에 따르면, 울산대 노동조합은 당시 조합원이 937명이므로 전임자 임금을 지급받을 수 있는 최대 인원은 3명이었다. 울산대병원분회 전임 간부는 4명이었으니 타임오프제를 적용하면 1명의 전임자가 현장으로 복귀해야 하는 상황이었다. 노조가 전임자 한 명을 줄일 것인가? 병원이 이전처럼 임금을 지급할 것인가? 하는 문제가 협의의 쟁점사항이었다.

당시 조합원이 1,000명 이상일 경우 최대 5명이 전임자 임금 지급 대상이었기에, 한성기 집행부는 병원 측에 곧 조합원이 1000명을 넘어설 것이니 5명을 인정하라고 주장했다. 병원 측은 현재 조합원 수를 들며 노조의 요구를 거부했다. 당시 경북대병원은 울산대병원과 비슷한 상황이었지만 조합원 가입 운동을 통해 조합원 수가 1,000명을 넘겼고, 전임자 임금 지급 대상 인원을 5명으로 합의했다. 그러나 울산대병원분회는 입사와 동시에 조합원이 되는 오픈샵 형태이다 보니 새롭게 조합원을 확대할 수 있는 여지가 많지 않았다. 진통 끝에 임금 지급 전임자 3명 무급 전임자 1명으로 병원과 합의를 보았다.

더불어 2011년에 한하여 4월 성과급 10%(통상임금의 3.7%)를 전체 직원들에게 추가 지급하도록 하고, 이 추가 지급 분을 일괄 공제해 무급 전임자의 임금으로 사용할 수 있도록 하였다. 비조합원에게 지급된 추가 지급 성과급은 비조합원들의 동의를 얻어 사회복지 사업기금으로 사용했다.

근로시간 연장합의서

2011년 3월 1일 조홍래 병원장과 한성기 분회장은 '근로시간 연장합의서'에 서명했다. 근로시간 연장합의서는 1) 상기 노사는 근로기준법 제59조에 따라 업무상 필요한 경우 1주 12시간을 초과하여 근무를 시킬 수 있다. 2) 병원은 초과노동시간에 대하여 관계법 준수 및 단축을 위해 노력한다. 3) 본 합의는 단협이나 추가 합의로 개폐되기 전까지 효력을 계속 가진다. 라고 명시했다. 이 합의는 근로기준법 제59조에 명시된 근로시간 및 휴게시간의 특례에 따른 것으로 '의료업에 대하여 사용자가 근로자 대표와 서면합의를 한 경우에는 제53조 1항에 따른 주 12시간을 초과하여 연장근로를 하게 하거나 54조에 따른 휴게시간을 변경할 수 있다.'라는 규정을 근거로 한 것이다.

이 합의안에 따라 울산대분회 조합원 및 직원들은 근로기준법이 명시한 주 12시간을 초과해 연장근로를 해도 무관한 사업장이 되었다. 연장노동이 일반화되어 있는 사업장이라면 인력을 충원하는 것이 합리적임에도 불구하고, 오히려 근로시간 연장합의서에 노동조합 대표가 합의 서명한 것이다. 이로써 병원 측의 무리한 초과노동 요구를 법적으로 제재할 수 없게 되었을 뿐 아니라, 노조의 인력충원 요구의 설득력이 크게 약화되었다.

연장근로 문제는 매년 노사 간 핵심 쟁점이었다. 병동근무를 중심으로 연장근로가 상시적으로 발생했고, 조합원들은 중간관리자들의 눈치를 보느라 연장근로에 대한 수당도 제대로 청구하지 못했다. 그간 노동조합은 부당한 초과노동 착취를 타파하기 위해 "인력을 충원해 연장근로시간을 줄이고, 발생한 연장근로 수당을 제대로 지급하라"고 지속적으로 요구했다. 병원은 연장근로 수당 신청에 이런저런 조건을 달아 직원들을 통제하면서도 "본인들이 직접 신청해야 지급한다."는 주장만을 되풀이 해왔다. 그리고 초과된 노동이 법에 저촉될 것을 우려해 '근로시간 연장합의서'에 노조가 서명을 하도록 요구한 것이었다.

근로시간 연장합의서는 2017년 김태우 집행부가 사측에게 합의해지를 통보함으로써 2018년 3월 파기되었다.

3) 임단협 투쟁 그리고 달라지지 않는 사측

한성기 집행부는 2011년 임단협을 시작하면서 조합원 설문조사를 통해 핵심요구 세 가지를 선정하였다. 1) 물가 상승률 이상이 반영된 기본급 인상-실질임금 쟁취 2) 현장의 노동 강도 감소-적정인력 충원 3) 상대적으로 열악한 하위호봉의 처우개선. 10대 집행부는 요구안을 결정하는 과정에서 단체협약 요구를 최대한 함축해 요구하고 요구한 것은 반드시 쟁취하겠다는 교섭전략을 수립했다. 집행부의 이러한 교섭기조는 매년 의료연대본부 차원에서 공동으로 요구해왔던 의료공성 요구를 비롯한

임단협 출정식

사회적 요구가 대의원대회에서 삭제되는 결과를 만들었다.

2011년 교섭도 여느 때와 다름없이 사측의 개악 안 공세로 인한 공방이 이어지다가 15차 교섭에 가서야 제대로 된 요구안 심의가 진행됐다.

2011년 임단협에서는 병원 사측의 개입과 탄압이 한층 더 강화된 행태로 나타났다. 특히 출정식을 전후해 보인 사측의 태도는 도를 넘어섰다. 출정식을 앞두고 일부 부서 중간관리자들은 조합원 개별 면담을 통해 출정식에 참석하지 말 것을 종용하고, 출정식 당일 의도적으로 회식을 잡는 등 각종 치졸한 방법으로 노동조합을 통제하려 했다.

출정식 당일 오후에 갑자기 비까지 쏟아졌다. 노동조합은 야외 주차장에서 출정식을 가질 수 없다는 판단에 본관 로비에서 출정식을 진행하겠다는 입장을 전달했으나 병원은 시설관리권을 운운하면서 장소 제공을 거부했다. 노동조합은 병원의 장소 제공 거부에도 조합원들을 본관로비에 집결하도록 했다. 이에 맞서 사측은 본관로비에 의도적으로 의자를 배치하고 중간관리자들을 동원, 그 자리에 앉게 했다. 일부 관리자들은 출정식에 참가한 조합원들에게 문자를 보내 대오를 이탈할 것을 종용했다. 노동조합 간부들과 전직 간부들까지 나서 사측과 관리자들에게 항의하자 몇몇은 자리를 피했지만, 병원은 끝까지 출정식 방해를 멈추지 않았다.

조합원들은 사측의 태도에 분노하지 않을 수 없었다. 이런 병원 사측의 태도는 임단협 내내 계속됐다. 8월 11일에는 조정신청을 결의를 위한 대의원대회를 열었으나, 병원의 방해 공작으로 대의원이 7명밖에 참여하지 않아 무산됐다. 결국 조정신청 결의는 불발되고 노동조합은 쟁의행위라는 무기를 가질 수 없었다.

사측은 노동조합 대의원들을 수시로 관리하면서, 사측의 입장을 대변할 수 있는 대의원을 조직하고 대의원대회에서 어떤 발언을 할 것인지 지정하기도 했다. 일상 시기에도 관리자들이 대의원을 불러 무슨 내용이 논의되었는지? 어떤 결정을 하였는지? 캐묻는 일이 다반사였다. 그러나 대의원들은 그 누구도 현장과 대의원 자신들에게 일어나는 문제에 대해 문제시 하지 않았고, 대부분의 대의원들이 사측의 통제에 순응하거나 무대응으로 일관했다. 그런 대의원들의 태도가 임단협 기간에도 이어진 것이다.

사측의 탄압과 부당노동 행위로 인해 집행부의 사기가 바닥인 상태에서 8월 29일 사측 안이 제시되었다. 교섭위원들은 사측 안을 받아 즉각 대의원회의를 소집했다. 그러나 대의원들은 사측의 제시안을 부결시켰다. 9월 5일 병원 사측이 추가 제시한 안을 대의원대회에 상정하였으나 또다시 부결됐다. 쟁의행위 결의를 위한 대의원대회에 사측의 압력을 이기지 못하고 참여하지 못했던 대의원들이 사측의 제시안을 두 번이나 부결시킨 반전을 보인 것이다. 대의원들은 사측의 감시로 인해 개개인이 드러나는 행동을 하진 못했지만, 무기명 투표를 통해 목소리를 냈던 것이다. 사측의 지나친 간섭과 통제가 만들어낸 혼란이었다. 또한 두 차례의 부결은 집행부 불신임을 의미하는 것은 아닌지, 10대 한성기 집행부에게 심각한 고민을 안겨주었다.

우여곡절 끝에 일시금을 처음 제시안보다 조금 더 올린 세 번째 사측 안이 대의원대회에 상정되었다. 기본급 5만 원 인상, ICU 수당과 체력 단련비 인상, 일시금 117만 원을 내용으로 한 잠정합의안은 조합원 찬 반투표를 거쳐 10월 5일 최종 조인되었다.

이를 두고 2011년 임단협 평가서는 "사측의 입장을 대변하는 듯한 분회장의 진행 발언으로 인해 대의원들은 출범부터 정체성을 의심받던 집행부에 대한 신뢰에 치명타를 날리는 부결을 결의하였다"라고 했다. 대의원대회 부결 원인을 분회장의 진행 미숙으로 평가한 것이다.

한성기 집행부는 임단협 평가 후 집행부 신뢰 회복과 사측의 지배 개입에 대한 지속적이고 확고한 대응을 최우선 과제로 정했다. 그러나 2013년 임단협에서도 사측이 제시한 임금 동결에 합의하였다가 조합원 총회에서 부결되는 일을 겪었다. 이후 재교섭을 통해 가결되긴 했지만, 울산대학교병원노동조합 역사상 최초로 조합원 총회 부결이라는 사태 를 맞은 것이다.

사측의 과도한 개입과 통제는 조합원들에게 자괴감을 안겨 주었고, 이는 오히려 사측에 대한 분노와 소극적인 방식의 저항을 만들어냈다. 그 결과 노사관계의 혼란은 가중되고, 노동조합 집행부에 대한 신뢰뿐 만 아니라 병원 경영진에 대한 신뢰도 파탄나게 됐다. 숲을 보지 못하 고 당장의 이익만을 계산하며 경쟁적으로 노동조합 활동을 통제하려한 무능한 관리자들의 행보는 노동자들이 병원 운영에 참여하는 노사 모두를 신뢰하지 않도록 만들었다. 오로지 경제적 유불리만을 따지게 된 것이다.

4) 연대 활동

2012년 10월 17일 오후 9시 30분께 현대자동차 명촌 정문 옆 주차장에 설치된 45m 높이 송전철탑에 현대자동차 비정규직 노동자 두 명이 올랐다. 대법원이 불법파견을 인정해 정규직 전환이 확정됐음에도, 현대자동차는 직접적인 대법원 판결을 받은 당사자 외에는 여전히 불법파견을 인정하지 않았다.

최병승, 천의봉 두 노동자는 현대자동차의 불법파견 인정과 즉각적인 비정규직 정규직화를 요구하며 1년 가까운 시간을 폭염과 추위 바람을 견디며 송전철탑 위에서 투쟁했다. 296일간 철탑 고공농성을 하고 2013년 8월 8일 철탑을 내려왔다.

철탑 투쟁이 벌어지는 기간 동안 한성기 집행부는 매주 진행되는 집중집회에 참여하는 것을 기본으로 다양한 방식으로 연대하고 지원했다. 지역 단체들과 철탑 농성자들의 건강검진을 진행하는가 하면, 희망버스투쟁 기간에는 이현정 사무장이 울산건강연대 회원들과 함께 무료진료소를 운영하면서 경찰과 대치 과정에서 다친 노동자들의 치료를 담당했다.

현대자동차 비정규직 노동자들의 투쟁에 조합원과 간부들의 참여를 조직하고 연대한 경험은 지역의 다른 사업장 노동자들을 이해하는 데 중요한 계기가 되었다.

2. 11대 집행부 출범

1) 경선

2013년 10월 분회장 후보 선거를 앞두고 온갖 추측이 난무했다. 이장우 전 지부장이 출마한다고 밝힌 가운데 "한성기 분회장이 한 번 더 출마한다더라" "아니다, 이도왕 조합원이 출마 한다더라" 누가 분회장에 출마할 것인지를 두고 조합원들의 관심을 커져갔다.

후보등록 마감 날 두 개의 후보조가 등록했다. 이장우, 강연주 조합원과 이도왕, 최성애 조합원이었다. 15일 간 진행된 선거운동에서 두 진영의 후보들은 밤낮을 가리지 않고 현장순회를 하며 조합원들을 만났다. 오랜만에 노동조합의 활력이 느껴지는 시간이었다. 선거공약도 무거운 산소통 교체와 같은 현장 밀착형 공약에서부터 통상임금 소송 문제까지 조합원의 바람을 꼼꼼하게 담아냈다. 후보들의 현장 관련 공약은 별 차이가 없었지만 통상임금 소송과 연대활동에 대한 입장은 차이가 컸다.

이장우·강연주 후보는 통상임금 소송을 진행하겠다고 했으나, 이도왕·최성애 후보는 소송을 진행하지 않겠다는 입장이었다. 또한 이장우 후보는 민주노총과 지역연대를 강화해야 한다는 입장이었지만, 이도왕 후보는 민주노총을 중심으로 한 그동안의 지역연대를 현장을 외면한 활동으로 평가하고, 새로운 방식의 합리적 노동조합 활동을 하겠다고 주장했다.

선거운동은 치열하게 전개됐다. 노동조합 홈페이지 자유게시판과 SNS를 통해 토론이 활발했고, 각 후보별로 동영상을 제작해 선거운동에 이용한 것도 새로운 시도였다. 인터넷을 통한 선거가 치열해지자 이장우·강연주 선대본 운동원이 '기호 2번 (이도왕) 후보가 2년 전 대의원

대회에서 임금동결과 사측의 입장에 동의하는 발언을 했다'는 내용을 SNS에 유포해 분회 선거관리위원회로부터 '선거운동원은 SNS를 통해 선거운동을 할 수 없다'는 선거규칙 위반으로 경고조치 받았다. 이에 이도왕 후보는 SNS망에 과거 발언을 공개한 조합원을 명예훼손으로 고소하겠다고 밝혔다.

선거 과열로 고소고발까지 이야기되는 상황이 되자 임상구 전 분회장이 중재 역할을 맡았다. 이장우 후보 측은 조합내부에서 일어난 일을 가지고 조합원을 경찰에 고발하는 것은 문제가 있다는 입장이었다. 명예훼손에 대해서도 대의원회의에서 발언한 사실을 공개한 것이므로 법적 책임을 물을 수 없다고 항변했다. 이도왕 후보는 명예훼손으로 고발하겠다는 의사를 굽히지 않았다. 논의 끝에 이장우 선대본이 선거규칙 위반에 따른 책임 있는 사과문을 발표하고 이도왕 후보 측은 향후 이 문제를 다시 거론하지 않겠다는 취지의 합의문을 작성했다.

15일 간의 선거운동 끝에 3일 간의 투표에 들어갔다. 조합원 1,063명 중 918명이 투표에 참여해 기호 1번 이장우, 강연주 후보조가 643표(70.0%) 기호 2번 이도왕, 최성애 후보 조가 265표(28.9%)를 얻어 기호 1번 이장우, 강연주 후보가 당선되었다.

2) 11대 집행부

11대 집행부는 이장우 분회장과 강연주 사무장, 회계감사에 권형정, 박창모, 부분회장에 김태우, 박창원을 비롯해 조직부장 최옥희, 총무부장 황미연, 문화부장 김재민, 정책부장 류성하, 정책차장 문부철, 여성부장 문미아, 교육부장 황연희, 선전부장 최은숙, 노동안전부장 성순점, 조사통계부장 전재효, 16명의 간부로 구성됐다.

11대 이장우 집행부는 "소통과 실천으로 신뢰받는 노동조합"이라는 슬로건 아래 인력 충원, 소통 강화, 권위주의 타파, 통상임금 정상화, 박근혜 정권 퇴진 투쟁, 지역연대 강화, 의료공공성 강화 투쟁, 노동자 정치세력화 운동을 기조로 한 집행 계획을 수립하였다. 2014년 1월 6일 아트리움 로비에서 이·취임식을 거행하고 10대 한성기 집행부 간부들에게 감사패를 전달했다.

3. 통상임금 정상화

1) 통상임금 소송

전원합의체 결과

2013년 12월 18일, 대법원은 그간 논란이 되었던 통상임금의 범위에 대한 판단 기준을 제시했다. 일정 기간마다 지급되는 정기상여금은 통상임금에 해당한다는 것이 최종 판결이었다. 대법원 판결대로라면 그간 정기상여금임에도 누락된 수당들을 인정받아 통상임금을 소급 받을 수 있다는 의미였다. 그러나 대법원 판결에 따라 상여금 등이 통상임금으로 최종 확정되기까지는 몇 가지 사안이 인정되어야 했다. 상여금과 성과급이 통상임금에 속하려면 정기적, 일률적, 고정적 지급 방식 등 까다로운 요건이 충족되어야 하며, 그렇다 하더라도 2013년 12월 18일 이전 미지급 소급분에 대해서는 병원 경영이 위태로울 경우 지급하지 않아도 되는 신의성실원칙이 조건으로 붙었다.

대법원은 노동계가 지속적으로 제기해 온 통상임금 범위 확대 요구를 일부 반영했으나, 미지급 통상임금에 대해 "불법이지만 신의성실의 원칙을 적용"한다며 법리적으로 이해되지 않는 판결을 내려 자본의 손을 들어주었다. 그로써 통상임금 문제는 해결되기 보다는 더욱 복잡한 문제로 남았고, 결국 대부분 사업장에서 법률 소송을 통해 문제를 해결할 수밖에 없도록 만들었다.

내용증명에서부터 소송까지

11대 이장우 집행부는 출마 공약으로 통상임금 정상화를 내걸었다. 집행부는 당선 후 바로 통상임금 관련 법률을 검토했다. 검토 결과 울산대학교병원의 정기상여금과 성과급이 대법원이 정한 통상임금에 포함되는 요건을 갖춘 것으로 판단됐다. 소급분 또한 신의성실원칙이 있긴 하지만, 미지급분 지급이 병원의 존립을 위태롭게 할 만큼 경영에 심각한 영향을 미치지 않았다. 노동조합은 미지급 통상임금에 대한 소송을 추진하기로 하였다.

11대 집행부가 업무를 시작한 지 얼마 되지 않은 1월 14일, 임시 대의원대회를 열어 미지급한 통상임금을 지급하라는 조합원 내용증명 발송을 시작으로 통상임금 소송을 추진했다. 1월 16일부터 22일까지 조합원 서명을 실시, 900명의 내용증명을 병원 경영진에게 발송했다. 2013년 4/4분기 노사협의회에서 통상임금문제를 대표소송으로 진행하는 것을 노사합의했다. 간호사 교대근무자 2명과 시설, 원무과, 간호사 통상근무, 안내, 하위호봉, 의료기사 통상근무, 의료기사 야간근무, 병동기사 각 1명씩, 어린이집 교사와 퇴직자 등 총 12명을 대표 소송단으로 확정했다. 법률 대리인으로는 법무법인 [대안]을 선정했다. 대표 소송단의 비용은 우선 노동조합이 일괄 부담하고, 승소할 경우 소송비용 일체와 성공사례금을 균등 분할하여 각출하는 것으로 하였다.

2014년 7월 21일 울산지방법원에 소송 사건을 접수했다. 그러나 울산지방법원에 접수한 통상임금 소송은 신의성실 원칙에 대한 해석이 분분한 가운데 3년이 지난 2017년 12월이 되도록 1심 판결조차 받지 못했다.

2) 상여금의 통상임금 적용

사측의 조합원 분열 꼼수

2014년 임단협 교섭은 통상임금을 대법원 판결에 맞게 새롭게 하자는 요구가 핵심이 되었다. 노동조합은 상여금 850%를 통상임금으로 포함해 임금을 계산할 것을 요구했다. 사측은 상여금 850%를 통상임금으로 적용할 경우 야간근무자들에게만 병원의 재원이 투입된다며 반대했다. 상여금을 통상임금에 적용하지 않는 대신 전체 조합원들에게 격려금을 100% 인상 지급한다는 것이 병원이 제시한 안이었다. 사측의 주장에 주로 상근근무를 하는 조합원들이 흔들렸다. 상근근무를 하는 조합원들은 "상여금을 전부 통상임금

통상임금 합의서

에 적용하면 야간 연장수당만 올라가 야간근무를 많이 하는 간호사들만 좋아지는 것 아니냐?" "노동조합 활동은 상근 근무자들이 주로 하고 간호사들은 노동조합 행사에도 잘 참여하지 않는데, 왜 노동조합이 간호사 편만 드느냐?" 라는 불만들을 쏟아냈다.

노동조합은 "상여금을 통상임금으로 적용하는 것은 대법원의 판결에 따르는 것이다" "야간, 연장을 주로 해왔던 조합원들은 당연히 받아야 할 노동의 대가를 받게 되는 것뿐이다" "결코 상근 근무자들의 피해가 아니다"라고 설득했다. 그러나 사측의 제시안이 교대근무자와 상근근무자를 분열시키는 효과를 발휘하면서 노동조합에 대한 상근 근무자들의 불만은 쉽게 가라앉지 않았다.

통상임금적용 타협

노동조합은 상근근무조합원 간담회를 통해 "격려금 인상을 50%로 낮추는 대신 상여금 700%를 통상임금으로 적용하면, 연차수당과 연장·야간수당이 자동으로 인상되기 때문에 사실상 격려금 100% 인상과 같은 효과를 만들 수 있다"고 설득하고 사측에게 수정안을 제시하였다. 병원 사측은 노동조합의 수정안에 대해 격려금 100% 인상을 50% 인상으로 낮추고 통상임금에 상여금을 300%만 적용하겠다고 했다. 결국교섭이 파행되고 노동조합이 쟁의를 결의하고 파업전야제까지 가서 최종 격려금 50% 인상과 상여금 500%를 2년에 걸쳐 단계적으로 적용하는 내용에 합의했다.

상여금 500%를 통상임금으로 적용하자 야간·연차·연장근로 수당이 41% 인상되는 효과를 냈다. 이러한 임금체계의 변화는 연차가 높은 직원들을 야간근무에서 배제하는 기능을 해 2016년에는 45세 이상 간호 직원들이 야간근무에서 제외됐다. 한편으로는 초과노동 수당에 대한 부담을 느낀 병원이 오프를 최대한 보장하는 방향으로 근무를 편성해 3교대 근무자들의 휴일이 늘어났다. 사람마다 느끼는 장단점은 다르지만 통상임금 체계의 변화는 연장노동, 야간노동에 대한 보상을 높여, 휴일이 적어 피로에 시달리던 노동자들의 삶이 조금은 나아지는 계기를 만들었다.

4. 권위주의에 맞서다

1) 2014년 1월 전공의 폭언 사건

반성 없는 사과식

11대 집행부 취임하고 며칠 지나지 않은 2014년 1월 10일, 이비인후과 전공의가 간호사에게 폭언을 퍼부은 사건이 발생했다. 이 사건은 간호본부 내에서 쉬쉬하며 회자되다가 노동조합에 제보되었다. 늘 그러했듯 병원은 직원들 간에 폭언·폭행이 발생하면 숨기기에만 급급했다. 노동조합은 사건을 접하고 바로 수간호사를 면담해 사실을 확인하는 동시에 조합원 간담회를 진행했다.

1월 14일 아침 7시 간호부장은 사과를 한다는 명분으로 전날 저녁근무를 하고 몇 시간 자지도 못한 피해자를 불러냈다. 분회장과 사무장이 이 사실을 접하고 아침 일찍 병원 임원실로 올라갔다. 예상했던 대로 피해자와 해당 병동 수간호사가 잔뜩 긴장한 모습으로 기다리고 있었다. 진료부원장과 이비인후과 과장, 간호부장이 모여 거창한 '사과식'을 준비하고 있었다. 높으신 분들이 다 앉은 상황에서 가해자가 피해자에게 사과한다는 것이었다. 분회장과 사무장이 사과하는 자리에 참관하겠다고 했으나 진료부원장이 자신에게 맡겨 두라는 식으로 양해를 구했고 일단 상황을 지켜보기로 하였다. 얼마 후 사과식이 끝났는지 당사자들이 밖으로 나왔다. 피해자의 얼굴은 더욱 어두워져 있었고 가해자는 불쾌한 듯 당당한 태도였다.

"대략 상황을 추측해보면 분위기로 봐서 너무나 뻔한 그림 아닙니까? 가해자는 피해자의 잘못된 태도를 지적하면서 자신이 왜 그렇게 했는지 변명을 늘어놓

앞을 것이고 끝머리에 사과한다는 말을 한마디 달았을 겁니다. 사과식에 참여한 높으신 분들이 서로 악수하라며 그렇게 사과식을 마무리했을 겁니다."

사과식의 이야기를 전해들은 직원들의 생각이었다. 그만큼 경영진이 의사들의 폭언·폭행 문제를 공정하게 해결 할 거라는 신뢰가 없다는 것을 보여준다.

보복하는 가해자들

노동조합은 병원장의 사과와 가해자 중징계, 보복행위 금지, 재발방지를 위한 교육과 매뉴얼 작성 등을 요구했다. 병원 측은 본인에게 사과했고 해당 부서장도 사과했고 가해자도 시말서를 작성했다며, 그만 넘어가자고 했다. 그러나 가해자는 반성하는 기미 없이 간호사들을 조롱하고 비웃는 등 또 다른 가해를 하고 있었다. 이비인후과 과장이 저녁 회진을 돌면서 간호사들에게 평소에는 하지도 않던 질문들을 해대기 시작했다. 조합원들은 사태를 수습하고 직원들을 보호해야 할 직책에 있는 과장이 보인 태도에 더욱 실망했다.

노동조합은 중식선전전과 피켓시위를 지속적으로 진행했다. 결국 2월 7일 폭언과 관련한 특별 노사협의회를 가지고 '병원장의 유감 표명을 담은 선전물, 가해자에 대한 징계견책, 전공의 대상 교육, 이비인후과의 보복행위 금지, 추후 병원 공간 재배치 시 해당 병동과 진료과 분리' 등에 대해 합의했다. 병원장은 폭언 사태에 대해 유감을 표명하고 재발 방지 대책을 마련, 전공의에 대한 교육을 진행하겠다는 성명을 발표했다.

그러나 해당 과와 병동을 분리하겠다던 약속은 차일피일 미루다가 해를 넘겨 2015년 1월이 되어서야 이행했다. 병원이 해당 병동과 진료과 분리를 차일피일 미룬 것은 해당 폭언과 보복 행위 때문에 취하는 조치라는 인상을 주는 것이 부담스러웠기 때문이다. 병동 증설로 진료과와 병동을 재배치하는 시기까지 가해자와 피해자의 분리를 미룬 것이다. 더 이상 보복 행위는 없었지만 과장을 비롯한 의사들이 감정적으로 대하는 경우가 많았기에 병동 조합원들은 엄청난 스트레스를 견뎌야 했다. 폭언·폭행에 관한 규정 제정도 2016년 말까지 합의가 이루어지지 않았다.

그러나 폭언·폭행 사건의 해결 과정이 길어지면서 병원 내에 경각심을 불러일으키는 효과는 충분했다. 다만 폭언과 그에 따른 보복행위에 더욱 강경하게 대응하지 못한 점은 아쉬운 지점이다.

폭언·폭행 앞에 대책 없는 병원

노동조합은 전체 조합원을 대상으로 폭언·폭행에 관한 설문조사를 진행했다. 조합원 735명이 설문에 참여한 설문에서 '직원으로부터 모멸감을 느끼는 폭언을 들은 적이 있느냐'라는 질문에 '예' 라고 답한 조합원은 44.4% 였다. 이 중 간호사 직종은 52.9%가 그렇다고 답했다. '나를 포함한 나의 동료가 직원으로부터 폭언을 들은 경우가 지난 1년을 기준으로 몇 번 정도 발생하였습니까?' 라는 질문에 3회 이상이라고 답한 간호사가 35.2%였다. 폭언을 당했을 때 느끼는 감정으로 모욕감(62%)이 가장 많았고 그로 인해 병원 치료를 받았다고 답한 조합원도 1.5%를 차지했다. '폭언을 해 사과를 하고도 보복행위를 경험하거나 그런 사례를 들어본 적 있다'라고 답한 간호사가 36%나 되었다. '우리 병원에 직원들 간의 폭언이 자주 발생하고 심각하다'고 생각하는 직원들은 46.5%(간호사51.9%)였다.

'주로 폭언을 하는 직원은 누구입니까?' 라는 질문에 전체 응답자들은 의사(57.4%) 동료(12.5%) 관리자(12.2%) 순으로 답했고, 간호사들은 의사(70.24%) 동료(12.34%) 관리자 (7.1%) 라고 답했다. 설문조사 결과, 의사들의 폭언·폭행이 얼마나 심각한지 알 수 있었다. 응답 조합원 중 90%는 폭언 사건이 발생하면 가해자를 징계하여야 한다고 답했다.

'자신 또는 동료들에게 가해진 폭언·폭행 사례를 이야기하라'는 주관식 질문에는 주로 상대방을 무시하거나 비하하는 형식의 모욕감을 주는 폭언이 대부분 차지했고, 특히 의사 직종의 특권 의식이 만들어내는 폭언과 모욕이 많았다. 관리자들은 직원들이 폭언·폭행을 당해도 모른 체하거나 문제 키우지 말고 넘어가자는 식으로 대응한다고 했다.

설문 결과가 이러함에도 병원 경영진은 병원 내 폭언·폭행 문제를 해결하기 위한 어떠한 조치도 취하지 않았다. 노동조합의 요구에 수동적으로 대응할 뿐 현장 상황을 개선하기 위한 노력은 등한시했다. 그러다가 폭언·폭행이 벌어지면 사건을 축소하기 바빴고 피해자들에 대한 대책은 전무했다.

폭언·폭행 사건에 대한 처리 매뉴얼을 작성하자는 노동조합의 요구도 몇 년을 끌었다. 노동조합이 주장한 폭언·폭행 처리 매뉴얼의 핵심 내용은 폭력사건 발생 시 노사공동위원회인 고충처리위원회에 신고를 의무화하는 것과 관리자가 보고 의무를 다하지 않았을 시 징계조치 하자는 것이었다. 그리고 환자보호자들의 폭언을 방지하기 위해 신속 대응 보안 인력을 충원하는 것과 전화를 통한 폭언을 예방하기 위해 병동 전화기를 녹음 기능이 추가된 것으로 교체할 것을 요구하였다. 그러나 사측은 노동조합의 요구를 지속적으로 무시했고 폭언·폭행 관련 규정 개정 논의는 11대 집행부 임기가 끝날 때까지 3년 동안이나 계속된다.

2016년 7월에도 전공의에 의한 폭행사건이 일어났다. 업무 중에 전공의가 의자를 던진 것이다. 노동조합은 선전물을 내고 즉각적인 진상

조사와 해명을 요구했다. 사측은 자체 진상조사를 통해 전공의들의 폭행과 폭언, 환자에 대한 성차별적인 발언에 대해 인정했다. 사측은 가해자인 전공의 1명을 해고, 1명을 정직 처분하였다가 재심에서 두 명 모두 정직으로 감면처리 했다. 노동조합이 정확한 조사 과정과 내용을 요구했지만 사측은 세부 내용과 조사 과정에 대해 공개하지 않았다. 노동조합의 지속적인 요구에 11월 노사협의회에서 공식적인 설명을 들을 수 있었다. 2014년 사건 당시보다 병원은 신속하게 사건을 처리했고 징계의 수위도 한층 높아졌다. 그동안 노동조합이 병원 내 폭언·폭행의 문제를 놓치지 않고 지속적으로 제기해 온 결과가 반영되었다고 볼 수 있다. 그러나 설문조사를 통해 확인되었듯이 드러나지 않는 문제들이 훨씬 많았다.

병원의 폭언실태(설문조사 과정에서 쏟아져 나온 증언들)

전화하면 할 말만 하고 끊어버림. Dr가 Nr에게 "머리에 똥 들었냐!". 회식 자리에서 브루스 강요, 사생활 지적, 외모 지적, 반말 행위. "대가리에 똥찼냐" 모욕적인 말, 가해자는 잊고 넘어가는 상황. Dr김OO 반말하며 자신의 뜻대로 안되면 처방을 띄엄띄엄 내는 행동. Dr김OO "지금 장난 똥 때리냐" "혼잣말이었다. 말도 못하냐!" "혼잣말 들리게 하면 기분이 나쁘지 않겠어요?" "그럼 입을 막을까요 지금 나한테 시비 거는 거예요" 사과 없이 전화 끊음.

노티하면 귀찮아하는 기색, 반말, 존중 배려가 없음. "여기 애들 왜이래" "여기 데스크야? 애들 교육 어떻게 시키는 거야" 언성 높임. "노티를 그딴 식으로 해요", 전화 도중 끊음, 짜증, 왜 나한테 노티해요(책임 전가). Dr가 Nr에게 챠트 던짐, 보복 행위로 v/s 15분 간격. 회의 시간 인신공격 막말. 기사님이 cast 안 해준 상황에서 "간호사는 고등학교 때 응급처치 안 배웠냐!" "환자 잘못되면 책임질꺼냐" "니는 이름이 뭐냐" 반말하며 비하. tube change 중 레지던트가 물품 없다며 소리 지르고 욕함. 물품 준비 안 되었다고 환자 앞에서 kelly 집어던지는 행위. ENT Dr, 자기 맘대로 되지 않고 준비가 늦다는 이유로 욕설 수차례. 무시하고 명령조 말투, 전화를 끊거나 소리 지름. 폭언적 업무 지시에 불응시 결제를 해주지 않아 일 진행 안 됐음. 혼잣말로 욕설, 보복성 order. "왜요" "전화 하지 마요" "기껏 그걸로 전화 했어요" 인사 예절 부족.

OOO 과장이 OOO 과장 만나러 왔을 때 진료 중으로 잠시 기다리라 했더니 내가 누구인지 아냐고 소리를 지름. 거듭된 고성으로 간호사가 사과. ENT Dr에게 사과 받은 간호사가 울었다. Dr가 Nr에게 지식 테스트를 함. 수술 중 욕설하는 것을 목격. 교수와 레지던트 사이 빈번함. "야" "쌍" 수술 중 욕설 및 호통. 교수가 레지던트에게 욕설. Nr 만만하게 보고 반말 소리 지르며 환자 명단 10장 종이를 얼굴에 던짐. 거짓 사과. 외과 의사들이 권위 의식이 높아서 그렇다 함.

전화 notify할 때 폭언. "에이씨"라고 말하고 전화 도중 끊음. Notify 후에 전화 끊은 후 다시 전화 와서 분풀이 한 번 더 하면서 욕함. 아침에 전화하니 일찍 전화했다고 욕한 적 있음. 전화로 notify하는 경우 "에이씨" 혹은 십 원짜리 욕하는 경우. 종이 말아 쥔 걸로 Dr에게 얼굴을 맞은 일.

상황 설명해도 듣지 않고 자기 화를 못 이겨 폭언, 폭행함. 당사자는 울며 겨자 먹기로 사과를 받음. 처방을 넣어 달라 하면 "아이씨"라고 하며 서로 일 피곤하게 할 거냐 등 보복성 행위를 함. Dr에게 notify 하면 "씨발" 욕설 들음. 사과도 듣지 못했는데 처방 넣어 달라 하며 자기는 사과했다며 아무렇지 않게 넘기려함. 반말로 "니가 해라 좀 넣어줘. 그런 거 넣을 줄 알잖아. 그런 거 내가 어떻게 넣는데?" 자신의 일을 미룸. 그러면서 일이 끝나지 않은 채 회식을 감. Notify 할 때 말무시하고 그냥 끊는 일. 반말로 "이딴 걸로 전화하지 말아라." 하고 끊고. Dr가 가지고 있는 종이 말아서 Nr에게 머리를 때리는 경우. 폭언. 큰소리 지름. "머리에 똥밖에 안 들었네" "똥오줌 못 가리네" 등. 인턴이 dressing 하러 와서 간호사가 있는 자리에서 "아이씨"라며 짜증냄.

상대방을 무시하는 말과 행동. 본인은 그런 행동을 인지 못함. Nr 전화를 귀찮아하며 일방적으로 끊는 행위. "간호사가 뭐 아는데" Dr가 Nr에게 큰소리, 비하하는 발언. 원래하는 일이 아닌데도 그 일을 하지 않았다고 이상한 말 하는 경우. "아 주세요" "하라는 대로 하세요" "처방 낸 데로 그냥하세요" 일방적으로 전화 끊음.

과장(의사)가 수간호사에게 "야" "너"라고 반말. "집에서 가위질 안 하냐 고기 안 썰어 먹냐. 학교에서 뭘 배웠냐" 직접 suture 하라 함. "대갈통에 눈알 박혔냐" 보복행위로 1hr v/s, 휠체어 탈수 있는데 침대채로 외래 데리고 와라. 의사가 간호사에게 oral test. 반말로 지시. "몇 년차냐 공부는 했냐? 어디까지 아는 것인지 믿을 수 없다. 이 정도 수준인데 안 봐도 알겠다. 앞으로 테스트 할 테니 준비하라" 반말로 "그래서". 소리를 지르며 동의서를 면상에 집어 던짐. 질문에 대답 못하면 "이런 것도 모르면서 어찌 간호 하냐" 함. 챠트를 station에 치며 막말을 하고 환자 죽었어도 웃냐며 비아냥거림. 환자 BP 높아서 처방 넣어 달라 하니 "아 진짜 너무하네" 하고 전화 끊음.

담당 간호사 수간호사 세워두고 보호자들 앞에서 몰아세우면서 모욕감 줌. 환자 보호자 있는 곳에서 간호사들 세워놓고 질문하며 대답 못하면 "몇 년차냐, 어디 출신이냐, 누구한테 일을 배웠느냐, 레포트 작성하여 제출하라" 전화 보고 하면 "그래서 알아서 처방 넣어줘요. 주고 싶은 약 줘요"라고 건성으로 대답하고 끊음. 보복행위로 1hrv/s, 보고 하면 보고하지 말고 기록하라. 자기 집 강아지 부르듯 이름 막 부르는 것. 언성 높아지면 막말은 기본. "감히 치프 선생님 말을 무시하느냐. 회식에 참석하지 않았느냐"며 반말 및 큰 소리 냄.

술 먹고 무차별한 반말. 스테이션에서 술 먹고 와서 소리 지르며 반말. 보복성 번 표. 회식 불참의 이유로 병동에 찾아와 욕설 등 폭언. 보복적인 order, oral test. "눈깔이 뒤통수에 달렸냐" 회식 자리에 왜 나오지 않느냐며 욕설과 함께 고함침. "너 v/s q1hr 해 볼래" "너 BST q30min 해 볼래" OS Dr "환자가 진단서

원하니까 작성해 주세요"라고 얘기하면 "쟤 지금 뭐라고 했냐?" 무시.

간호사가 종이 뭉치에 맞은 사건. OS Dr들 반말은 기본. 전화하면 전화 귀 담아 안 들음. "야 담당 누구야" "누가 문자 보냈냐"며 소리 지름 보복성 처방. portablex-ray 찍으러 와서 대뜸 환자 없다고 버럭 함. Position 안 되서 MRI 못 찍는다고 몇 번 comment 했는데 상황 설명 과정에서 자기한테 왜 협박하냐는 식으로 얘기함. 환자 상태 안 좋아서 노티 했는데 아침 일찍 전화했다고 화만 내고 환자 상태에 대해서 관심 없음. 작은 것도 시비 투로 말함. OS 주치의가 폭언. 성의 없는 사과. 간호부에서 보호 없음. 너무 많아 기억이 안 남.

의사가 직원들을 비서인 양 다루고 병원 일을 시킴. "야 너 나와 간호사 주제에" 인사팀에서 전화에서 잠시만요. 하더니 "걔네들이 그걸 어떻게 알아" 안과 Dr김OO 산동하러 전화 왔었고 10분 뒤 "산동 안 하고 앉아서 놀고먹고 뭐하는 거냐" "아이씨" 하며 전화 끊음. MN에 전화했다는 이유로 병동 찾아 와서 환자 보는 앞에서 계속 소리 지르고 분풀이함. 수준 낮아서 같이 일 못 하겠네 이후 전화하면 일부러 전화 끊어버리거나 받지 않는 행위. 신규가 off인 Dr에게 노티 했는데 술이 만취한 상태에서 십 원짜리 욕을 하면서 통화한 적 있음. 끊으면 다시 전화해서 욕하고 반복. 반말. 무시하는 듯한 발언. 전화 받으면서 아무 말 없고 대답하지 않고 먼저 끊기. "쌤 몇 년 차예요" "이것도 몰라요" 아래 연차 무시. 여사님 아줌마 아지매 이런 호칭은 삼가. 원장님이 병동 와서 "야" "너"식으로 불쾌감. 원장님부터 솔선수범. 보복성 처방. 처방 관련 문의하면 처방대로 하래 놓고 처방 바꾸는 행위. 맞지 않은 처방임을 말하고 수정해줄 것을 요청한 경우 의사는 하기 싫냐는 듯이 말하며 더욱 과한 처방을 내며 수행하라고 함. 혈압이 높아 노티해도 처방 없고 1시간 뒤 다시 전화하니 보호자도 적극적인 치료를 거부한 상에서 과한 처방을 냄. 다시 이야기하니 일하기 싫어서 그러냐 함. 그 뒤 보복 처방 냄. "처방대로 하세요"라고 이야기하며 병동에서 훈계 질타하는 모습.

타 병동에 있는 의료 기구를 빠르게 시행하지 않는다고 질타하며 수행 의지 및 정신 상태를 문제를 들며 도덕적 모욕. 처방대로 하라 하면서 조용히 처방 삭제. "일하기 싫냐며" 보복성 오더. 보복성 처방. "처방을 냈는데 하기 싫으면 마음대로 하세요". "인간아 인간아" 부르고 "머리를 폼으로 달고 다니냐" 말함. 기구를 바닥에 던지며 "이딴 걸 쓰라고 줘"라고 말함. 병원장 회진 시 "야 너" 반말. "뭐 때문에 노티하냐 그런 것도 알아서 해결 못하고 노티하냐 누구냐" 직접 와서 그 간호사 누구냐며 신경질내고 무시하는 투로 얘기. 모르는 오더에 대해 물어보면 왜 이것도 모르냐는 식의 태도고 물어보지 말고 오더대로 수행하라 함. "당신 때문에 이 환자 수술 못하게 됐다" 소리 지르며 윽박지름. 심플한 환자 보복성 처방. 환자가 주사를 거부하는 상황 의사는 무조건 주라 함. 환자 설득하여 주기 시작했지만 환자 통증 및 오심 호소함 의사에게 다시 말하니 짜증내며 "그러면 주지 마세요" 화를 내며 끊음. 인턴에게 소독해 달라 했는데 자기가 왜 하냐고 화를 내고 소리 지름. 해야 하는 일임을 설명해도 못하겠다. 소리 지름. 연락하면 듣는 둥 마는 둥 물품 던지고 대꾸도 안 하고 툴툴. "타과 consult 확인 안 하고 도대체 뭐 하냐" 신경질 냄. 머리 때리고 머리에 똥만 들었다고 표현. 전화 도중 욕설하며 끊음. 분이 안 풀려 수샘 방에 직접 전화해서 주의 시켜 달라 함. "아이씨" 왜 보고를 안 했냐고 하며 욕설을 하고 얼굴을 때리는 사건이 발생함. "에이씨 아침부터… 신규 보고 노티하지 말라고 해요" 전화 끊음.

재료를 잘못 챙겼다고 의사가 재료를 던짐. 이런 걸로 전화 하냐며 "씨" 하고 끊는 행위. 월요일에 chest 늦게 도는데 전화 와서 왜 안 찍었냐고 빨리 찍으라고 화내며 전화 끊는 행위. 인턴 call하면 환자 상태 물어보며 확실하냐 성질내며 되물음. 무작정 화냄. "미친, 멍청한 게, 머리에 똥만 찼네, 니가 알아서 오더 넣어라, 그것도 모르냐" 술 먹고 오빠라 불러 봐라 함.

ENT 레지던트가 간호사 포함해서 수 선생님에게 폭언을 하는 것 목격. "씨X" 욕함. 교수가 전공의에게 폭언 후 수술 방 한구석에서 머리를 박고 한동안 벌을 서게 하였던 장면 목격. 수술 중 정확한 기구가 전달되지 않으면 기구를 던지거나 폭언하는 경우. "쌍" 욕설 멍청이 바보 시발 등.

"니 때문에 이 사태가 다 벌어진 거 아냐" 수술 중 수술기구 assist 머리 때리고 바닥에 기구 던짐. "치아라" "이런 건 갖다버리라"며 기구던짐. "아휴 참~" "뇌가 없다"

수술 중 짜증. "머리에 뭐가 들었냐. 수술 준비를 이따위로 하냐, 도대체 하는 일이 뭐냐, 똑바로 해라, 나가라" 등등.

노티 할 시 이유 없는 짜증. 환자들 많은 데서 의사가 간호사에게 짜증을 냄. 간호사에게 "넌 빠져"라고 의사가 말함. "시X 거지 같은 게 너 같은 게 간호사라고 있어? 아 시X" 위에 보고해서 제가 사과를 받을 수 있게 도와 줄줄 알았는데 오히려 그런 스타일이니 이해하라고 함.

2) 일상화 된 직원 감시와 부당한 인사

직원 감시의 일상화

모바일 환경과 감시·인증 기술 발달로 사용자들이 축적된 정보를 통해 노동자들을 감시·관리하려는 유혹도 강해졌다. 2015년 5월 병원이 각종 전자인식 장비를 이용해 직원들을 감시하는 일이 일어났다. 주차장 차량 출입기록을 무단으로 조회해 직원에게 근태 불량을 추궁하고 징계를 내렸다. 사건이 드러나자 병원은 본인에게 동의 받은 것이라고 거짓말을 했지만, 기록을 확인 후 사후 동의를 받은 것으로 드러났다. 한편 식당에서 식사한 시간을 조회해 연장근로 여부를 확인하고, 식사 시간을 포함해 연장근로수당을 청구한 직원들의 수당을 일방적으로 삭감했다. 병원 모바일프로그램을 설치할 때 이동경로와 통화 문자내역 등 휴대폰의 전반적인 내용을 감시할 수 있는 프로그램(MDM)을 함께 설치하도록 강제했다.

병원의 이러한 개인정보 조회는 어떠한 전자장비도 직원들을 감시할 목적으로 사용할 수 없다는 단체협약 117조를 위반했을 뿐 아니라, 개인정보를 목적과 다르게 사용한 것으로 개인 정보호법을 위반한 것이다.

사안이 벌어질 때마다 노동조합이 대응했음에도 사용자들의 개인정보 무단 활용은 끊임없이 계속됐다. 노동조합은 무단 기록 조회가 단협과 법률 위반임을 알리는 선전물을 배포하고 노사협의회를 통해 강력히 항의했다. 이에 사측은 문제를 인정하고 앞으로는 본인동의 없이 무단으로 열람하는 일이 없도록 하겠다는 답변을 했다. 모바일 감시 프로그램은 환자 정보 보호를 위한 법적 조치라는 점을 인정해, 의료인이 환자 정보 확인을 필요로 하는 경우에만 설치하도록 합의하고 시행했다.

그럼에도 사측은 노동조합 조합원만 가입한 인터넷 밴드(커뮤니티)를 사찰했다. 한 조합원이 기숙사 환경개선을 요구하며 노동조합 밴드에 곰팡이 핀 기숙사의 사진을 올리자, 인사팀이 당사자를 호출한 것이다. "조사해서 노동조합 밴드에 올린 것 같은 방이 없다면 인사위원회에 회부하겠다"라고 협박했다. 노동조합 밴드에 올라 온 내용을 가지고 왈가왈부하는 것도 부당한 개입이며, 인사위원회 회부를 들먹이는 것은 지나친 인사권력 행사이다. 관리자들의 이러한 행태는 직원들을 함께 일하는 동료로 생각하는 것이 아닌, 감시하고 관리해야 할 대상으로만 여기는 병원의 권위적인 사고에서 발생한다.

노동조합은 밴드 사찰에 대한 사과와 기숙사 환경 개선, 그리고 직원 감시에 대한 재발방지를 사측에 이행토록 했다. 직원들을 감시하고자 하는 권력자들의 시도는 계속될 것이다. 인간으로서의 권리와 노동자로서의 권리를 지키기 위해 항상 경계를 늦추지 말아야 한다는 교훈을 주는 사건이었다.

육아휴직자에 대한 인사 불이익 대응

병원 사측은 2014년 3월 정기인사에서 3개월 이상 육아 휴직자 21명을 규정과 관례를 들먹이며 승진승급 대상에서 제외했다. 노동조합은 3월 정기인사 발표 전 사전통지서를 통해 이 같은 사실을 확인하고 단체협약과 남녀고용평등법을 위반을 지적하며 시정을 요구했다. 그러나 병원은 부당한 인사를 강행했다.

노동조합은 당사자들과 간담회를 진행한 후 공공운수노조 여성국과 함께 3월 8일 여성의 날에 맞추어 여성가족부에 시정권고 진정을 접수했다. 아울러 국가인권위원회에 법으로 보장된 육아휴직을 사용했다는 이유만으로 승급에서 배제되는 부당한 차별을 시정해줄 것을 요구했다. 인권위원회는 노사 간 입장을 유선으로 몇 차례 확인하고는 "차별이 인정되나 다른 정부기관에서 다루고 있는 사안이라 중복되는 조사 또는 결론을 내리기 어렵다"며 진정을 기각했다.

여성가족부는 육아휴직자 인사 배제는 남녀고용평등법과 법으로 정한 육아휴직 취지에 어긋나므로 육아휴직자 차별에 대해 개선할 것을 울산대학교병원 인사팀에 권고했다. 그러나 병원 측은 권고를 따르지 않았고 이에 여성가족부는 고용노동부로 사건을 이관처리 했다. 이후 고용노동청 울산지청 담당관이 두 차례 조사 후 결론을 내려했으나, 병원이 고용노동부 중앙에 다시 질의를 보내어 최종결정이 늦어졌다.

사건은 2014년 11월이 되어서야 최종결정이 났다. "울산대학교병원 2014년 인사승진에서 육아휴직을 이유로 누락된 21명에 대해 연한(자동)승진을 소급하여 시행하고, 자동승진 누락으로 인해 지급되지 않은 호봉승급분과 수당증가분을 소급 지급하라"라는 내용이었다. 이에 병원은 고용노동부의 결정에 따라 11월 임금을 소급해 지급하고 추가 승급을 시행했다.

여성가족부 선전전(공공운수노조)

법에도 명시된 차별 금지임에도, 부당인사를 끝까지 고집하다가 정부 기관으로부터 강제시정 요구를 받고 나서야 마지 못해 수용한 것이다.

강압적인 전환배치

2015년 12월 장기근속 직원들이 야간업무가 필수적인 병동으로 전환 배치됐다. 과정에도 문제가 많았다. 통상적인 규정과 관례에 따르면 전환배치 전에 반드시 당사자의 동의를 받아야 함에도, 병원은 전혀 동의를 구하지 않았다. 오히려 전환배치를 거부하면 관리자와 의료진이 번갈아가며 찾아와 압박했다. 큰소리 내는 일은 물론 각종 부당한 부가업무를 요구하며 괴롭혀 결국 본인의 동의를 받아냈다.

상대적으로 연령이 높은 고 연차 직원들을 병동으로 배치하자 여러 가지 문제가 발생했다. 오랫동안 병동업무를 하지 않았고 신체 기능의 저하로 인해 업무 적응에 상당한 어려움을 겪어야 했다. 야간노동으로 인한 불규칙한 생활은 건강을 위협했다. 또한 적응이 더뎌 업무가 원활하지 못하다보니 주변 동료들에게 업무가 가중되기까지 했다.

오랫동안 병원 발전에 헌신해온 직원들을 적응조차 어려운 곳으로 전환배치한 것은 잔인한 구조조정이자 개인에 대한 모욕이었다. 장기 근속자에 대한 예우와 배려가 없는 조치는 결국 조직에 대한 전체 구성원들의 신뢰를 떨어트릴 수밖에 없다. 이를 간과한 잘못된 인사 조치였다.

울산대학교병원의 2015년 병동근무자중 만 39세 이상은 34명으로 전체 병동근무자의 5%를 차지했다. 45세 이상은 7명으로 병동근무자의 1% 정도에 불과했다. 장기근속 직원들이 담당하는 야간근무 일수는 한 달 평균 2.8개로, 장기근속자들을 야간 근무에서 제외하더라도 다른 직원들이 추가 부담해야 하는 야간 근무일수는 1인당 연 2일 정도였다.

노동조합은 장기근속 직원들을 야간근무에서 제외하는 것이 가능하다고 판단했다. 노동조합의 병원 측에 노사협의회를 요구했다. 노동조합의 요구는 만 40세 이상 노동자 야간근무 금지와 부당한 인사배치 원상회복이었다. 병원은 일부 근무자를 야간근무에서 배제할 경우 다른 직원들이 피해를 본다며 노동조합의 요구를 거부했다. 인사이동 과정에 있어서도 당사자 의견을 충분히 듣지 못한 것은 유감이라 밝혔으나 전환배치를 되돌릴 수는 없다는 입장이었다.

노동조합은 해당 조합원의 동의를 받아 야간근무 동의를 철회한다는 취지의 공문을 병원에 발송했다. 근로기준법 제70조 1항에 따르면 18세 이상의 여성에게 야간노동(오후 10시부터 오전 6시까지) 및 휴일노동 시키려면 반드시 동의를 받아야 한다. 이에 따라 노동조합은 동의 철회 공문을 보낸 것이다.

이 문제를 둘러싼 갈등은 2016년 임단협까지 계속됐다. 임단협에 가서야 병원 사측은 45세 이상 여성노동자들을 야간근무에서 제외하겠다는 입장을 밝혔다.

병원의 인사관리가 관리자의 개인적인 이해와 특정 직종 특히 일부 의사들의 권력형 갑질에 의해 단행되는 것이 아닌가 하는 의심이 많았다. 특히 2015년 말부터 2016년 2월까지 진행한 병원의 일방적인 인사조치는 강압 또는 권력형 인사를 통해 구성원들을 통제하고 제압하려는 시도였다. 이런 인사이동은 조직에 대한 신뢰에 영향을 미칠 뿐 아니라, 조직 전반에 불합리함을 가중시켜 결국 부패와 비리로 이어지게 한다. 그러나 이를 우려한 노동조합의 요구와 제안을 병원은 진지하게 검토하려 하지 않고 오히려 경계했다.

3) 리베이트

2014년 5월 12일 노동조합에 등기우편으로 리베이트 관련 제보가 들어왔다. 병원 측에도 동일한 내용의 제보가 접수됐다. 병원 교수이면서 전 부원장인 김OO이 검사 외주 업체로부터 부당한 이득을 취해왔다는 것이다. 제보 문서에는 김OO에게 수천만 원을 지급한 모 회사의 지급 결의서가 함께 들어있었다.

노동조합은 즉각적으로 병원장을 면담하고 철저한 조사와 사법처리를 요구했다. 병원장은 곧바로 당사자를 불러 사실여부를 확인하고 사직 권고하였다. 김OO은 사직했으나, 노동조합은 권고사직보다는 징계위원회에 회부와 사법 처리가 정당한 절차라 판단했다. 그래서 퇴사한 김OO의 사법 처리와 재발방지를 위한 대책수립을 요구했다. 노동조합이 이렇게 요구한 것은 과거 모 일반과장이 금품수수를 한 사건에 병원이 사법 처리와 환수조치를 한 전례가 있기 때문이었다.

그러나 병원은 김OO 리베이트 사건이 공소시효 5년이 지났다며 사법처리를 거부했다. 노동조합은 부원장 재임 시기 업무상 배임은 공소시효가 7년으로 사법처리가 가능하다고 반박했으나, 병원은 미온적인 태도로 아무런 조치도 하지 않았다.

2014년 9월 11일 제8차 임시 대의원대회에서 김OO 리베이트 사건을 노동조합이 직접 사법기관에 고발할 것을 논의했다. 그러나 당시 울산대학교병원은 상급병원 승급 평가를 받는 중이었으며 "리베이트 사건이 발생한 병원은 상급병원 심사에서 제외한다."는 보건복지부장관의 발표가 있었다. 대의원들의 의견으로 '지금 시점의 사법처리가 의도와 다르게 상급병원 승급 결정에 영향을 미칠 수 있다.'는 우려가 제기되었다. 논의 끝에 상급병원 결정 후에 사법처리를 재논의하기로 결정하였다.

상급병원 결정이 끝난 2015년 3월 노사협의회에서 노동조합은 다시한 번 김OO의 사법처리와 부당이득 반환을 요구했으나 병원은 또다시어떤 조치도 없었다. 2015년 4월 리베이트 당사자의 건강이 악화(간경화로 인한 간이식)되고, 일정 금액을 병원에 기부하면서 사법적 처리는 무기한 연기된다.

2015년 말 병원은 일정 금액 이상을 기부한 사람들을 기리는 기부벽을 설치하였다. 노동조합은 병원 직원들과 관련 업체들 사이에 경쟁적으로 기부를 부추길 수 있다는 이유로 기부 벽 설치를 반대하였다. 그러나 병원은 기부 벽 설치를 밀어붙였고, 직원들은 완공된 벽을 보고기가 막혔다. 병원이 불명예 권고사직 당한, 사법처리를 모면할 요량으로 수수한 금품의 극히 일부를 기부한 김OO을 기부자 명단에 올린 것이다. 참으로 어이없는 일이었다.

직원들은 리베이트 사건의 당사자까지 기념하는 것을 보며 경영진의도덕적인 기준에 의구심을 가질 수밖에 없었다. 노동조합은 기부 벽에 등재된 김OO을 삭제할 것을 요구했다. 김OO 기부내용은 그 뒤로 1년이 지나서야 삭제되었다.

5. 11대 집행부의 투쟁

1) 2014 임단협

경영위기 주장과 통상임금 정상화

2014년 4월 사측은 2013년 경영실적을 발표했다. 5억 원 적자 경영 위기설이 유포됐다. 병원의 의도는 경영위기설을 시작으로 조합원들이 고대하고 있는 임금인상과 통상임금 적용의 요구를 사전에 차단하려는 것이었다. 병원은 각종 선전물과 부서장 회의 또는 UM교육을 통해 경영위기를 유포했다. 경영위기설은 중간관리자들을 완전히 세뇌했다. 노동조합은 조합원 교육, 간담회, 선전물을 통해 사측이 발표한 경영실적 보고에 의문을 제기했다. 매출 성장과 환자 증가 등 근거를 제시하면서 오히려 작년과 올해 개원 이래 최대의 성장을 맞았다는 것이 노동조합의 주장이었다.

2014년 노동조합의 핵심적인 요구는 통상임금 정상화와 임금 인상, 하위호봉제 철폐, 어린이집과 기숙사 신축, 인력충원이었다. 또한 정부가 보건의료 서비스 투자활성화 대책을 발표하고 병원이 영리 자회사를 설립할 수 있도록 의료법 시행령을 개정함에 따라 '영리자회사를 설립하지 않겠다.'라는 요구를 명문화 하여 의료 민영화 반대의제를 쟁점화 하고자 했다.

상여금을 통상임금으로 적용하는 문제는 조합원들의 최고 관심사였다. 노동조합은 상여금 700%와 성과급 150%를 상여금에 적용할 것을 요구하였고, 사측은 1차안을 제시하면서 상여금을 통상임금에 적용하는 것을 포기하는 조건으로 상여금 100%를 인상하자는 안을 제시했다. 사측의 이런 기만적인 제시안은 '올바른 통상임금적용이냐?' '상여금

100%인상이냐?'를 놓고 조합원간 갈등을 유도하였다.

임단협 과정에서 사측은 노동조합이 쟁점화 하고자 했던 영리 자회사와 관련한 요구는"영리 자회사를 설립할 계획도 없고 할 생각도 없다"며 쟁점을 조기에 비켜갔다. 사측은 노동조합이 조정신청을 할 때까지 영리자회사와 통상임금 관련 외에는 노동조합의 요구를 철저히 무시했다.

노동조합은 쟁의행위 찬반투표를 진행해 조합원의 95% 투표라는 최대 참여를 이끌어냈다. 이 중 72% 조합원이 쟁의행위에 찬성했다.

정경유착의 결과 필수유지업무 제도

2014년 임단협 투쟁에서 울산대학교병원은 노동위원회에 필수유지업무 결정 신청을 했다. 필수유지업무 제도란 철도 항공 보건 금융 등 필수공익사업장으로 지정된 사업장에서 일부 조합원들의 파업권을 차단하여 업무가 유지 될 수 있도록 한 제도로 노동자의 기본권인 파업권을 파괴하는 악법이다. 이 제도는 수많은 공공부문 노동자들의 반대 투쟁에도 아랑곳하지 않고 노무현 정권 정부 발의에 의해 2006년 12월 국회에서 보수 정치세력들이 일방통과 시켰다.

2007년 시행되었으나 울산대학교병원분회가 신청한 것은 처음이었다. 필수유지업무 결정이 1개월 이상 미뤄지자 병원은 결정이 나오지 않았다는 이유를 들어 노동조합의 쟁의 활동을 불법으로 몰아갔다. 파업 일정이 임박해 필수유지 인력기준이 결정됐다. 병동의 경우 필수유지 인원이 타 병원보다 낮거나 유사하였으나 약국과 영양실, 진단검사학과, 진단방사선과의 유지율은 더 높게 결정되었다. 병원 사측의 집요한 요구를 지방노동위원회가 반영한 결과였다.

현장투쟁과 탄압

노동조합의 요구를 선전하고 사측을 압박하기 위한 행동으로 중식집회와 식당 선전전을 진행했다. 중식집회는 총 10회에 걸쳐 진행했는데 최대 100여 명의 조합원들이 함께했다. 조정만료일인 10월 1일 조합원들의 투쟁 의지를 한곳에 모으기 위해 결의대회를 개최하였다. 200여 명의 조합원이 함께해 사측의 불성실한 교섭 태도를 규탄하고 투쟁 의지를 다졌다.

영양실 조합원들은 하위호봉 철폐를 위한 투쟁을 적극적으로 진행했다. 중식집회에 반드시 참여하기, 퇴근 후 아트리움로비 농성장에서 노동가배우기, 투쟁구호외치기, 병원로비에 "하위호봉 철폐" 대자보를 비롯한 선전물 부착하기 등 차별적인 임금체계를 반드시 회복하겠다는 의지를 표현했다. 영양실 조합원들의 하위호봉 철폐에 대한 강한 의지는 2014년 투쟁에 매우 중요한 동력으로 작용하였다.

하위호봉 철폐

10월 7일 간부 파업 및 단체복 입기 투쟁에 돌입했다. 단체복 입기 첫날인 7일 새벽 3시부터 노동조합 간부들은 현장순회를 진행하며 아침 출근자들에게 파업을 알리고

중식 보고대회

단체복 입기를 독려했다. 그러나 불법 운운하는 병원의 집요한 탄압으로 단체복을 입었던 조합원들이 다시 단체복을 벗는 일들이 일어났다. 10월 7일 하루 동안 이런 일은 반복됐다. 결국 조합원들의 불편을 생각한 노동조합이 단체복 입기 독려 활동을 중단했다. 단체복 착용에 대한 충분한 교육과 간담회가 진행되지 못하고 홍보할 시간이 부족했다. 사측의 부당노동행위에 대한 강경한 대응도 미흡했다. 이러한 점이 반성과 개선할 사항으로 남았다.

이후 대의원 상집간부 파업은 부당노동행위를 규탄하며 병원장실과 간호부, 병동 항의방문으로 이어졌고 로비농성, 토론을 함께 겸했다. 헌신적으로 간부들이 참여하였으나 일부 대의원들은 현장 탄압과 업무상 어려움 때문에 참여하지 못했다. 간부파업에 끝까지 함께한 간부들은 이 과정에서 사측의 탄압에 저항의식을 강고히 했고, 향후 노동조합

투쟁에 원동력이 되었다.

11월 18일 파업전야제가 개최됐다. 조합원 240여 명과 연대단위, 그리고 민들레분회 조합원들이 함께했다. 오후 11시경 접근 안이 마련됐다. 파업전야제 후 대기하고 있던 쟁대위 위원들과 논의 후 대의원 찬반투표를 진행했다. 16명의 찬성. 14명의 반대로 잠정합의안이 가결되었다. 조합원 찬반투표는 72%로 가결되었다.

요구와 쟁취

임금은 호봉승급분을 제외한 기본급 38,510원과 상여금 50%를 인상해 기본급 85,000원 정도의 인상효과를 만들었다. 상여금은 500%를 2년에 걸쳐 상여금에 적용하기로 결정했다. 인력충원 문제에 있어서는 병동 근무자들의 부족한 휴일 해결과 3급 병원 승급에 따른 간호등급 1등급 승급, 부서별 인력을 요구했다. 노동조합의 집요한 요구에 사측은 구체적인 인력 충원을 약속하고 회의록에 명시하는 것으로 정리하였다.

노동조합은 하위호봉 철폐는 물론, 어린이집, 장례식장에서 일하는 별도 직군에 대한 임금체계까지 통합하여 단일체계로 하자고 요구했다. 상대적으로 더 많은 차별을 겪고 있는 영양실 조합원들의 분노와 적극적 활동이 하위호봉 문제를 쟁점화 시키는 데 중요한 역할을 했다. 영양실 조합원들은 2014년 한 호봉 추가 승급과 연 2호봉 승급을 쟁취하고 하위호봉의 친절봉사 수당을 신설하였다. 2014년 하위호봉 직종의 처우개선 요구와 투쟁을 시작으로 하위호봉 문제 해결의 실마리를 마련했다.

어린이집과 기숙사 신축 관련해서 노동조합은 병원의 경영이 어렵지 않고 건축자금이 일시적으로 필요하다면 퇴직충당금 중 일부를 사용해서라도 건축하자는 입장을 제시하였다. 그러나 병원은 자신들이 필요

2014 간부파업 원장실 항의 방문

할 때는 퇴직충당금을 운영자금으로 사용할 수 있다고 해왔음에도 노동조합의 요구는 끝내 받아들이지 않았다. 기숙사와 어린이집 신축 요구는 쟁취하지 못했지만 향후 병원 발전 계획을 수립 할 때 우선적으로 고려한다는 약속을 받아냈다.

투쟁기금과 노동조합 탈퇴

투쟁의 성과도 전 조합원이 함께 누리고 투쟁의 피해도 전 조합원이 함께 책임진다는 의미에서 투쟁기금 마련과 무노동무임금에 따른 손실 분담금을 나누기 위한 조합원 서명을 진행했다. 대부분의 조합원들이 동참했지만 연락이 되지 않는 조합원 1명과 금액이 확정되면 현금으로 내겠다는 1명을 포함해 8명이 서명하지 않았다. 끝내 투쟁기금 납부를 거부한 조합원 2명은 노동조합에서 탈퇴했다. 임단협 투쟁이 끝난 후 대의원대회에서 1인 당 34,000원의 투쟁기금을 결정하였다.

투쟁기금과 관련해 2명의 탈퇴자가 발생하였지만 99%의 조합원이 동참, 2014 투쟁을 전 조합원이 함께했다는 의미를 살릴 수 있었다.

2) 2015 임단협

2015년 상황

2014년은 그동안 바닥으로 가라앉아 있던 노사관계 문제들이 수면 위로 부상한 한해였다. 병원은 2014년 경영이 5억 적자를 기록했다고 했지만, 실질적으로 보유한 현금이 684억임이 드러나면서 병원 경영이 결코 어렵지 않다는 것이 밝혀졌다.

울산대학교병원은 2015년 1월 3차병원으로 승격되었다. 병원은 상급병원이 되어 의료수가가 상향되면 외래환자와 입원환자가 줄어들 것이라며 경영위기를 선동했다. 그러나 타 상급병원을 보아도 알 수 있듯이 환자 감소는 상급병원이 된 직후 몇 개월간 일어나는 일시적인 현상이다. 노동조합은 울산지역에 상급병원이 유일한 상황에서 환자 증가가 더 빠르게 나타날 것으로 예상했다.

선택 진료비는 2014년도 축소되고 2015년 8월에도 축소되었다. 이에 따른 손실 발생도 작년에 경험했듯이 상급병원의 경우 오히려 중증환자에 대한 수가를 추가 적용받으면서 수익이 늘어난 측면이 있다. 보건복지부는 병원의 수익이 줄어든다면 추가적인 수가 보전을 해주겠다는 방침이었다.

노동조합의 예상대로 울산대학교병원은 권역응급의료센터, 국가입원치료병상, 울산지역암센터, 신생아집중치료센터, 소아전용응급실, 호스피스완화의료기관, 권역외상센터 등 국책사업을 유치하여 100억

원 이상 국고 지원금을 받았고 지역암센터 명목으로 울산시에서 7억 원을 지원받았다. 이러한 지원금은 모두 울산시민의 세금에서 나온 것이다. 더욱이 울산은 공공병원이 없는 도시이기에 공공의료 수행자로서 울산대학교병원에 거는 기대가 더 클 수밖에 없다.

그러나 울산대학교병원은 늘 그랬듯이 경영의 어려움을 이야기하면서 긴축경영을 주장하였다. 2014년 녹색경영 선포식을 거행하고 잔반 줄이기, 전등 끄기, 엘리베이터 안 타기, 수돗물 줄이기 등등 경영위기 분위기를 만들었다. 2015년에는 메르스를 빌미로 비상경영을 선포하고 미화노동자 임금축소, 연장근로 축소, 저가 재료 사용, 재료 대 수가 적용, 인력채용 동결 등 본격적으로 허리 졸라매기를 강요했다.

그런 와중에 현대중공업의 노동환경 변화는 울산대학교병원 노동환경 변화를 예고하고 있었다. 현대중공업은 2014년 말 전격적으로 과장급 이상 직원들에게 성과연봉제를 시행했다. 동시에 희망퇴직을 신청받고 퇴출프로그램을 가동시켰다. 2014년에 이어 2015년 초에도 1,500여 명의 직원을 감원하겠다는 계획을 세우고 추진했다. 경영 악화를 핑계 댔지만, 현대중공업의 구조조정은 박근혜 정권이 추진하는 노동시장 개악의 내용과 너무나도 유사했다. 현대중공업은 이미 2014년 성과연봉제를 추진하면서, 2015년 계열사까지 확대한다는 방침을 밝힌 바 있었다. 2015년 박근혜 정권의 노동자 죽이기 정책과 현대중공업의 구조조정은 울산대학교병원 노동자들을 위축시키고 있었다.

울산대학교병원분회 조합원은 2015년 1월 조합비 납부 기준으로 1,105명이었다. 새로운 병동 오픈으로 인해 2015년 한 해 동안 30~50명 정도 직원이 더 늘어날 것으로 예상되었다. 2014년 투쟁에서 확인했듯 병원 규모가 커짐에 따라 직종 간 이질감은 높아졌다.

노동조합 상집간부들의 집행력은 회계감사 2명을 제외하고 임원 포함 15명이었다. 대의원은 조합원 20명 당 1명으로 배정되었지만, 조합원이 늘어나면서 대의원 배정을 하지 못한 곳이 있었다. 1,100명 기준 55명이 되어야 하지만 44명인 상태였다. 2015년 13명의 대의원이 교체되거나 새롭게 선출되었다.

"메르스"

① 메르스 공포

2015년 5월 말 신종 전염병인 메르스에 대한 공포가 확산됐다. 메르스 공포가 전면화 된 6월 초부터 노동조합은 의료연대본부와 긴밀히 소통하면서 조합원과 환자들의 안전 대책을 논의했다. 의료연대본부는 전 사업장에 긴급 노사협의회 개최를 결정하고, 울산대병원분회 또한 병원에 긴급 노사협의회 개최와 구체적인 안전대책 마련을 요구했다.

병원은 원무과 등 환자를 직접 대면하는 부서 직원들에게 메르스 공포 분위기를 조성한다는 이유로 마스크를 지급하지 않았다. 노동조합은 즉각 항의하여 마스크 지급을 쟁취했다. 한편으로는 긴급 대의원대회를 열어 당시 진행하던 조정신청을 철회하면서까지 메르스 안전 대책에 집중하는 분위기를 조성했다. 특히 하청노동자들에 대한 안전 대책이 메르스 공포가 확산된 1주일이 지나도록 수립되지 않자, 민들레분회와 함께 마스크 지급, 휴게실 사용수칙, 응급실 청소 문제 등에 관한 대책 마련을 요구하였다.

메르스 관련 울산민들레 분회 요구

메르스가 유행하고 있는 가운데 조합원들은 감염에 노출될 지도 모른다는 불안감에 싸여 근무하고 있습니다. 울산대학교병원 정규직원들은 병원 차원에서 감염 예방을 위한 여러 가지 대책을 세우고 있고 환자 상황을 수시로 통보받고 있습니다. 그러나 울산 민들레분회 조합원들은 병원의 감염 예방 대책에서 제외된 것처럼 일체의 어떤 대책도 없습니다.

감염 예방과 사건발생 시 대책을 위해 아래와 같이 조치해주실 것을 요구합니다.

– 아래 –

– 메르스 보호구 지급

– 메르스 환자 상황 공유

– 메르스 관련 특별 안전 교육 실시

– 정규직원과 동일한 체온 관리

– 감염 시 공상 처리 및 위로 휴가

울산대학교병원에서는 환자가 발생하진 않았지만 의심 환자 정보를 정확하게 공개하도록 하고, 노동조합이 나서 지역 사회에 관련 소식을 투명하게 알려냈다. 메르스 공포가 확산되던 6월 초 '울대병원에 메르스 환자가 있는데 사실을 숨기고 있다'는 유언비어가 돌았다. 메르스에 대한 공포가 극심하던 시기라 유언비어는 울산 전체로 급속하게 확산됐다. 병원 측은 매우 난감해하며 노동조합에 도움을 요청해왔다. 노동조합은 격리 병실과 메르스 진료실 현장을 방문해 환자의 내원 여부를 확인하고 "울산대학교병원에는 메르스 환자가 없습니다"라는 내용의 입장서를 발표했다. 울산지역 각 사업장별 노동조합에도 광고를 요청하였다. 그 후부터는 주 2회 정도 병원으로부터 정보를 제공받아 메르스 의심 환자의 입퇴원 동향을 투명하게 공개했다. 노동조합이 공식 입장을 발표함으로써 울산대학교병원은 지역 주민들의 신뢰를 효과적으로 확보할 수 있었다.

※ 경과

6월 3일: 메르스 관련 울산대학교병원노동조합 입장 발표

6월 8일: 메르스 관련 긴급 노사협의회 개최

6월18일: 메르스 대응 위한 조정신청철회 및 기자회견

6월18일: 메르스관련 청소노동자 요구서 발송

6월24일: 병원 비상경영 선포

7월 8일: 메르스 경영위기 노동자에게 전가 말라 포퍼먼스

7월17일: 메르스 경영위기 정부가 책임져라 전 직원 서명운동시작

8월20일: 메르스로 인한 병원경영위기 정부(울산시)가 책임져라!

　　　병원경영자들은 메르스 경영책임을 노동자에게 전가 말라!

　　　울산지역 병원 노동조합 합동 기자회견

※ 울산대학교병원분회 메르스 관련 노사협의

－ 메르스 상황 일일 노조 보고.

－ 메르스 의심환자 내원 상황 즉각 보고.

－ 메르스 관련 매뉴얼 작성 및 공개.

－ 병원에 근무하는 모든 노동자 마스크 및 세정제 지급.

－ 메르스환자 들어오면 C급 방호복 지급.

　② 메르스 경영위기를 노동자에 전가한 울산대학교병원

　메르스가 진정 국면을 보이기 시작한 6월 말, 병원 사측은 경영 위기를 운운하며 비상경영체계로 돌입했다. 동시에 청소노동자들의 임금을 삭감했다. 퇴근시간을 30분 당겨서 매일 고정적으로 지급하던 연장근로 수당을 지급하지 않겠다고 한 것이다. 병원은 오후 5시 30분까지 진료를 보는데 청소노동자들은 5시에 퇴근하라고 했다. 청소노동자들은

매월 6만 원 정도 임금을 삭감 당하게 되었다. 민들레분회는 병원의 이런 결정에 심각한 배신감을 느껴야했다. 메르스 공포가 온 나라를 휩쓸고 있을 때 병원의 청결을 책임졌던 노동자들의 노고를 치하하진 못할 망정, 경영이 어려워질 것이라는 예측만으로 가장 먼저 청소노동자들의 쥐꼬리 임금을 잘라먹으려 한 것이다. 민들레분회는 피켓을 들고 병원 곳곳에서 일인시위를 했다. 사측의 비상경영선언은 전기 아껴 쓰기, 승강기 안 타기, 수돗물 절약하기를 비롯해 연장근로 자제, 연차 사용, 저가 의료재료 사용 등으로 이어졌다. 관리자들은 병원노동자들에게 연장노동 수당을 청구하지 못하게 했다.

민들레분회와 울산대병원분회는 공동으로 비상경영 철회 중식집회를 가지고 수당 신청의 자유 보장, 메르스 당직비 우선 지급, 저가 재료 사용 중단, 일방적 청소업무 근로시간 변경 철회, 임금삭감 즉각 중단을 요구했다. 또 전염 가능한 질병의 총체적 관리를 위해 병원 업무 외주화 철회도 요구로 내걸었다.

병원 측은 교섭 자리에서 메르스로 인해 병원경영이 악화되었다며 어쩔 수 없다는 입장이었다. 노동조합은 메르스는 국가적 문제이므로 정부에 노사 공동으로 메르스로 인한 손실 비용을 요구하자고 제안했다. 그러나 병원 행정부원장은 "정부 입장은 메르스 환자가 있었던 병원에 한해 지원하는 것이고, 우리처럼 환자가 없는 병원은 비용 지원대상이 아니다"라며 노동조합의 제안을 거부하였다.

③ 메르스 경영위기 박근혜정부가 책임져라!

"메르스 경영 위기 박근혜 정부가 책임져라!" 노동조합은 전 직원 서명운동을 했다. 조합원 서명운동을 통해 모아진 의견을 공표하고 정부기관에 공식적으로 요구하기 위한 기자회견을 진행했다. 기자회견은

비상경영 선언 반대 민들레분회 중식 집회

공공운수노조 의료연대본부 울산대학교병원분회, 울산민들레분회, 보건의료노조 울산경남본부 동강병원지부, 울산병원지부, 울산 내 병원 노동조합과 공동으로 하였다.

　"메르스로 인한 병원경영 위기 정부(울산시)가 책임져라!"라는 제목으로 진행된 기자회견에서는 노동조합은 아래와 같이 요구했다. 1) 정부와 울산시는 메르스 예방 당직비를 즉각 지급하고 메르스로 인한 병원 피해를 즉각 보전하라 2) 감염병 예방과 치료에 필요한 물품들을 무상으로 제공하라 3) 병원사용자들은 메르스 경영위기를 노동자에게 전가마라 4) 감염병 관련 병원노동자 보호 및 보상대책을 수립하라 5) 감염병의 총체적 관리를 위해 병원업무 외주화를 금지하라.

　노동조합의 주장에 기자회견장에 참석한 울산시 보건관리 책임자는 울산에 메르스 환자가 없었기 때문에 정부가 지원할 이유가 없다고 답

메르스 관련 울산지역 병원노동조합 합동 기자회견

변했다. 이에 이장우 분회장은 "울산지역 병원들이 메르스와 관련해 예방대책을 세우고 병원노동자들이 연장노동에 대한 대가도 받지 못하고 일한 것은 오로지 국민건강을 위해서였다"며 "정부 당국이 각 병원에 요구한, 정부가 해야 할 일을 병원노동자들이 대신한 것이다"라고 받아쳤다. 이에 울산시 관계자는 병원별 실태조사를 통해 중앙정부에 보고할 것이며, 지원대책은 중앙정부에 방침에 따라 결정될 수밖에 없다고 주장했다.

얼마 후 정부는 메르스 환자가 발생하지 않은 병원에도 병원이 사용한 예방 비용을 지원하겠다고 발표했다. 울산대학교병원은 메르스 비용을 지원받고 나서야 직원들의 당직비를 지급했다.

울산대병원, 메르스 경영위기 노동자에 전가

울산대학교병원은 메르스를 빙자한 경영위기를 노동자들과 환자들에게 전가하는 비상경영 철회하라고 촉구했다.

지난 6월부터 전국을 강타한 메르스는 전 국민들에게 바이러스에 대한 공포 확실하게 각인 시켰다. 많은 병원들이 메르스로 인해 경영위기를 겪고 있으며 또한 메르스 환자가 입원한 병원은 70%가량의 환자감소를 메르스 환자가 없는 병원에도 30%에 가까운 환자를 급감시켰다.

한편, 전국적인 병원 환자 감소는 건강보험재정의 막대한 흑자를 발생시킬 것으로 예상되고 있다.

울산대학교병원도 메르스 여파가 확산되던 시기 인 6월 둘째 주부터 7월 첫째 주까지 약 4주간 외래환자가 20%~30%가량 줄어들고 입원환자도 5%~10% 정도 줄어들었다.

울산대병원은 이러한 경영위기에 대응하기 위해 지난달 24일 비상경영을 선포했다. 울산대병원이 발표한 비상경영 세부사항에는 신규채용금지, 연장근로금지, 연차휴가 사용독려, 저가재료사용, 수가적용재료사용 등이 있다.

비상경영으로 인해 첫 번째 날벼락을 맞은 사람들은 울산대병원의 청소노동자 들이었다. 지난 6월 24일 비상경영을 선포하고 6월 25일 청소도급업체 노사 상견례에서 일방적으로 근무시간을 조정한 임금삭감을 발표했다.

병원직원들은 환자를 치료하는 병원특성상 연장근로가 발생할 수밖에 없음에도 연장근로 금지라는 비상경영세부방침 때문에 연장근로를 하고서도 연장근로를 신청하지 못하는 사례가 속출하고 있다. 심지어 메르스로 인해 별도의 당직번을 구성해 병원입구를 지키고 메르스 확산 방지를 위해 노력했으나 일괄적인 연장근로 수당지급 요구에 정부지원만 바라보고 있다.

의료연대본부 울산대학교병원분회는 "저가 재료사용은 노동 강도를 가중시키

거나 환자에게 불필요한 위험을 초래 할 수도 있을 뿐 아니라 수가적용재료사용
은 환자들의 의료비증가로 이어질 것"이라고 강조했다.

이들 병원분회는 "울산대병원이 경영위기라면 병원노동자들과 환자들에게 책
임을 물을 것이 아니라, 메르스 초기 대응에 실패해 메르스 공포를 확산시킨 정
부에 책임을 묻는 것이 합당하다"고 밝혔다. 울산대병원 노동조합은 "메르스를
빙자해 경영 위기라며 비상경영을 선포하고 노동자들과 환자들에게 책임을 전가
하려는 경영진을 규탄한다."고 덧붙였다.

지난 10년간 사스와 신종플루에 시달려왔지만 병원에 찾아오는 환자가 급감
할 정도로 공포가 확산된 것은 처음이었다.

울산대학교병원노동조합은 "메르스 초동 대응 실패로 메르스를 확산시키고
전국적으로 병원의 경영을 어렵게 한 정부의 무능함을 규탄한다."고 강조했다.

공공운수노동조합 의료연대본부 울산대학교병원분회는 "메르스 경영위기 박
근혜정부가 책임져라" 라는 제목으로 전 조합원 서명과 더불어 환자보호자 서명
운동을 전개하고 청와대에 전달할 것"이라고 밝혔다.

김홍영 기자, 〈울산광역매일신문〉, 2015년 7월 14일자 기사

외주화저지 투쟁

병원은 2015년 3월 5일 노사협의회에서 응급실 안내와 전화예약 업
무를 외주화 하겠다고 발표하였다. 병원은 전화 예약 업무 외주화를 정
당화하기 위해 전문적인 업체 선정을 통한 업무의 전문성을 향상할 것
이라 했다. 응급의료센터 안내 인력 외주화는 응급실 폭언·폭행을 효과
적으로 대응하기 위해서라 주장했다.

노동조합은 인력 충원으로 콜센터도 응급실도 문제를 해결할 수 있
음에도, 전문성을 운운하며 외주화를 추진하는 것은 기만이라 반박했
다. '외주화 진행 시 노동조합과 합의한다.'는 단체협약 또한 위반한 것

병원업무 외주화 반대 환자보호자 선전전

이기에 병원이 일방적으로 추진하는 외주화에 동의할 수 없다는 입장을 밝혔다.

노동조합은 서명 운동, 스티커 붙이기, 환자보호자 선전전, 외주화 반대 기자회견, 1인 시위, 로비농성을 진행했다. 외주화 문제는 2015년 임단협 핵심 사안으로 부각되었다. 9월 14일부터는 "나의 신상정보와 질병정보를 울산대학교병원과 건강보험공단을 제외한 다른 곳으로 이전하는 것을 거부한다"라는 내용의 환자와 보호자 대상 서명운동을 전개하였다. 300여 명의 환자보호자들의 서명을 모아 병원경영진에 전달하였다.

10월 15일 노동조합이 전면 파업에 돌입하자, 병원은 전격적으로 전화예약 업무를 외주업체로 이관했다. 전면파업과 간부파업을 거쳐 2015년 임단협 교섭을 마무리하면서 시행 1년 후 재논의하기로 했다.

병원업무 외주화 규탄 기자회견

2016년 1년이 지난 시점 재논의 과정에서 노동조합은 콜센터와 응급실 보안 인력을 직접고용 정규직화해야 한다는 입장을 고수했고, 사측은 업무의 원활함과 인건비 절감을 이유로 외주화 유지를 주장하였다. 결국 합의점을 찾지 못하고 외주화 논의는 실종됐다.

울산대학교병원 주요업무 외주화 규탄 기자회견문
2015년 5월7일 11시 울산시청 프레스센터

울산대학교병원은 콜센터 및 응급의료센터 안전인력 외주화를 즉각 중단하고 정규인력을 충원하라!

울산대학교병원은 노사협의회를 통해 전화예약부문을 확대한 콜센터 및 응급의료센터 안전인력을 외주화 하겠다는 입장을 밝혔다. 울산대학교병원의 외주화 계획은 노사 간에 합의한 단체협약을 위반하는 불법행위이며, 의료정보 유출 위험 및 서비스 질 저하 등 부작용이 우려되며, 인건비 절감 효과 또한 확인되지 않았다는 점에서 정당성이 없다. 울산대병원 노동조합은 울산대병원의 계획이 지역 중심 의료기관으로서 책임을 져버리는 탈선행위라고 판단하며, 외주화 계획을 즉각 철회할 것을 요구한다.

울산대학교병원의 외주화 계획은 단체협약을 위반하는 불법행위다.

울산대학교병원 노사가 합의한 단체협약에는 "병원은 파견이나 일반용역지화 할 수 없다"는 약속과 "외주화 할 경우 사전에 노사 합의하여 결정한다."는 협약이 명시되어있다. 그러나 울산대학교병원 사측은 단체협약을 일체 무시하고 한 번의 노사협의회와 두 번의 생색내기 면담만을 끝으로 합의되지도 않은 사항을 일방적으로 비밀리에 추진했다. 이는 엄연한 단체협약을 위반하는 불법 행위다.

콜센터 외주화는 환자 정보 유출의 위험성을 높인다.

콜센터를 외주화하면 환자들의 질병정보가 담긴 전산망을 외주업체와 연결해 외주업체 직원들이 환자들의 질병정보와 신상정보를 보면서 상담하고 안내해야한다. 이는 환자들의 의료정보가 병원이 아닌 외주업체로 넘어가는 것을 의미한다. 정보유출이 일어나지 않도록 보안을 철저히 한다지만, 민감한 의료정보를 병원이 아닌 외주업체로 넘긴다는 것 자체만으로도 우려되는 것이 적지 않다.

진료상담 등 사전 의료행위와 같은 주요업무를 외주화 하는 것은 의료에 대한 책임의 일부를 외주화 하는 것.

대형병원의 콜센터는 병원진료안내와 예약 및 변경 등 병원이용에 편의를 제공하기 위한 것이지만, 초진의 경우 전화로 진료 상담까지 진행해야하는 사전 의료행위인 만큼, 병원의 핵심 업무라 할 수 있다. 이러한 주요업무를 직접 운영하는 콜센터가 아닌 외주 회사 직원들에게 담당하게 하는 것은 의료에 대한 병원의 책임성을 회피하는 것이다. 상급병원의 초진예약 대부분은 콜센터를 통해서 이루어지고 있다는 점에서 문제는 매우 심각하다.

콜센터가 외주화 될 경우 서비스 질 저하를 초래할 위험이 매우 크다.

콜센터 직원들이 고객 접점의 최 일선에서 소명감을 가지고 업무에 임해야 하지만, 외주화 될 경우 비정규직 신분에 더해 병원 소속이 아니게 된다. 결국 병원에 대한 소속감 부족과 고용의 불안감, 자신의 일에 대한 동기부여 결여로 인해 책임감 있는 서비스를 제공하기 어렵다.

국립대병원 및 수도권 대형병원의 사례에서도 이러한 사실을 확인할 수 있다. 콜센터를 외주화한 결과 환자들의 요구에 적절히 대응하지 못해 또다시 내부에 별도의 콜센터를 추가적으로 설치 운영하고 있는 실정이다. 이렇게 부정적인 결과들이 있음에도 불구하고 울산대학교병원은 검증되지 않은 콜센터 외주화를 면밀한 준비도 대책도 없이 추진하고 있다.

울산대학교병원은 콜센터를 외주화의 명분으로 비용 절감과 전문적인 업체 선정을 통해 업무의 전문성 향상을 들고 있다.

그러나 다른 병원들에서 콜센터 외주화 이후 발생한 서비스 질 저하에 대응하기 위해 별도의 콜센터를 설치하는 등 중복투자가 발생하고 있다는 측면에서 장기적인 효과가 확인되지 않았다.

아무리 전문 콜센터 기업이라 하더라도 울산대학교병원의 진료를 상담하고 안내하는 일에 있어 가장 전문가는 울산대학교병원 직원들이다.

울산대학교병원은 수익을 최대화하기 위한 돈벌이 외주화가 아니라, 지역사회에 질 높은 의료와 좋은 일자리라는 성장의 열매를 돌려주어야 한다.

울산대학교병원은 2013년부터 매년 10%이상 의료수익이 증가하고 있는데, 이는 전국 최고 수준이다. 의료수익의 증가는 그만큼 더 많은 시민들이 울산대학교병원에 내원해서 의료비를 지출했다는 뜻이다. 또한 울산대학교병원은 국가 지정 지역 암센터, 응급의료센터, 외상센터 등 정부위탁 사업을 다수 진행하면서 정부예산을 지원받고 있는 사실상의 공공병원이다. 결국 울산대학교병원의 지속적인 성장은 울산지역 시민들의 신뢰와 정부·지자체의 지원이 없이는 불가능한 것이다. 따라서 울산대학교병원은 수익을 최대화하기 위한 돈벌이 외주화가 아니라, 지역사회에 좋은 의료와 좋은 일자리라는 성장의 열매를 돌려주기 위해 최선을 다해야 한다. 특히, 의료부문은 충분한 인력, 숙련된 인력이 서비스 질을 높이는데 핵심적인 역할을 한다는 점은 주지의 사실이다.

공공운수노조 의료연대 울산대학교병원분회는, 환자 증가에도 불구하고 필요 인력을 제대로 충원하지 않고, 오히려 필요인력에 대해 외주화를 추진하는 울산대학교병원을 강력 규탄한다. 울산대학교병원노동조합은 외주화가 철회되고 필요한 정규인력이 충원될 때 까지 총력을 다 해 투쟁해 나갈 것이다.

2015년 5월 7일

해고자 복직 투쟁

8월 17일 영양실 팀장이 노동조합에 가입한 계약직 2명에게 계약만료를 알렸다. 병원은 계약직 직원의 계약만료 시기가 다가오면 미리 사직서를 받았다. 계약 연장 여부와 관계없이 사직서를 받는 이유는 계약직 직원들이 혹시나 노동조합의 선동에 마음을 바꿔 고용유지를 요구할 가능성을 차단하기 위해서였다. 그러나 이 두 명에게는 사전 사직서를 받지 않고 팀장이 계약 만료 통보를 한 이틀 뒤 인사팀에서 통지서를 보냈다. 이들이 노동조합에 가입한 사실을 알고 있었기 때문이다. 노동조합은 병원에 공문을 보내, 계약해지 통보를 철회할 것과 단체협약에 따라 노동조합과 협의해 결정할 것을 요구했다. 실무교섭과 행정부원장 면담자리에서도 계약직에 대한 복직 요구는 계속됐다.

단체협약 48조

2. 병원은 비정규직 비율을 전체 직원의 13.5% 범위 내에서 운용한다. 단, 1년 이상
   계속 근무하는 비정규직에 대해서는 업무중요도 등이 정규직과 동일할 시 공개채
   용 과정을 거쳐 정규직으로 발령토록 한다.

3. 병원은 비정규직으로 채용한 자를 정규직원 T/O가 생길 시 결격사유가 없는 한
   공개채용 과정을 거쳐 우선적으로 채용한다.

4. 계속 노동을 하는 계약직의 고용은 최대한 보장하고 계약기간 만료 시 노사협의
   를 하여 함께 결정한다.

그러나 병원은 8월 31일 노동조합과 일체의 합의도 없이 해고를 단
행했다. 9월 1일부터 해고자들은 노동조합으로 출근하면서 중식 피켓
선전전을 하고 영양실 조합원들 대상으로 간담회와 탄원서를 조직했
다. 영양실 조합원들은 적극적으로 참여했고 근무자 모두가 탄원서를
조직해 병원에 제출했다.

해고자들은 두 달 동안 국회의원 사무실 방문 호소, 집회 연대, 출근
선전전, 중식 선전전 등 부당해고를 알려내는 활동을 지속적으로 전개
했다. 두 명의 해고문제는 2015년 임단협의 핵심 쟁점이 되었다.

2015년 9월 임단협이 중반을 넘어서던 시기에 사측은 두 명의 해고
자에 대한 복직가능한 의사를 보였다가 사측의 제시안이 대의원대회에
서 부결되자 거두어 들였다. 10월말 파업을 지나 마무리시점에 사측은
두 명의 조합원 복직에 대해 회의록에 남기는 수준으로 구두합의 하였
다. 해고자들은 11월 9일부터 영양실에 복직하였다.

해고문제에 대응해 본 경험이 없다보니 치밀한 협상과 투쟁계획을
수립하거나 수행하는데 어려움이 있었다. 복직문제와 근속문제를 해결
했지만 두 달 동안의 임금과 각종 수당을 받아내지는 못했다. 급박하게

돌아가는 교섭상황에서 세부적인 문제들을 해고자들과 충분히 논의하지 못한 것이 문제였다.

탄 원 서

울산대학교병원 영양실 황삼례, 고혜경 직원의 복직을 탄원 드립니다.

저희들은 울산대학교병원 영양실에서 근무하는 직원들입니다.
51명이 함께 근무하면서 새벽부터 자정까지 하루에 천여 명의 환자들과 2천여 명의 직원들의 식사를 책임지고 있습니다.

울산대학교병원 영양실은 업무는 넘치는 반면 인력은 늘 부족해 일이 너무 힘들어 아프지 않은 사람이 없을 정도입니다. 어지간한 직원들은 얼마 버티지 못하고 스스로 그만두는 것이 다반사입니다.
저희들은 울산대학교병원의 -14호봉이라는 비정규직으로 입사해 2년만 참으면 정규직이 될 수 있다는 기대감으로 아무리 힘들어도 참고 견뎌왔습니다.

이번에 계약해지당한 황삼례, 고혜경 직원은 고된 2년을 누구보다도 성실하게 잘 견뎌왔던 사람들입니다. 이러한 사실은 관리자들도 평소에 인정해 왔고 영양실 직원들 모두가 알고 있는 사실입니다.
저희들은 정규직이 될 줄만 알았던 황삼례, 고혜경 직원이 정규직이 되지 못하고 23개월이 되어 계약해지 되었다는 것을 이해할 수 없습니다.
최근 병원도 커지고 그만 두는 사람도 많아져 채용공고를 내고 있기는 하지만, 잦은 인력의 교체는 저희들을 더욱 어렵게 하고 있습니다.

영양실 직원들은 황삼례, 고혜경 직원이 하루라도 빨리 복직되기를 바라는 마음으로 이 탄원서를 제출하오니 선처 바랍니다.

분회장 삭발

2015년에는 임금인상, 콜센터·응급센터 안내 인력 외주화 문제, 영양실 계약직 조합원 해고문제가 쟁점이 됐다. 메르스 사태로 일시적으로 교섭을 중단하기도 하였지만, 메르스 사태가 진정된 7월부터 다시 교섭을 이어갔다.

조정신청 후 교섭단이 병원이 제시한 해고자 복직, 외주화에 따른 전환배치 시 당사자 의견 반영, 임금인상 등을 받아들여 대의원대회에 상정했지만 부결되었다. 누구도 힘들 것이라고 했던 해고자 복직을 합의했지만, 대의원들은 콜센터와 응급실 안내 외주화를 받아들인 문제에 대해 동의 될 수 없었고 특히 임금인상안도 생각보다 낮은 수준으로 동의 할 수 없었다. 한편, 사측의 제시안을 검토하는 과정에서 교섭위원과 상집간부 논의가 충분히 이뤄지지 못한 문제도 있었다. 대의원대회 또한 성원이 부족함이 예상되었으나 무리하게 성원을 채워 진행했다. 전반적으로 부실한 준비로 부결이라는 상황을 맞았다. 이러한 상황은 이장우 집행부에 대한 조합원들의 신뢰에 균열을 만들었고 임단협 교섭 전반에 어려움을 초래하였다.

교섭단의 합의 사항이 대의원대회에서 부결되면서 재교섭을 할 수밖에 없는 상황이 되었다. 집행부와 교섭단의 신뢰를 회복하는 것이 무엇

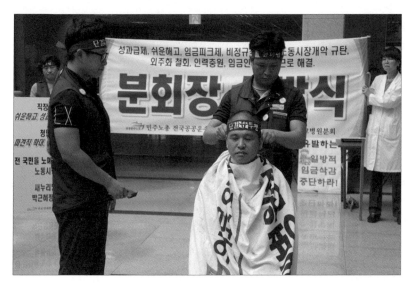

분회장 삭발

보다 급선무였다. 이장우 분회장은 새로운 결의를 다지는 의미에서 삭발을 결의했다.

　이장우 분회장은 삭발식을 가지며 "삭발의 의미는 안일한 생각에 대한 반성과 성찰입니다. 삭발을 통한 심기일전으로 2015년 투쟁 반드시 승리하겠다는 결의입니다."라고 하였다. 분회장 삭발은 그 의미와 시점에 대해서는 다양한 해석이 있었지만, 임단협에 무관심하던 조합원들의 관심을 끌어내기에는 충분했다.

하루파업과 간부파업

　파업전야제를 앞두고 이장우 집행부는 파업 여부를 전야제에 참가한 조합원들의 의견에 따르겠다고 했다. 조합원 의견서라는 방식으로 파업에 대한 의견을 수렴하겠다는 것이다. 이는 조합원 참여를 독려하고

2015년 10월 15일 하루 파업

개개인의 의견을 충분히 반영하기 위해 제안됐다. 파업전야제에는 100여 명의 조합원들이 참여했다. 조합원 총회 성격으로 소집된 전야제는 1부 행사를 마치고 2부 조합원 토론으로 이어졌다. 토론을 거쳐 모아진 의견은 의견서로 제출됐다. 조합원들은 '하루 전면 파업 후 간부 파업'을 결정했다.

10월 15일 하루파업에 조합원 120여 명이 참여했다. 필수유지업무자는 제외된 인원이었다. 필수유지업무 제도가 노동자들의 파업권을 얼마나 제약하는지 확인하는 순간이었다. 이에 멈추지 않고 사측은 부당노동행위로 조합원들이 파업 참여를 막았다. 간호사들은 파업에 참여하지 않았다. 병동순회 과정에서 파업참여를 독려했지만 간호사들은 움직이지 않았고 외래간호사들도 정상근무를 이어갔다. 관리자들의 통제도 강했지만 외주화 문제와 하위호봉문제가 쟁점으로 부각된 상황에서 자신들의 요구가 없다고 생각했다. 간호사 조직의 불참은 파업 참여 조합원들에게 불안감을 조성하면서 파업투쟁이 힘 있게 진행되지 못했다. 하루파업 후 이어진 간부파업에도 간호본부 소속 대의원들은 참여하지 않았다. 파업에 함께한 간부들은 휴일에도 농성장을 유지하는 등 전면파업을 준비했다. 간부파업 기간에는 노동조합 현실에 대한 많은 토론이 이루어졌고 서로 간의 이해와 유대감을 높였다. 조합원들의 토론을 거쳐 결의된 간부파업에 대해 여러 이견들이 있었으나, 전면파업에 들어갈 조직력이 확인되지 않은 상황에서 현실적인 선택이었다.

간부 파업과정에 진행된 교섭에서 노동조합은 임금인상과 외주화 철회, 사회공헌기금 조성를 주장했다. 병원은 노동조합의 요구를 무시하는 한편 끝까지 임금동결을 주장했다.

2차 총파업을 하루 앞둔 시점에 병원은 마라톤 교섭을 요청했다. 밤 12시를 넘겨 해고자복직, 하위호봉 개선, 임금인상 등에 대해 일부 진전된 안이 나왔고 외주화 문제는 우선 1년을 시행한 후 재논의하고 외주부서 직원들의 전환배치는 본인의 의사를 반영해 진행하겠다는 내용을 최종 제시하였다.

간부파업에 대다수가 참여하지 않았던 간호부 대의원들은 사측의 제시안이 나오자 찬반투표에 참여하기 위해 자정을 넘기면서까지 대기했다. 대의원 회의에서 전면파업을 강행하자는 결정이 어렵게 된 것이다. 자정을 넘긴 시간에 제시된 사측의 최종안을 대의원 회의에서 2015년 임단협 잠정합의안으로 승인했다. 투쟁에는 참여하지 않고 결정 과정에만 참여한 간호부 대의원들의 태도는 다른 업종 대의원들에게 배신감과 함께 깊은 상처를 안겨주었다. 이런 양상은 2016년 임보협 결정 시기까지도 계속됐는데, 간호부 대의원들에 대한 사측의 지배개입이 얼마나 심각한지 보여주는 단면이었다.

회의와 투쟁 과정에 참석하지 않는 대의원들에 대한 평가와 대책이 필요했다. 2015년 투쟁평가는 간부들에게 최소한의 기본 활동을 강제하는 활동규정을 제정하게 된 계기가 되었다.

3) 2016 임보협

2016 상황

박근혜 정권은 쉬운 해고-취업규칙 일방 개정 지침을 노동부 2016년 단체협약 가이드라인에 반영하여 발표했다. 파견법 및 기간제법 등 비정규직 노동법 개악 또한 속도를 냈다. 울산도 이러한 정권의 노동개악 흐름을 피해갈 수 없었다. 현대중공업은 2015년 정규직 포함 6천여 명을 정리해고한 데 이어 2016년 현대중공업, 미포조선 인력 구조조정을 계속해 나갈 태세였다. 정규직들에게는 희망퇴직을 강요하고 부분별로는 분사 하청화를 진행했다. 하청노동자들은 연일 폐업으로 내몰리는 등 고용불안에 시달렸다.

내부 구조조정으로 그치지 않고 현대중공업은 하청업체 및 울산대학교병원을 비롯한 계열사에 부동산 매입을 강요하며 위기를 전가했다. 울산대학교병원은 현대중공업의 요구에 따라 신관 부지와 한마음회관, 기숙사 등 현재 병원이 사용하고 있거나 향후 사용 가능한 부동산 매입을 적극적으로 검토했다. 그 시기 병원은 의료수익이 전해 대비 12% 증가해 45억 원 흑자를 기록하였고, 수익대비 인건비 비중은 48.4%에서 47.3%로 1.1%하락하였다. 외래환자 수는 줄었지만 수가 인상 등으로 수익은 늘어났다. 병원은 응급실 맞은편 5층 건물 신축을 계획하고 있었다.

교섭대표 논쟁

4월 14일 대의원대회에서 강연주 사무장을 교섭대표로 하여 교섭위원을 확정한 후, 병원에 노동조합 요구안을 발송했다. 분회장이 아닌 사무장을 교섭대표로 선정한 이유는 그간 병원장이 교섭에 참석하지 않는 것은 원활한 타결도 어렵게 하고, 노사 간 대등 원칙에도 맞지 않다는 2015년 평가에 따라서였다. 병원장이 직접 교섭에 나오지 않는다면 노동조합도 직선 임원으로 교섭대표를 지정하겠다는 결정이었다.

상견례 후 2차 교섭부터 병원은 교섭대표인 강연주 사무장을 인정하지 않고 교섭을 진행하지 않으려 했다. 사측 교섭대표를 위임받은 행정부원장은 2주 동안 거의 매일 노동조합을 방문해 원활한 교섭을 만들어가겠다는 약속을 반복하며 분회장의 교섭 참가를 요청하였다. 이에 노동조합은 교섭위원의 임금문제 등 교섭과 관련한 현안 문제들이 해결된다면 전향적으로 논의하겠다는 입장을 세웠고, 대의원 회의를 통해 교섭대표를 분회장으로 교체했다. 사측 교섭대표에 대한 문제를 제기하며 관례화된 병원장의 불참을 바로잡겠다는 의지를 보여준 것이다.

쟁의 행위 93% 찬성, 잠정합의안 56% 찬성

2016년 임단협의 주요 쟁점은 임금인상, 간호간병 통합서비스 시범병동 운영에 따른 인력 기준, 하위호봉 철폐, 임금 지급 전임자 1인 추가, 그리고 사측이 주장한 임금체계 개편, 기숙사비 인상, 임금피크제가 핵심 사안이었다. 사측은 조정회의에서 임금체계 변경으로 인한 임금인상 외에 기본급 1% 인상을 제시했을 뿐 그 외의 사안은 애초의 입장을 고수했다.

8월 18일부터 23일까지 전 조합원 쟁의행위 찬반투표를 진행했다. 투표율은 93%, 찬성률은 재적대비 80%로 높게 나와 조합원들의 관심을 확인할 수 있었으나, 투쟁계획 논의에 참여한 대의원들은 매우 소극적인 태도를 보였다. 전반적으로 현장 투쟁이 어렵다는 의견이었다.

8월 23일 쟁의행위가 가결된 상황에서 병원은 최종안임을 전제로 임금피크제와 전임자 임금 관련한 논의를 추후로 미루고, 쟁점이 된 기숙사비에 대해 노동조합의 요구를 수용하겠다고 했다. 임금인상 안과 임금체계 개편, 하위호봉 제도 폐지, 특수병동 휴일문제, 자격수당 신설, 연장근로 전산화, 중증 질환자 야간근무 금지 등에 대해서도 수용적인 태도로 의견을 제시했다. 사측의 제시안은 대의원회의를 통해 조합원 총회에 상정하는 것으로 결정됐다. 쟁의행위 찬성률이 높았음에도 잠정합의를 하는 바람에 조합원들의 실망이 컸다. 8월 31일부터 9월 2일까지 잠정합의안에 대한 찬반을 묻는 투표에서 56%의 조합원이 찬성해 가결되었다.

4) 부당노동행위

2014년 사측의 부당노동행위는 여느 때보다 집요했다. 출정식을 비롯한 노동조합 집회에 조합원들이 참석할 수 없도록 회식을 잡거나 개별면담을 통해 통제했고, 집회 장소 주변에 관리자들이 팔짱을 끼고 서서 조합원들의 참여를 감시했다. 노동조합 요구가 적힌 단체복 입기마저 불법이라 몰아세우며 조직적이고 노골적인 탄압을 행했다. 조합원들은 중간관리자들의 서슬 퍼런 강요를 견딜 수 없었다. 조합원들은 노동조합에서 나누어준 뱃지를 다는 일마저 쉽지 않았다. 조합원들은 노동조합 간부들이 선전전을 하는 식당 앞에 오면 버튼을 달고 부서로 돌아가면 떼는 일을 반복해야 했다. 단체협약이 정한 노동조합 교육에도 자유롭게 참여하지 못했다. 그 외에도 다양한 방법으로 노동조합 활동을 감시 탄압했다.

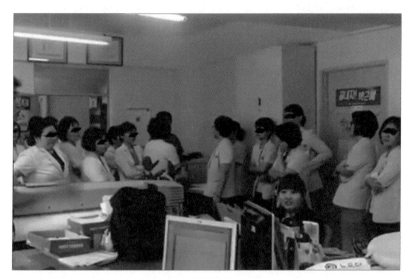
관리자들의 노동조합 사무실 업무방해 행위

　　노동조합은 이에 대응해 병원장실 항의방문을 진행했다. 관리자들이 저지른 부당노동행위는 경영진 차원에서 조직적으로 추진한 것으로, 노동조합을 바라보는 경영진의 태도가 반영 되었다고 할 수 있었다.

　　2014년에는 수간호사들이 노동조합 사무실을 집단적으로 찾아와 소란을 피웠는데 그 이유가 노동조합 선전물에 담긴 "간호사이야기" 연재를 중단하라는 것이었다. "간호사이야기"의 내용은 간호사들의 업무과정에서 일어나는 불합리한 문제들을 드러내 개선을 요구하는 내용들이었다. 노동조합이 인력부족과 무분별한 업무 유입으로 힘들어하는 간호사들의 문제에 대해 개선을 요구하는 것에 대해 무엇이 마음에 들지 않았는지 알 수 없는 일이었지만 노동조합을 찾아온 수간호사들은 막무가내로 "간호사들이 싫어하니 간호사이야기 발행을 중단하라"는 것이었다. 일반 간호사 직원들이 수간호사들의 주장대로 "간호사이야기"

발행을 반대하는 것인지 설문조사 등 의견수렴을 통해 결정하겠다고 했다. 노동조합은 즉각적으로 간호사들을 대상으로 무기명 설문과 스티커 붙이기, 밴드 투표를 진행했다. 설문결과는 수간호사들의 주장이 얼마나 터무니없는지 알려주었다. 360명의 조합원이 참여해 326명이 "간호사 이야기" 선전물에 공감을 표시했다. 노동조합은 설문조사 결과를 선전물로 공표하고 수간호사들의 잘못된 생각과 판단을 알려냈다.

2015년 10월에도 수간호사들이 노동조합 사무실을 집단적으로 쳐들어와 소란을 피웠다. 2015년 임단협 과정에서 노동조합의 외주화 철회 요구에 사측은 임금동결을 주장했다. 사측의 임금동결 요구에 노동조합은 "외주화 중단하고 사회공헌기금 20억을 조성한다면 임금동결 할 수 있다"라고 응수했다. 이를 두고 "왜 노동조합이 임금동결을 주장하느냐?"라며 와서 소란을 피운 것이다. 이들의 주장은 앞뒤도 맞지 않고 정당성도 없었다. 그럼에도 노동조합 사무실로 찾아와 난동을 부린 것은 수간호사들의 복종 정도를 확인하려는 경영진의 명령에 의한 것이기도 하고 노동조합에 대한 거부와 반발을 상층 경영진에게 보여주기 위한 간호부의 비뚤어진 충성경쟁이기도 하였다.

수간호사들이 피운 소동은 동영상으로 촬영되어 전 직원들에게 알려졌다. 누가 보더라도 부끄러운 일이었다. 그 자리에 있었던 수간호사 중 일부는 이후에 그날의 부끄러움을 고백하기도 했다. 수간호사들을 무슨 폭력집단의 졸로 생각하는 경영진과 간호본부의 사고에 경악스러울 뿐이었다. 이런 병원 경영진과 관리자들의 행위는 명백한 부당노동행위였다. 노동조합이 부당노동행위에 대한 녹취, 녹화 등 증거자료를 확보했지만 법적조치를 하진 않았다. 같은 공간에서 일하는 직장인이라는 최소한의 관계를 지켜내기 위해 인내를 발휘한 것이다. 이러한 집행부의 태도는 평가 과정에서 '강력하게 대응하지 않음으로서 이후 사측의 부당노동행위를 허용하는 결과를 초래한 것'이라는 비판에 직면하기도 했다.

5) 간호간병 통합서비스 시범

2015년 정부의 보건의료정책 변화에 따라 간호간병 통합서비스가 시행된다. 울산대학교병원은 92병동을 간호간병 통합서비스 병동으로 지정하고 시범사업을 준비했다. 간호간병 통합서비스는 보호자 없이 환자에게 필요한 모든 조치를 병원 간호 인력이 해결하는 제도로, 시범병동을 거쳐 전체 병원에 확대하는 것이 정부 차원의 장기적 목표였다.

이장우 집행부는 간호간병 통합서비스에 대한 선전물을 발행하고 인력기준을 노사합의로 정할 것을 요구했다. 인력기준과 더불어 간호 업무 기준을 분명히 하여 의사, 간호사, 간호조무사의 업무분장을 명확히 할 것을 요구하였다. 그 근거를 마련하기 위해, 노동조합은 병동근무 간호사들을 대상으로 간호간병 통합서비스 시행 시 필요한 인력과 현재 시행하고 있는 간호업무 중에서 배제되어야 할 업무를 묻는 설문조사를 시행했다.

조합원 설문조사 결과와 의료연대 정책위 논의, 간호간병 업무에 대한 소요시간을 분석하여 노동조합이 제시한 인력기준은 간호사 1인 당 환자 수 4명이었다. 설문에서 간호업무 중 배제되어야할 업무로는 처방 입력 업무와 드레싱 업무를 가장 많이 뽑았다. 그러나 병원은 노동조합과 인력기준을 합의하지 않고 일방적으로 시범사업을 추진했다. 병원이 정한 인력기준은 간호사 1인 당 환자 6명이었다. 실제로는 간호사 1명 당 환자 7~8명이 배정되었다.

병원은 간호간병 통합서비스를 일방적으로 추진하면서 필요한 간호조무사 인력을 일반직이 아닌 기능직으로 채용하려고 했다. 노동조합

간호사 : 환자 수	투표	백분율
1 : 2	26	11%
1 : 3	60	26%
1 : 4	70	30%
1 : 5	38	16%
1 : 6	36	16%

업무	투표	백분율
수혈	78	34%
채혈	87	38%
항암제 투여	129	56%
처방 입력	215	93%
드레싱	206	89%

은 즉각 간호조무사 직종 간담회를 개최하고, 기능직 전환에 반대하는 간호조무사들의 의견 모아 병원에 전달했다. 결국 병원은 간호조무사를 일반직 기준으로 채용해야 했다.

정부는 간호간병 통합서비스를 점차 전체 병동으로 확대한다는 계획을 가지고 있다. 병원의 인력과 업무기준을 지속적으로 점검해 간호간병 통합서비스가 선진국 수준으로 자리 잡을 수 있도록 해야 한다.

6) 임금 체계변경과 하위호봉 철폐

2016년 임보협에서 노동조합은 하위호봉 철폐를 강하게 주장했다. 병원은 하위호봉을 없애려면 전체 임금체계를 변경할 것을 요구해왔다. 최저임금 인상으로 기본급과 상여금이 빠르게 상승해 부담이 크다는 것이 이유였다. 이런 가운데 하위호봉 제도를 폐지할 경우 부담이 더 가중된다는 것이다. 그러나 2007년부터 시행된 하위호봉 제도로 인해 조합원들 간의 분열과 차별이 발생하고 불만이 증폭되고 있었다. 이런 까닭에 이장우 집행부는 취임 초기부터 하위호봉 철폐를 주요 요구로 삼아 하위호봉 직급 조합원들의 처우를 개선해왔다. 하위호봉제를 폐지를 전제로 병원이 요구한 임금체계 변경 내용은 아래와 같았다.

1) 기능직 정규직의 −14호봉까지 설정된 하위호봉 제도를 폐지하고 기능직종 계약 직에 한해서 −6호봉으로 적용.
2) 상여금과 격려금을 합친 통상임금 900% 중 500%를 환산해 기본급으로 전환하 고 400%를 격려금으로 확정.

하위호봉 제도를 철폐함으로써 −14호봉 간격이라는 차별을 해소하는 것은 매우 의미 있는 일이었다. 하지만 하위호봉 제도의 교환물로 사측이 요구하는 있는 임금체계를 받아들일 경우 장기적으로 계약직, 기능직 등 기본급이 낮은 직원들의 최저임금인상 혜택이 줄어드는 문제가 생긴다. 이장우 집행부는 임보협이 하위호봉 차별의 문제를 해결할 수 있는 기회라고 생각하여, 임금체계를 변경하고 하위호봉을 폐기하기로 결정했다.

2016년 임보협이 끝난 후 12월 박근혜 정권이 몰락하고 2017년 문재인 정부가 들어서면서 2020년까지 최저임금 1만 원을 달성하겠다는 공약을 제시했고, 2017년 7월 2018년 최저임금을 전년대비 16% 올려 평년의 두 배를 인상했다. 2016년에는 예측할 수 없었던 일이었지만, '만약 1년을 늦춰 2016년이 아닌 2017년에 하위호봉 철폐를 요구했다면 어떠했을까?'라는 생각을 하게 하는 일이었다. 노동조합이 정세를 살피고 공부하는 일을 게을리 할 수 없는 이유가 여기 있다.

7) 현대중공업 구조조정과 기숙사

2015년 현대중공업은 조선경기 불황을 이유로 구조조정을 강행했다. 적자경영을 공표하고 채권단의 요구라는 명목으로 관리직을 시작으로 희망퇴직을 진행했다. 더불어 박근혜 정권이 밀어 붙이던 저성과자 퇴출제도를 선제적으로 시행했다. 2016년 들어오면서 현대중공업은 보유하고 있는 부동산 자산을 계열사와 협력업체에 매각하기 시작했다. 울산대학교병원도 부동산 매입을 요구받았다. 병원은 현대중공업 소유로 되어있던 울산대학교병원 신관의 부지와 주차장 그리고 현대중공업 기숙사를 매입하겠다는 입장을 밝혔다. 병원이 대규모 매입 계획을 제시함에 따라 노동조합은 매입에 사용될 대규모 자산을 어디서 충당할 것인지 밝히라고 요구했다. 병원은 그동안 퇴직충당금으로 적립해둔 적립금을 활용해 자산을 매입할 계획이라고 했다. 그동안 사측이 입버릇처럼 이야기하던 것이 경영위기론이었다. 노동조합은 "경영위기라 할 때는 언제고, 직원들의 퇴직충당금을 사용해 부동산을 매입하겠다는 것이냐?"며 따져 물었다. 병원 사측은 "현대중공업의 어려움도 있지만 매입부지는 병원에 꼭 필요한 자산이고, 노동조합도 기숙사 신축을 요구하지 않았느냐"라며 볼멘소리를 했다.

병원 사측의 주장처럼 노동조합은 2014년 임보협에서 기숙사와 어린이집 신축을 강하게 요구하였다. 신축에 들어가는 비용은 퇴직충당금에서 200억 원을 활용하자고 제안했으나, 당시 병원은 "경영도 어려운데 어린이집과 기숙사를 지으려 하냐?"고 하며 불가 입장을 고수하였다. "노동조합이 직원들의 퇴직금으로 건물을 지으려 한다."고 비난하며 선전물까지 발행했다. 노동조합을 부도덕한 집단으로 매도하던 병원은 2년도 되지 않아 스스로 입장을 뒤집은 주장을 한 것이다. 노동조합은 논의 끝에 공정한 매입 가격 결정과 매입 과정 공개, 기숙사 운영 관련해 노사 합의할 것, 자산 매입으로 인한 경영위기 선전을 중단할 것을 전제로 자산 매입에 동의하였다.

그러나 자산 매입이 끝나자 사측은 어이없게도 기숙사비를 15만 원으로 인상하겠다고 했다. 유지·운영에 들어가는 비용을 환산했을 때 1인당 21만 원 정도가 들어가는데 그 중 6만 원을 병원에서 부담하고 본인이 15만 원을 부담하라는 것이었다. 기숙사 운영의 적자를 면하기 위해서는 어쩔 수 없다는 주장이었다. 기숙사비는 2016년 임보협 핵심 쟁점으로 부각됐다. 사측은 그동안 기숙사를 현대중공업의 건물을 임대해 사용하면서 직원들에게는 2만 원 정도의 기숙사비만 받고 나머지 비용은 병원이 처리해 왔다. 그러던 것을 갑자기 병원이 부담하는 비용을 최소화하고 본인 부담금을 대폭 인상하겠다고 한 것이다.

더욱 문제가 된 것은 병원이 매입한 기숙사를 현대호텔 직원들에게도 임대했는데, 현대호텔에서 직원들에게 책정한 기숙사비가 5만 원이라는 사실이었다. 현대중공업도 더 좋은 환경의 기숙사를 제공하면서 비용은 5만 원으로 책정했다. 그럼에도 병원 직원들에게만 15만 원의 기숙사 비를 요구한 것이다. 직원들의 퇴직적립금으로 마련한 기숙사였기 때문에 직원들은 더욱 분노했다. 기숙사비 문제는 2016년 임보협이 최종 마무리될 때까지 해결되지 않다가 최종 합의 과정에서 "기숙사비를 5만 원으로 결정하고 5년 후 재논의" 하는 것으로 마무리 지었다.

비용 논란이 있었으나, 그해 10월에 입주를 완료함으로써, 20년 가까이 노동조합의 핵심 요구사항이었던 기숙사 문제는 완전히 해결됐다.

6. 의료 공공성 강화 및 지역연대 활동

1) 의료민영화 반대 시민선전전 및 서명운동

박근혜 정권은 투자활성화 대책을 발표하면서 의료민영화를 추진했다. 의료민영화 반대 서명운동은 의료민영화 반대 범국민운동본부 차원에서 100만 명을 목표로 전국적으로 진행되었다. 울산지역은 울산건강연대 차원에서 진행하다가 의료민영화 반대 울산대책위원회가 결성되면서 대책위로 서명운동이 넘어 왔다. 2월부터 11월까지 10개월 동안 매주 금요일 오후 3시 삼산동 롯데호텔 앞에서 시민선전전과 서명운동을 진행했다.

2014년 6월 서울대학교병원이 의료민영화 반대 슬로건을 걸고 파업에 돌입하면서 온라인 서명이 확산되어 순식간에 목표로 세웠던 100만 명을 넘겼고 다시 200만 명 서명으로 목표를 수정했다. 서명운동 역사상 유래가 없던 일이었다. 울산지역도 오프라인 서명으로 1만 명을 넘기는 서명을 받았다. 울산대병원분회는 의료민영화 반대 울산대책위원회가 주관하는 금요일 서명운동에 2차례를 제외하고 전 일정을 함께했다. 병원 내에서도 서명운동을 조직, 임단협 기간 로비농성 과정에서도 선전전을 함께 진행하기도 했다.

의료연대 차원에서 6월 27일과 28일, 1박 2일 일정으로 의료민영화 반대 서울상경 투쟁을 진행했다. 울산대학교분회는 상집간부를 중심으로 8명이 참가해 상경투쟁에 함께했다. 첫째 날에는 서울역 선전전, 동아면세점 앞 의료연대 집회, 종각 집회를 진행하였고 둘째 날에는 서울역 백의의 물결 집회, 서울시내 행진, 청계천광장 의료민영화 반대 집회 및 세월호 집회 일정을 수행했다. 7월 22일에도 당일 일정으로 2차 의료민영화 반대 서울 상경투쟁을 진행했다. 상집간부 8명이 서울대학교병

의료민영화 반대 인증샷

원 파업집회 연대와 서울 시청광장 민주노총 총파업 집회에 참가했다.

울산대병원분회는 전국적으로 펼쳐진 의료민영화 반대 투쟁에 함께
하며 의료연대본부 차원에서 결의된 전 조합원 1만 원 투쟁기금을 결의

하고 집행했다.

전 조합원이 참여한 서명운동과 투쟁기금 결의는 의료민영화 저지에 대한 관심과 의지를 확인한 것이다. 의료민영화에 대한 지속적인 홍보와 서명운동은 의료민영화와 의료공공성에 대한 조합원의 의식이 확장되는 계기가 되었다.

한편 서울대병원분회와 경북대병원분회는 의료민영화와 정부의 공공기관 구조조정에 맞서 파업투쟁을 전개하였다. 이런 분위기는 울산대학교병원분회에도 전달되었고 의료민영화 반대를 위한 주체적인 파업투쟁을 요구하기도 했다. 그러나 당시 진행되던 임보협 상황과 부족한 준비 등으로 파업투쟁을 추진하기에는 현실적 어려움이 있었다.

2) 울산건강연대 활동

울산대병원분회는 2010년부터 울산건강연대를 공식 연대단위로 설정하고 집행단위 회의 참여, 분담금 납부와 일상 사업에 결합하였다. 건강을 생각하는 울산연대(울산건강연대)는 건강사회를 위한 약사회 울산지부, 건강사회를 위한 치과의사회 울산지부, 공공운수노조 울산대학교병원분회, 노동당 울산시당, 민주노총 울산지역본부, 보건의료노조(동강병원지부·울산병원지부), 울산시민연대, 울산진보연대, 평화와 건강을 위한 울산의사회로 구성되었다. 2010년 울산건강연대가 정식으로 출범하고 울산대병원분회 이장우 조합원이 초대 집행위원장을 맡아 활동했다.

울산지역 병원 노동조합들과 진보적인 의료인 단체들로 구성된 울산건강연대는 울산지역에 울산형 공공병원 설립 추진, 건강보험 사각지대 해소(저소득 시민 건강보험료, 저소득 가정 아동에게 치과 주치의 제도 시행) 등을 중점사업으로 추진해왔다. 그 외에도 울산지역 보건의료 영역의 과제들을 분석하고 지역 정치권에 보건의료 발전의 올바른 방향을 제시하는 활동을 해 왔다.

2014년에는 올바른 산재 모병원 건립을 위한 활동이 중심이 되었다. 울산시가 추진하려는 산재 모병원 설립안의 문제점을 지적하고, 울산 지역에 필요한 것은 산재 모병원보다 울산형 공공병원이라는 입장을 기자 간담회, 노동단체 간담회, 토론회, 언론 기고, 인터뷰 등을 통해 알려냈다. 그 결과 산재 모병원 추진이 유보되는 방향으로 일단락되었다.

2014년 6·4지방선거 기간에는 울산지역 보건의료 정책 제안서를 작성하여 배포했다. 울산시 보건의료정책 전담 부서 설치, 울산지역에 맞는 공공병원 설립, 저소득층 건강보험료 지원 조례제정과 지원대상 확대, 공공 노인장기요양시설 확대, 취약계층 아동 치과 주치의제 실시, 수돗물 불소농도조정사업 재개 등을 공약으로 제안하였다.

의료 영리화 저지 활동 또한 꾸준히 진행하였는데 '의료영리화 저지 울산 대책위원회'를 구성하여 다양한 단체들과 함께 교육, 시민선전전, 서명운동 등 의료영리화 반대 운동을 전개했다. 그 외에도 울산시 건강 도시사업계획에 참여해 사각지대에 있는 노동자를 위한 건강지원 사업, 유해화학물질로부터 안전한 울산, 보행안전과 스쿨존(School Zone), 치과 주치의제도를 제안하였다. 울산지역 공공의료사업을 수임해 집행하고 있는 울산대학교병원의 공공적인 역할을 검토하고 보다 제 역할을 하도록 요구하는 일도 병행했다.

3) 저소득층 건강보험료 지원 조례제정

울산건강연대와 노동당 김원배 의원이 함께해 '저소득층 건강보험료 지원 조례제정과 지원대상 확대 사업'으로 조례개정을 추진하였다. 울산건강연대는 울산지역 건강보험료 1만 원 미만 및 만 오천 원 미만 세대 현황 및 건강보험료 체납 현황 조사하고, 노동당 김원배 의원을 통해 조례 개정안을 발의했다.

'건강보험료 월 1만 5천 원 미만 노인 세대, 장애인 세대, 한 부모 세대와 그 밖에 보험료 지원이 필요하다고 울산광역시 동구청장이 인정한 세대'에게 지원해오던 것을 '동구에 거주하는 월 1만 원 미만 저소득세대는 모두 지원하고 1만 5천 원 미만 세대는 종전대로 지원한다'는 내용이 골자였다. 건강보험료 월 1만 원 미만 세대의 월 소득은 대략 20만 원으로 추산되었다. 기초생활조차 하기 힘든 월 소득 20만 원 미만 세대가 동구지역에 무려 1,200여 세대가 있고, 이 중에서 건강보험료를 3개월 이상 연체한 세대는 무려 40%에 달하는 289가구 374명이었다.(국민건강보험공단 2015. 4)

2015년 울산 동구는 현대중공업의 대규모 구조조정으로 일자리를 잃은 노동자들은 물론 그 여파로 영세자영업자들도 경제적 어려움을 호소하고 있었다. 건강보험료를 3개월 이상 체납할 경우 보험적용이 되지 않아 아파도 병원에 가는 것이 어려운 현실을 감안하면, 저소득 가구에 대한 건강보험료 지원은 절실했다.

동구 지역 구성원으로서 울산대병원분회도 이 사안에 관심을 갖고, 동구의회에서 열린 조례개정 회의에 분회 간부들이 참관하기도 하였다. 10월 11일 당시 노동당 김원배 의원이 대표 발의한 '울산 동구 저소득가구 국민건강보험료 및 장기요양보험료 지원 조례' 일부 개정안이 원안대로 통과 되었다. 그러나 다음날인 12일 당시 새누리당이던 권명호 동구청장이 건강보험 조례 개정을 재의결하겠다고 밝혔다. 상위법인 사회보장기본법에 위배될 수 있고, 중앙정부가 편성하는 지방재정교부금(교부금)에서 패널티를 받을 수 있다는 것이 이유였다.

울산대병원분회는 울산건강연대와 함께 동구청장의 재의 요구를 철회하라는 기자회견을 개최했다. 동시에 시시비비를 가리기 위해 보건복지부에 건강보험료 지원 조례에 대한 의견도 구했다. 12월 20일 보건복지부는 조례 개정 "동의"의 답변을 보내왔다. 이로써 5년 가까이 시민사회에서 요구해온 '건강보험료 1만 원 미만 세대 건강보험료 전액지원 조례'가 우여곡절 끝에 개정되었다. '울산 동구 저소득가구 국민건강보험료 및 장기요양보험료 지원 조례'는 울산건강연대가 2012년 김종훈 동구청장 시기부터 요구한 사안이었다. 당시 울산건강연대가 요구한 내용은 2016년에 통과된 조례와 동일했다. 그러나 2012년 당시 김종훈 구청장도 조례 개정을 반기지 않았다. 진보를 표방한다는 정체성과 다르게 권명호 새누리당 구청장이 취한 태도와 별반 다르지 않았던 것이다. 중앙정부가 원하지 않는 사회보장성 조례와 예산을 편성할 경우 정부교부금에 패널티를 당할 수도 있다는 공무원들의 의견이 있었기 때문이었다. 결국 기존 조례에 '구청장이 인정한 세대'라는 문구만 추가한 개정에 그쳤고 예산이 조금 늘어난 정도에서 마무리되었다.

진보정치를 구현하는 일은 직책과 말만으로 되지 않는다. 기존의 질서를 뛰어 넘는 결단과 실천이 필요함에도 오히려 기존의 질서에 포섭되어 타협해 버린 정치인의 한계가 분명하게 드러난 것이었다. 진보정치는 말만 하고 생색만 내는 것이 아니라 제대로 된 내용과 실천이 더 중요하다는 것을 일깨워준 조례개정 과정이었다.

4) 동구지역 노동조합 연대

2014년 현대중공업노동조합에 민주집행부가 당선되면서 '울산 동구지역 민주 노동조합 대표자 모임'이 만들어졌다. 노동조합 대표자들의 친목 도모와 지역현안에 대한 공동투쟁을 논의하고 실천하는 자리였다. 그해 7월 동구지역 노동조합 대표자협의회는 동구노인요양원분회 조합원들을 격려하기 위해 중식모임을 진행했다.

식사시간에 동구지역 노동조합 간부들이 식사를 준비해 동구노인요양원 앞마당에서 함께 식사하는 시간을 가졌다. 이날 30여 명의 동구지역 노동조합 간부들과 동구노인요양원의 조합원들이 함께했다. 노동조합을 결성한 후 계속된 사측 탄압에 위축되었던 동구노인요양원분회 조합원들에게 큰 위로가 되었다.

2014년 10월 9일 일산해수욕장에서 동구지역 대표자 협의회가 주축이 되어 동구지역 노동자 가족 결의 한마당을 개최했다. 동구지역 노동자들이 함께 힘 모아 2014년 임단협을 승리로 이끌자는 결의대회였다. 이날 행사에는 400여 명의 동구지역 노동자들과 가족들이 함께했다. 울산대병원분회도 45명의 조합원들이 참석한 가운데 상집간부들은 율동 공연도 펼쳤다. 현대중공업을 비롯한 지역의 노동자들의 바람과 요구가 서로 다르지 않음을 깨닫고 연대의 필요성을 느끼는 자리였다.

5) 염포산 터널 무료화 운동

울산 북구 아산로와 동구 일산동을 잇는 염포산 터널은 장생포와 동구를 잇는 울산대교 및 터널과 함께 민자 제안사업(BTO)으로 2010년 총 5,400억여 원을 들여 착공돼 2015년 5월 개통됐다. 염포산 터널 개통으로 동구에서 시내로 진출입하는 시간이 많이 당겨졌다. 그러나 민자 회사가 염포산터널의 통행료를 받으면서 동구주민들이 울산 시내를 진출하는 데 요금을 지불해야 하는 불합리한 상황에 놓이게 되었다. 동구주민들은 염포산 터널 건설 당시부터 무료통행을 요구해왔지만 울산시는 동구주민들의 의사와는 상관없이 민자 유치를 통한 터널공사를 확정했다. 개통 시점 통행료는 염포산터널이 500원, 울산대교가 1,500원이었다.

2015년 1월 노동당울산시당동구당협, 공무원노조 동구지부, 동구노인요양원분회, 울산과학대지부, 울산대학교병원분회, 울산민들레분회,

전교조울산동구지회, 지방자치노동조합울산동구지부, 한국프랜지지회, 현대중공업사내하청지회, 현대호텔노동조합 등 울산동구지역 정당과 노동조합 대표자들의 기자회견을 시작으로 염포산 터널 무료화 운동을 진행했다.

동구지역 노동조합들과 노동당 울산시당이 함께 염포산터널 무료화 범대책위원회를 결성하고 2015년 1월부터 5월 개통까지 염포산 터널 무료화를 위한 동구주민을 대상으로 서명운동을 전개했다. 1만 명 이상의 주민들이 서명에 동참했다. 대책위는 염포산 터널 요금 확정에 따른 울산시장 항의 방문을 진행하기도 했다. 그 결과 염포산 터널 통행료는 초기 800원으로 책정하려던 1회 통과 요금을 500원으로 인하하고, 1년 후 재산정하는 것으로 일단락되었다.

개통하고 1년이 지난 2016년 울산시와 민간컨소시엄 투자사인'하버브릿지'는 울산대교 통행료를 1,500원에서 1,800원으로 올리고, 염포산 터널 통행료도 600원으로 인상할 것이라는 입장을 발표했다. 또 다시 동구지역 주민들을 대상으로 시민선전전과 염포산 터널 무료화 스티커를 배포하는 등 무료화운동을 진행했다. 동구 주민들의 거센 항의를 받은 울산시는 염포산 터널의 통행료를 500원에 동결하였다.

이장우 집행부는 시내에서 병원으로 출근하는 조합원들과 동구지역에 거주하는 조합원들의 생활여건을 향상시키고자 염포산 터널 무료화 운동을 공식사업으로 결정하고 추진했다. 상집간부들이 주축이 되어 주 2회 시민선전전, 전 조합원 서명운동, 기자회견, 시장항의 방문 등 무료화 운동에 주도적으로 참여하였다. 염포산터널 무료화 운동은 동구지역 주민들의 많은 지지를 받았고 울산시와 하버브릿지 사의 요금 책정 과정에 영향을 미쳤다.

6) 기타 연대

2014년 1월 울산대병원분회는 철도노동자 연대 투쟁기금을 조직했다. 전 조합원의 자발적인 모금으로 5,413,000을 전달하였다. 아울러 철도노동조합에서 발행한 채권을 구입했다. 병원사업장인 울산대병원분회가 철도노조 파업에 연대한 까닭은 공공부문의 성과급제와 민영화 정책이 확정되면 결국 의료민영화와 민간부분사업장의 성과급제로 확산될 것이 뻔했기 때문이었다. 철도노동조합의 파업투쟁을 전체 노동자들의 권리를 지키기는 중요한 투쟁으로 보았다.

2014년 민주노총은 2월 국민총파업 투쟁을 선포했다. 태화강역에서 열린 울산집회에 조합원 13명이 참석했다. 5월에는 현대중공업 하청지회 산재사고 규탄 및 산재사망노동자 추모 천막농성에 전임 간부들이 천막지킴이로 결합했다.

6월부터 울산과학대 청소노동자들이 임금인상을 요구하며 파업에 돌입하였고 울산과학대는 탄압으로 일과해 노동자들이 농성을 파괴하고 학교에서 쫓아냈다. 울산대학교병원분회는 울산과학대 청소노동자들의 파업투쟁과 집회에 간부들을 중심으로 결합하였다. 대의원들의 결의를 모아 400여 만 원의 투쟁기금을 모금하여 전달했다. 울산과학대 투쟁은 3년을 넘기는 동안 계속 됐다.

2014년 6·4지방선거와 2016년 총선 시기 민주노총울산지역본부이 진행한 선거운동에 함께하면서 진보교육감 후보 지원을 위한 펀드에 대의원결의를 통해 참여했다. 그 외에도 공공운수노조 울산본부의 지지후보들을 지지하고 지원했다.

6월, 7월에는 전주버스노동자 진기승 열사 투쟁에 연대했다. 3차례의 집중집회에 상집간부중심으로 참가했으며, 7월에는 세월호 진상규명을 위한 세월호 유가족이 함께하는 서명운동을 병원 식당 앞에서 진행하였다. 그 외에도 현대중공업 구조조정저지투쟁 등 각종 지역과 공공운수노조, 민주노총의 집회에 연대하고 함께했다.

7) 민들레분회 파업

민들레분회가 결성된 후 4년 만인 2013년 10월, 처음으로 파업에 돌입했다. 임금인상이 주요 요구였지만 쌓여있는 현안문제에 대한 불만도 많았다. 병원은 신관을 새롭게 개원하면서 다른 용역업체에 청소업무를 도급했다. 본관 청소노동자들이 결성한 노동조합을 견제하기 위한 분리정책이었다. 민들레분회 조합원들은 신관로비를 점거하고 농성에 들어가 3일간 파업농성을 진행했다. 이 과정에서 민들레분회 조합원들은 신관 청소노동자들을 조직해 조합원 수는 두 배로 늘어났다. 사측의 분열정책은 노동자들의 단결을 막을 수 없었다. 2013년 말 민들레분회 초대 분회장이던 박경형 분회장이 임기를 마치고 2기 집행부로 이점자 분회장이 당선됐다.

이점자 집행부는 2014년 11월 임금인상과 복지확대를 요구하며 파업을 결행했다. 민들레분회는 신관로비에서 파업출정식을 진행하며 신관을 거점으로 투쟁을 진행했다. 신관과 본관 청소노동자 전체가 파업에 돌입하자 병원은 관리자들을 동원해 병원을 청소하게 하는 동시에 로비 농성장을 침탈했다. 신원을 밝히지 않은 사람이 112에 수십 통의 신고 전화를 해 경찰이 출동하게 유도하고, 경찰은 병원 사측의 허용 하에 병원로비로 진입했다. 경찰은 민들레 분회 조합원들을 윽박지르고 위협해 농성을 해산시키려 하였다. 규정에도 없는 옥내집회의 소음 측정을 근거로 집회 중단을 요구하다가 집회 방송장비 사용을 막고 탈취하려 했다. 이 과정에서 이장우 분회장이 스피커를 잡고 저항하자 경찰 수십 명이 한꺼번에 달려들어 스피커를 강제로 탈취해갔다. 이에 그

박근혜 퇴진 민중총궐기에 참가한 간부들

치지 않고 공권력은 경찰 상해와 공무집행 방해 명목으로 분회장을 현
행범으로 체포 연행하였다. 이장우 분회장은 동부경찰서에서 4시간의
조사를 마치고 병원으로 돌아왔다.

경찰과 검찰조사에서 경찰상해를 증명하기 위해 비디오 자료를 수
십 번 확인했지만 피해를 입었다는 의경의 진술 외에는 구체적인 영상
증거도 증인도 없었다. 오히려 분회장 혼자 수십 명의 경찰에 둘러싸여
스피커를 강탈당하고 있는 모습만 나올 뿐이었다. 그러함에도 검찰은
징역 6개월을 구형하였고 재판부는 벌금 300만 원을 선고하였다. 항소
하였으나 2016년10월 벌금 300만 원으로 확정되었다. 이 사건은 박근
혜 정권 들어와 강화된 노동탄압을 보여줬다. 과거 경찰이 사업장 내로
들어와 노사관계에 개입하는 것은 심각한 상황에서만 고려되는 일이었

다. 그러나 단발적인 로비집회에 경찰병력을 투입하고 집회 자체를 원천 봉쇄하는 태도는 군사정권에서도 없었던 일이었다. 박근혜 정권 하에 경찰은 정권과 자본의 입맛에 맞지 않는 국민들에게 재갈을 물리고 탄압하는 역할을 자임했다.

병원은 경찰병력을 통한 탄압과 더불어 민들레분회 간부들과 민주노총 울산지역본부 간부들을 업무방해로 고소했다. 최저임금을 받는 청소노동자들의 임금인상이라는 소박한 요구를 협상을 통해 원만하게 해결하려는 의지는 보이지 않고, 관리자 구사대와 경찰을 동원해 탄압하려는 병원의 태도는 매우 실망스러운 것이었다. 민들레분회 간부들은 조사와 재판을 거쳐 벌금형을 받았다. 그러나 민들레분회 조합원들은 기죽지 않았고 벌금을 모금하기 위한 일일주점을 열었다. 일일주점은 성황리에 진행되었고 벌금뿐만 아니라 향후 투쟁기금까지 축적할 수 있었다. 일일주점을 준비하면서 한층 더 가까워진 간부들과 조합원들 간의 끈끈한 동지애는 덤이었다.

7. 박근혜 정권 퇴진 운동

1) 민중총궐기

박근혜는 대통령이 되고 얼마 되지 않아 핵심적인 개혁과제로 노동시장개혁을 들고 나왔다. 비정규직을 대폭 확대하고 성과급제로 임금과 저성과자 퇴출제도를 밀어붙이며 노동조합과 노동자들을 벼랑 끝으로 내몰았다. 2015년 11월 14일 민주노총은 1차 민중총궐기를 조직했다. '박근혜 퇴진' '노동개악 저지' 등 12대 요구안을 걸고 주도한 민중총궐기에 10만 민주노총 조합원이 집결했다.

울산대병원분회 간부들은 11월 12일부터 진행된 상집수련회를 마치고 14일 아침 서울로 상경했다. 서울 시청광장에서 열린 전국노동자 대회에서 엄청난 인파에 서로 놀라는 표정이었다. 서울시청 앞 광장에서 광화문으로 향하는 여러 갈래의 대로로 각 조직별로 나뉘어 행진을 진행했다. 거대한 용트림처럼 대오가 이어졌다. 전체 행진 행렬이 집회공간인 서울시청 앞을 빠져 나가기도 전에, 행렬의 선두는 경찰이 세운 차벽에 막혀 멈췄다. 정권은 민중총궐기대회 준비위원회에서 민중대회 장소로 요구한 광화문의 집회를 불허하고 광화문으로 통하는 도로를 차벽으로 봉쇄했다. 울산대학교병원분회 간부들은 공공운수노동조합의 행렬을 따라 행진하고 있었다. 차량통행이 완전히 차단된 도로 전체를 행진대오가 가득 메우며 이동하는 장면은 그야말로 장관이었다.

행진대오들은 손에는 '박근혜 퇴진'의 피켓을 들고 입으로는 구호를 외쳤다. 인도로 지나가던 시민들이 길가에 서서 환호를 보내기도 하고 욕설을 내뱉기도 했다. 30분쯤 지났을까 행진대오가 갑자기 멈춰 섰다. 경찰의 차벽에 도달한 것이었다. 경찰버스를 이어 붙여 집회 행렬이 지나가지 못하게 하고 행렬을 막은 버스 뒤로 물대포를 설치했다. 인도에는 전투복을 입은 경찰들이 빼곡히 메워서 있었다. 경찰은 불법시위 운운하는 경고방송을 하고 얼마 지나지 않아 파란색 페인트가 섞인 물대포를 쏘아 대기 시작했다. 대열 앞쪽에 있던 사람들이 혼비백산해 물대포가 닿지 않는 곳으로 흩어졌다.

그러나 지도부를 비롯해 분노에 찬 사람들과 집회를 선도하던 방송차는 그 자리에 남아 그대로 물대포 세례를 맞았다. 울산대학교병원분회 간부들도 순식간에 흩어져서 어디에 있는지 알 수 없었다. 대부분의 사람들이 비옷을 입고 쏟아지는 물을 피하기 위해 어깨를 웅크리고 있었기 때문에 누가 누군지 분간할 수 없었다. 경찰이 발사한 파란 물에는 최루액이 섞여 있어 사람들이 곳곳에서 기침을 해댔다.

이날 민중총궐기 대회에서 백남기 농민이 경찰이 쏜 물 대포에 맞아 쓰러졌다.

2) 탄압

정권은 한상균 민주노총 위원장을 수배했다. 민중총궐기를 주도한 것을 문제삼았다. 한상균 위원장은 조계사로 피신했다. 그러나 대한불교조계종 신도회는 한상균 위원장에게 온갖 행패를 부리고 모욕을 가했다. 그리고 경찰에게 내주었다. 박근혜 정권은 민중총궐기 참가자들을 구속하고 무작위로 채증해 기소했다. 울산대학교병원분회도 이장우 분회장을 비롯해 9명의 상집간부들이 일반교통방해라는 죄목으로 기소됐다. 경찰조사와 검찰조사를 거쳐 정식으로 열린 재판에서 검찰은 이장우 분회장과 박창원 부분회장에게 징역 6월을 그 외 상집간부들에게는 벌금을 구형하였다. 1년 가까이 조사와 재판이 진행되고 울산지방법원은 이장우 분회장에게는 벌금 100만 원을 선고, 박창원, 최옥희, 황연희, 김재민, 전재효, 문미아 상집간부에게 벌금 70만 원을 선고유예 했다. 이에 검찰이 항소해 재심하였으나 법원은 1심 결과를 확정하였다. 별도로 조사와 재판을 진행한 문부철 부장은 부산지검에서 약식벌금 200만 원을, 최은숙 부장은 벌금 100만 원 선고유예가 결정되었다. 최종 재판이 끝나고 판결된 시점은 2017년 7월이었다.

3) 박근혜는 퇴진하라!

2015년 11월부터 2016년 10월까지 민주노총이 주도하는 민중총궐기 준비위원회는 다섯 차례 민중총궐기를 진행했다. 공공운수노동조합은 박근혜 정권이 밀어붙인 성과연봉제와 저성과자 퇴출제 반대 투쟁을 연계해 7월 지역별 순환 파업을 시작으로 9월 27일, 97년 이후 최대 규모의 공동파업 투쟁(공공운수노조 산하 15개 단위노조, 6만 2천여 명 참여)을 조직하였다. 투쟁의 주력으로 나선 서울지하철·5678도시철도·부산지하철은 3일 이상 파업을, 건강보험·국민연금·서울대병원은 2주 이상 파업을, 철도노조는 74일 전면 파업 투쟁을 전개했다. 공공운수노동조합을 비롯한 민주노총의 파업투쟁과 박근혜퇴진 운동은 민중총궐기의 중심이 되었다.

이런 가운데 박근혜정권의 부정과 비선실세의 국정농단이 드러나면서 국민들은 촛불집회로 모이기 시작했다. 10월 29일 오후 서울 청계광장에서 '모이자! 분노하자! 내려와라 박근혜' 대규모 촛불집회를 마친 시민들이 청와대를 향해 행진했다. 세종대로에서 경찰과 대치하며 멈추었다. 여느 때와 다르게 일체의 폭력사태도 일어나지 않고 평화적 집회로 마무리 되었다.

2016년 11월 12일, 제6차 민중총궐기대회에 민주노총 조합원 20만 명을 포함해 100만의 시민이 집결했다. 울산대병원분회 14명이 민들레분회 조합원들을 비롯한 지역 동지들과 함께 전세버스를 타고 서울 6

박근혜 퇴진 민중총궐기에 참가한 간부들

차 민중총궐기에 참여하였다. 오후 2시 경 서울 시청광장 앞에 도착해 의료연대 깃발을 찾아 자리를 잡았다. 서울 시청광장과 대한문, 세종로 까지 가득 메운 사람들로 그야말로 빈틈이 없었다. 어른 아이들 청년 할 것 없이 "박근혜 퇴진" 손 피켓을 들고 환호했다. 2015년 11월 민중총궐기 때 보다 두세 배 더 많은 군중들 때문에 행진을 시작한지 한 시간이 지나도 집회 장소였던 서울역 광장은 인파로 북적거렸다.

2016년 11월 박근혜 정권의 노동탄압과 세월호 참사, 백남기 농민 문제 해결, 박근혜 최순실 게이트 처벌을 요구하는 서울 촛불집회를 시작으로 박근혜 퇴진운동이 본격화됐다. 11월 중순을 넘어서면서 박근혜 퇴진 촛불집회는 지역별 거점 집회로 확산되고 매주 토요일마다 지역별로 촛불집회가 진행되었다.

울산지역도 매주 토요일 삼산동 롯데백화점 앞에서 촛불집회가 열렸다. 울산대학교병원분회도 매주 촛불집회에 함께했다. 비가 오고 바람이 불어도 빠짐없이 참석했다. 11월 말부터는 구조조정 저지, 박근혜 퇴진 울산동구시민행동(울산동구지역 노동조합, 시민, 진보정당 연합모임)이 조

100만 촛불이 집결한 박근혜 즉각 퇴진 5차 범국민행동(2016년 11월 26일)

직되어 동구현대백화점 옆 광장에서도 촛불집회를 개최했다. 울산대병
원분회는 촛불집회를 준비하고 진행하는 핵심단위가 되었다. 촛불집회
에 필요한 물품인 깔개, 커피, 양초 등을 준비해 제공하고 조합원들을
비롯한 시민들의 참여를 독려했다.

2017년 3월 10일 박근혜 대통령이 헌법 재판소에서 파면 결정이 날
때까지 매주 토요일 촛불집회는 20차까지 계속되었다. 134일간 누적인
원 1,600만여 명이 참가했다고 했다. 그 과정에 울산대학병원분회 조합
원들도 함께했다.

8. 울산대학교부속병원 전환

2016년 11월 학교법인 재단에서 울산대학교병원을 울산대학부속병원으로 하는 방안이 통과됐다. 재단이 병원을 대학 부속화 하면 대학평가를 보다 잘 받을 수 있다고 했다. 하지만 그 이면에는 실질적인 비용절감 노림수가 있었다. 이로 인해 직원들이 교직원이 되고 국민연금에서 사학연금으로 전환되는 문제가 쟁점이 됐다. 노동조합은 병원과 12월 20일부터 특별교섭을 진행했다. 2016년에 마무리 되지 않아 2017년도로 넘어갔고, 12대 집행부가 중심이 되어 진행하였다.

사학연금전환 특별교섭 울산대학교병원분회 요구(2016년 12월 20일)

사학연금 전환에 따른 특별교섭 요구안	
퇴직금	현재 재직 중인 직원이 퇴직하였을 때 입사일로부터 2017년 2말까지 근무한 기간에 대해 아래와 같이 퇴직금을 지급한다. 퇴직 시 월 평균임금 x 2017년 2말까지의 근속년수 퇴직금 지급 시 임금인상에 따른 소급 분을 적용하여 지급한다.
정년퇴직일	2017년 3월 사학연금 전환으로의 제도변경에 따라 2개월의 가입기간 부족으로 인해 발생하는 퇴직수당 지급률 등의 불이익을 해소하기 위해 직원의 정년퇴직일은 정년이 경과된 이듬해 2월말로 한다.
육아휴직 급여보상	병원은 고용보험에서 지급하는 육아휴직급여와 동일한 금액을 육아휴직 기간 동안 지급한다.
사학연금 가입 대상	병원은 무기 계약직을 사학연금 가입 대상으로 한다.

직장어린이집 지원보상	병원은 사학연금 전환에 따라 제외되는 고용보험 직장 어린이집 지원금을 동일하게 보장한다.
실업급여 손실분 보상	병원은 사학연금 전환에 따라 제외되는 실업급여 지원 금과 퇴직 후 교육비를 고용보험과 동일한 기준으로 보 장 한다.
산재 불이익 보상	병원은 업무상 재해 발생이 많은 병원의 특성을 고려하 여 산업재해보상보험과 사학연금의 재해보상급여 차이 에 따른 불이익을 보상한다.
사학연금전환 후 단기재직자불이익 보상	병원은 장기근속자가 적고 중도 퇴직자가 많은 병원의 특수성을 고려하여 사학연금 전환 후 근속년수가 10년 이내인 단기 재직자에 대해 퇴직금 폐지로 인한 불이익 을 보상한다.

6부 노동조합 창립 30년, 그리고 최장기 파업
(2017)

6부 노동조합 창립 30년, 그리고 최장기 파업(2017)

1. 12대 집행부 출범

규정에 따라 2016년 10월 10일부터 후보등록을 시작해 10월 31일부터 12대 집행부 선거 투표를 진행했다. 두 개 조의 후보가 입후보해 경선으로 치뤘다. 기호 1번은 대의원을 지낸 보안팀 오윤국과 71병동 서현수, 기호 2번은 9대 분회장을 역임하고 11대 집행부에서 부분회장을 지냈던 진단검사팀 김태우와 11대 집행부의 상집간부를 지낸 직업환경보건팀의 최옥희가 한 조가 되어 출마했다.

기호 1번 오윤국, 서현수 후보는 조합원의 꿈과 희망을 목표로 "실천하는 노동조합"을 만들겠다는 목표로 소통, 도전, 변화라는 3가지 약속과 "믿음주고 실천하는 노동조합"이라는 슬로건으로 기본급인상, 권위주의 타파, UDS시스템으로 업무개선 등을 주요공약으로 걸었다.

기호 2번 김태우 최옥희 후보는 "사용자에게 흔들리지 않고 조합원에게 흔들리는 노동조합"이라는 슬로건으로 '정당한 권리를 되찾자' '잘 쉬는 것은 일만큼 중요하다' '직원들이 진짜 주인이 되자' '고용을 위협하는 모든 것에 맞선다' '실용적 복지확대' '안정과 신뢰로 다시 뛰는 노동조합' 6가지 목표에 연장수당, 산재, 기본급 인상. 파행근무 근절, 인사제도 개편, 간호업무개선, 야간 현장순회를 통한 소통 등을 주요공약으로 제시했다.

선거운동이 시작되고 10월 23일 기호 1번 분회장 후보 오윤국, 사무장 후보 서현수가 임원 선거 후보 사퇴서를 선거관리위원장에게 제출하였다. 기호1번 후보가 사퇴함에 따라 2번 김태우 최옥희 후보의 단독 선거로 찬반투표를 진행하게 됐다. 10월 31일부터 11월 2일까지 3일간 투표를 진행, 11월 2일 총 재적은 1,185명 중 773명(65.23%)이 투표한 가운데 찬성표는 716명(92.63%)이었다.

김태우 최옥희 후보가 12대 분회장 사무장으로 당선되었다. 2017년 1월 12일 아트리움 로비에서 취임식을 진행했다.

12대 상집간부는 11대 간부들이 함께하는 가운데 더 많은 조합원들이 상집간부에 결합했다. 분회장 김태우, 사무장 최옥희, 부분회장 이장우, 김재선, 회계감사 강연주, 박창원, 총무부장 정정예, 조직부장 박기수, 이민규, 최자경, 이영림, 교육부장 김도희, 라은숙, 조사통계부장 유은옥, 문화부장 김용관, 김재민, 배장홍, 신종근, 여성부장 최은숙, 노동안전부장 손영옥, 전재효, 선전부장 성순점, 복지부장 김소은, 황연희. 25명의 간부들이었다.

2. 2017 투쟁

1) 투쟁의 서막

1/5-사학연금전환에 따른 특별교섭 4차부터 이어받아 진행

1/12-11대, 12대 집행부 이 취임식

1/16-촉탁직 의견수렴 간담회

1/20-상집수련회

2/9-31년차 정기대의원대회

2/16-정기 병동 야간 순회 시작

2/20-272017년도 임금협상 설문조사

4/11-17차 특별교섭, 이후 임금교섭과 통합

4/20-2017년 1차 임금·특별교섭

사학연금전환 특별교섭

김태우 집행부는 취임해 집행을 안정시키기기도 전에 2016년 12월 시작되어 넘어온 사학연금전환에 따른 특별교섭을 4차부터 이어받아 진행했다. 특별교섭을 진행하는 가운데 2017년 임금교섭을 준비했다.

2016년 11월말 울산공업학원 이사회에서 울산대학교병원을 울산대학교 부속병원으로 전환하는 것을 결정하였다. 울산대학교병원은 '대학병원'을 명칭으로 사용하고 있었지만 울산공업학원재단 산하 수익업체로 되어 있었다. 병원 자산의 일부를 교육부에 등록해야 하는데 병원 자산 대부분이 현대중공업 소유였기 때문에 병원을 울산대학교 소속으로 전환하지 못했던 것이다.

현대중공업은 채권단으로부터 부채비율을 줄이라는 요구를 받고 2015년부터 구조조정을 진행했다. 구조조정 과정에 현대중공업이 보유

하고 있던 부동산(병원부지, 기숙사)을 울산대학교병원에 매각하였다. 울산대병원은 현대중공업으로부터 매입한 부동산으로 자산이 늘어나면서 부속병원 전환 요건이 갖추어진 것이다. 울산공업학원 재단이사회는 이사회를 열어 울산대학교 부속병원 전환을 의결하였다.

부속병원으로 전환되면서 직원들은 국민연금에서 사학연금으로 바뀌고 산재보험과 고용보험도 없어졌다. 재단이 일방적으로 추진하면서 직원들을 대상으로 일체의 사전논의를 진행하지 않았고 의견도 묻지 않았다. 가장 큰 변화는 직원들의 국민연금이 사학연금으로 전환된 것이다. 고용보험, 퇴직금이 없어지고 국민연금보다 적게는 두 배, 많게는 세배 가까이 납부해야 하는 연금이 늘었다. 실질적인 수령임금이 줄어든 것이다. 노동조합은 사측에 사학연금 전환에 따른 특별교섭을 요구했다. 사학연금전환으로 연금손실이 발생할 수밖에 없는 정년퇴직 10년 미만 직원들에 대한 대책은 물론, 고용보험에서 제외되면서 발생하는 육아휴직 등 제도적인 문제와 실질적인 수령임금 저하에 따른 대책을 요구한 것이다.

12월부터 시작된 특별교섭에서 사측은 정년 10년 미만 직원에 대해서는 국민연금으로 남는 것으로 하고 육아휴직 등 고용보험 제외로 발생하는 문제는 현행과 동일하게 병원에서 책임지는 것으로 했지만, 실질 수령임금 저하에 따른 생활안정자금 요구는 받아들이지 않았다. 노동조합은 사학연금전환에 따라 노동자들의 부담은 커지고 병원의 지출은 줄어든 만큼 직원들에게 1인당 138,000원을 지급하는 생활안정자금을 요구했다. 병원은 사학연금으로 전환하면서 그동안 납부해오던 고용보험과 사학연금, 퇴직금을 적립하지 않아 연간 25억 원 정도의 지출을 줄일 수 있었다. 반면 대부분의 직원들은 상당한 손해를 감수해야 했다. 노동조합이 계산한 것에 따르면 연금가입 기간이 10년 미만일 경우에는 국민연금보다 손해가 발생하고, 현재 정년이 10년 정도 남은 직원들은 82세까지 생존했을 때에만 손해를 보지 않았다. 울산대학교병원의 평균 근속년수가 9년이었다. 대부분의 직원들이 손해를 볼 수밖에 없는 상황이었다.

2016년 12월에 시작한 특별교섭이 생활안정보조금 요구를 중심으로 길어지면서 5월부터는 임금교섭과 병행했다.

의사전용 주차장

현안문제로 의사 전용 주차장 문제가 부각되었다. 신관 지하 1층에 마련된 의사 주차장의 존재를 노동조합이 문제제기하자, 병원은 처음에는 철거 의사를 보였다가 곧 태도를 바꿔 주차장에 바리케이트까지 설치했다.

의사 전용 주차장은 신관병원과 가까운 접근성이 좋은 공간이었다. 노동조합은 의사주차장 공간을 환자들에게 돌려주고 다른 곳으로 이전할 것을 요구했다. 환자보호자의 주차장 이용불편신고를 300여 장을 접수해 병원장에게 전달하고, 환자보호자들을 대상으로 이 문제에 관한 설문을 진행했다. 그러나 병원 사측은 차일피일 논의를 미루기만할 뿐 노동조합의 요구를 수용하지 않았다.

의사전용 주차장 문제는 단체협약에서 논의하기로 하고 2월말 논의가 중단됐다. 의사직종 일부 직원들은 주차장 논란을 자신들의 기득권에 대한 도전으로 받아들이기도 하였다. 8월부터 이어진 단체협상에서 의사전용 주차장 문제는 쟁점으로 부각되고 파업기간까지 논쟁이 이어졌다.

2) 교섭

4/20-2017년 1차 임금·특별교섭

5/8-의사전용주차장철거 환자 및 보호자 집중선전전

5/10-4차 통합교섭-의사전용주차장철거 환자 및 보호자 집중선전전-야간순회

5/11-중식교섭보고대회 및 집중선전전-4차 임시대의원대회

5/12-의사전용주차장철거 환자 및 보호자 집중선전전

5/17-중식 투쟁속보11호 선전전-의사전용주차장 차단기 철거 선전전

5/19-중식 투쟁속보12호 선전전-72,81,91병동 간호사 간담회

5/22-원무팀 조합원 간담회-여자행정파트 간담회-2017년 임단투학교 -총무팀
　　　(보안) 조합원 간담회-병동간호팀 조합원 간담회

5/23-의료기사 조합원 간담회-신생아실,72,56병동 조합원 간담회-외래PRN
　　　조합원 간담회

5/24-진단검사의학팀 간담회-병동보조(여) 간담회-중식 집중보고대회 및 선전
　　　전-영양실 조합원 간담회

5/25-조합원 하루교육(경주)-보험심사팀 및 의료기사파트 조합원 간담회-68병
　　　동, 92병동 조합원 간담회

5/26-구매팀, 시설팀, 외래(비뇨기과) 조합원 간담회-82병동 조합원 간담회

5/29-영상의학팀 간담회-간호부 외래간담회-중식 집중선전전

5/30-7차 통합교섭-건강증진센타 조합원 간담회-중식 집중선전전

5/31-직업환경보건팀 조합원 간담회-중식 집중선전전

6/1-2017년 출정식

6/7-야간순회

6/13-실무교섭-야간순회

6/15-2017년 단체협약설문지 회수

6/19-전 조합원 합동간담회

6/20-울산민들레분회 생명안전업무 비정규직화 집회-전 조합원 합동 간담회

6/30-단협요구안 심의를 위한 상집수련회 및 6.30총파업집회

7/4-영상의학팀 간담회-야간순회

7/7-2017년 상반기확대간부수련회(2017년 부서별 사업계획 및 예산안 수립)

7/18-원, 하청 공동 중식 선전전

7/20-민들레분회 파업연대 및 중식 선전전-야간순회

8/16-중식 집중선전전(투쟁속보30호) 및 퍼포먼스(연장근로수당청구)

8/18-18차 통합교섭-진료부원장 면담(대리처방)-투쟁속보 31호 중식선전전 및
　　　원,하청 정규직화선전전

8/25-조정신청, 아트리움로비농성 돌입, 사측 폭력침탈

8/28-사측의 폭력행위 규탄 중식집회 160여 명 참석

8/29-실무협의-조합원간담회-직종별대의원간담회-고발인2차 조사(울산고용
　　　노동지청)

9/1-야간순회,2017쟁의행위 찬반투표(9/1~9/5)

9/4-울산지방노동위원회 조정회의. - 3차 비상대책위원회

9/5-출근선전전.- 2017 쟁의 찬반투표개표.-4차 비상대책위원회

9/6-5차 비상대책위원회

9/7-2017년 임단협 승리 전 조합원 결의대회

9/8-6차 비상대책위원회

9/11-울산지방노동위원회 마지막 조정회의 -9차 임시대의원대회

9/12-통합(사학연금특별교섭,임금교섭,단체협약교섭)41차교섭

　2017년에는 사학연금 전환에 따른 특별교섭이 진행되고 있는 가운데 우선 임금교섭을 진행하고 이어서 단체협약을 진행하는 것으로 계획을 세웠다. 임금교섭과 단체협약 교섭을 분리한 것은 임금인상을 중

요성을 부각시키고, 사측의 단체협약 개악을 차단하기위한 전술이었다.

사학연금 전환에 따른 특별교섭과 통합하여 진행된 임금교섭을 6월 7일 8차 교섭까지 진행했으나, 내용에 진척은 없었다. 사측은 안을 제시하지 않으면서 단체협약안과 함께 논의하자고 주장했다. 노동조합은"사측이 단체협약에서 개악 안을 제시하지 않겠다면 논의해 보겠다"라는 입장을 제시하였고 사측이 이를 수용하였다. 대의원 회의에서 임금협상과 단체협상을 통합하는 것으로 승인절차를 진행했다.

6월 1일 열린 2017임단협 출정식에 역대 가장 많은 수인 380여 명의 조합원들이 참여해 사측의 전향적인 태도 변화를 촉구했다. 병원 본관 앞 주차장에서 준비하던 출정식은 갑자기 쏟아진 소나기로 신관로비에서 진행되었다. 380여 명의 조합원들은 신관로비를 가득 메웠다.

단체협약을 준비하기 위한 설문조사와 간담회를 진행하고 협약 요구안을 마련하여 7월 11일부터 본격적으로 임단협 교섭을 재개했다. 교섭기간 동안 중식선전전을 진행했다. 임금요구 수표 나눠주기 등 각종 퍼포먼스를 진행해 조합원들의 반응을 유도했다. 2017년 초부터 조합원들과 소통을 위해 정기적인 야간순회와 현장순회를 진행했다. 야식을 나눠주는 방식으로 진행한 정기적인 야간순회에서 조합원들의 의견을 청취하고 현장의 문제를 파악할 수 있었다. 조합원과의 소통이 강화되면서 단결의 기운도 높아져갔다.

8월 25일 조정을 신청하자 사측은 8월 29일 교섭에서 첫 임금안을 제시했다. 그러나 사측이 제시한 안은 노동조합의 요구보다 턱없이 부족한 것으로, 대의원들의 분노를 높였다. 8월 말 지급된 임금을 받아본 조합원들은 임금체계 개편으로 상여금 지급방식이 달라지고 사학연금 전환으로 임금수령액이 현저하게 줄어든 것을 확인하고 당황했다. 조합원들의 임금에 대한 불만은 높은 노동 강도와 맞물리면서 사측의 임금 인상안에 대한 분노로 모아지고 있었다. 2016년 12월부터 이어온 사학연금 전환에 대한 문제의식을 소멸시키지 않고 임금요구와 결부하면서 생활안정보조금을 제시한 것은 조합원들의 현실적 요구를 반영한 적절한 전략이었다.

3) 투쟁

사측의 폭력

8월 25일, 로비 농성장을 설치하는 과정에서 사측 관리자가 부분회장의 목을 조르는 사건이 발생했다. 대의원 회의 투쟁결의를 거쳐 조정신청을 접수하고 중식집회를 조직하였는데 40여 명의 조합원이 참여하는데 그쳤다. 선전활동을 강화하기 위해 아트리움로비 농성을 준비하는 과정에 사측이 관리자들을 동원해 폭력으로 농성장을 파괴한 것이었다. 사측의 침탈과정에 동부경찰서 경찰관이 사전에 동원되어 채증하는 등 사측과 경찰의 결탁으로 보이는 정황이 드러났다. 농성장이 파손되고 재설치하는 과정에서 경찰이 개입해 업무방해니 뭐니 하면서 노조활동을 방해하기도 하였다. 경찰은 "어떤 부분이 업무방해인지 법률에 따라 정확히 고지하라"는 노동조합의 요구에 "경우에 따라 업무방해가 될 수도 있다."라는 애매 모호한 말을 남기고 사라졌다. 정당한 노동조합 활동을 경찰이 사측과 결탁해 압박한 문제는 공공운수노동조합 울산본부에서 울산 지방경찰청장 항의 방문을 진행하고 경찰청장으로부터 노사관계에 과도한 경찰개입을 하지 않겠다는 약속을 받아냈다. 사측의 폭력행위는 동영상으로 공개되었고 "이번만큼은 사측에 대항해 제대로 투쟁해야 한다."는 조합원들의 공감대를 불러 일으켰다. 8월 28

정당한 노조 활동에 대한 사측의 폭력

일 긴급 소집된 중식집회에 조합원 160여 명이 참석해 사측의 폭력도발을 규탄했다. 사측의 폭력은 조합원들의 분노를 증폭시키고 노동조합을 지켜야한다는 결의를 불러일으켰다. 160여 명의 조합원이 중식집회에 참여한 것은 이례적인 일로, 근무자들의 점심시간이 각각 다른 상황에서 집회 시간과 점심시간이 일치한 상근근무 조합원들 대부분이 참여한 것이었다.

분회는 조정신청을 하고 파업까지 농성장을 중심으로 조합원들과 소통을 이어갔다. 농성장에는 간호인력 충원과 환자전용 주차장 설치 등 환자와 보호자들의 의견을 모으는 스티커 붙이기 판이 게시되어 관심을 끌었다.

조정기간 동안 직원 식당 안에서 교섭보고대회를 진행했다. 교섭상황과 현안문제에 대해 하나하나 설명하는 시간이었다. 식당 안 교섭보고는 많은 조합원들의 관심을 집중시키기에 충분했다. 식사 중에 연설 방식으로 진행된 교섭보고에 조합원들은 귀를 기울였다. 최종 조정기 간이 만료되는 날 전 조합원 결의대회를 조직했다. 400여 명의 조합원 들이 결의대회에 참여해 사측의 태도 변화를 촉구하였지만, 병원은 새 로운 안을 제시하지 않았다. 결국 조정기간이 만료되어 조정중지 결정 이 내려졌다.

9월 13일 총파업을 하루 앞둔 시점에 상집간부 지명파업을 진행했 다. 대부분 상집간부들이 파업에 참여해 현장순회, 현수막 부착 등 파 업전야제와 파업투쟁을 준비했다. 9월 13일 저녁 400여 명의 조합원이 함께한 가운데 파업전야제를 진행했다. 공연을 준비한 간부들은 열정 적으로 노력으로 조합원들에게 큰 웃음을 주었다. 파업전야제가 진행 되는 동안 교섭 자리에서 병원은 기본급을 0.5% 상향하는 안을 제시하 였지만 교섭위원들의 동의를 얻지 못했다. 파업전야제가 끝난 후 조합 원들은 다음날 아침 파업을 결의하며 귀가했다. 결의대회와 파업전야 제에 많은 조합원들이 참여하면서 대세가 노동조합으로 모아지고 있다 는 것을 조합원 스스로 느낄 수 있었다.

파업

9/13 - 필수유지 업무자 통보 (휴직자 제외 조합원 1174명, 필수유지조합원
　　　 500명, 파업참가 대상조합원 674명
　　　　 - 상집간부 지명파업. (거리 현수막부착, 파업전야제 조직 현장순회)
　　　　 - 근로감독관 부당노동행위 감시요구로 분회 상주
　　　　 - 오후4시 교섭
　　　　 - 김태우 분회장 병원장 면담

- 이장우 부분회장 행정부원장 면담

- 오후 5시 40분 파업전야제

- 사측 추가 제시안 제출

- 의료연대 운영위원 연대

9/14 - 파업1일차 04시 파업돌입. (문자 결집 지침 발송)

- 기숙사 앞과 주차장에서 픽업해 병원 외 장소에서 조합원 집결(맥도날드 매장 100여 명 조합원 결집)

- 조합원 509명 참석. 파업돌입 기자회견. 10시 파업출정식

- 김진숙 지도위원 교육

- 이선이 노무사 교육

- 울산경찰청 앞 기자회견 및 경찰청장 면담.

- 노동지청 감독관 순회

- 실무교섭진행

9/15 - 05시 문자 결집 지침

- 06시 기숙사, 주차장 픽업하여 신관 입구로 이동

- 파업2일차 조합원 522명 참석

- 노동당 울산시당 이향희 부위원장 탈핵교육

- 조합원 노래자랑

- 일부병동 폐쇄 준비

- 각 병동마다 학생간호사들 투입

9/16 - 파업3일차 상근 근무자(수술, 마취 포함)들에 대해 파업을 철회

- 당직조 운영 오전, 오후, 야간 순회

- 더블듀티근무 거부지침

- 의사직종 관련 소자보 불만제기

- 입원환자 580명으로 감소

9/17 - 파업4일차 상근 근무자(수술, 마취 포함)들에 대해 파업을 철회.

　　 - 당직조 운영, 오전, 오후, 야간 순회

　　 - 의료연대 현정희 자문위원 기획회의

9/18 - 08시30분 비대위회 결합지침 (대의원 4명 미 결합)

　　 - 파업5일차 조합원 579명 참석

　　 - CPR팀, 긴급업무협조 방식 논의, 간호인력 T/F구성, 조직문화개선 논의

　　 - 노동당 파업 지지 기자회견

　　 - 조합원 전체 신 본관 순회

　　 - 두 차례 실무교섭 진행

　　 - 외래환자:2,120명 병동환자 527명

9/19 - 파업6일차 조합원 583명 참석. 오후 572명

　　 - 연장근로 진정서 작성

　　 - 사측 노조선전 부착물 절도

　　 - 원장실 항의 방문

　　 - 오후 백화점과 현대중공업 앞쪽으로 거리행진 집회

　　 - 무노무임 인시계산, 투쟁기금 공동부담 결의 서명 시작, 장기투쟁 준비

　　 - 파업 후 첫 번째 본 교섭

　　 - 병원장 압박으로 투쟁기조 변환 (병원장 호소문자 보내기, 항의 방문 등)

　　 - 파상파업 전술논의 시작

　　 - 주사실 조합원 복귀 논의

　　 - 파업특파원 기자단 (선전팀 38명) 구성, 병원 내외 환자보호자 선전시작

　　 - 임신 조합원 2시간 단축지침

9/20 - 파업7일차 조합원 오전 565명, 오후 570명 참석

　　 - 울산노동지청장 병원장 및 분회장 면담, 병원에 업무방해 고소 취하요구

- 의료연대운영위 회의
- 명덕수변공원 산책
- 노동당 구 의원 연대

9/21 - 파업8일차 조합원 오전 552명, 오후 549명 참석
- 12:30분 분회 운영위 (파업불참 대의원징계건. 대상자 소명기회 위해 정회)
- 의료정보팀 일부 복귀 간담회
- 오후 2시 원내 현장순회 및 선전물 배포
- 간호사 조직문화 개선논의
- 울산건강연대 파업사태 해결 촉구 기자회견
- 공공운수노조 위원장 병원장 면담
- 백화점, 현대중공업 앞 거리행진 집회
- 의료연대 충북지역지부, 대구지역지부 조합원 다수 연대 및 투쟁기금 전달
- 유언비어: 병동폐쇄하면 일자리 없다. 병원은 8%임금인상안 냈는데 노조가 거부했다. 병원이 파산하는 한이 있어도 파업으로 무릎 꿇는 선례 안 남긴다. 퇴직금 안 준다 등

9/22 - 파업9일차 조합원 오전 543명 오후538명 참석
- 울산시청 근처 선전전, 도시락 데이
- 적폐청산 14시 민주노총 울산본부 주관 민주노총 투쟁승리 결의대회
- 분회 운영위 속회 대의원 징계(정권1년, 대의원 자격 박탈)
- 간호 업무 T/F 정리, 간호사 조직문화 개선토론.
- 상경투쟁, 현중 앞 필리버스트 등 투쟁계획 논의
- 간호본부장 문자보내기
- 매일순회팀 4팀 구성
- 필수유지 대의원 면담제안

9/23 – 파업10일차 상근 근무자(수술, 마취 포함)들에 대해 파업을 철회

  – 당직조 운영 오전, 오후, 야간 순회

  – 축조교섭

9/24 – 파업11일차 상근 근무자(수술, 마취 포함)들에 대해 파업을 철회

  – 당직조 운영 오전, 오후, 야간 순회

  – 축조교섭

  – 투쟁기획회의(동부경찰서 조사 연기, 일방적인 근무형태 변경등 단협 위반, 부당노동행위 고발, 추석연휴 파상파업, 보건안전교육관련 고발, 직장폐쇄 등 파업파괴공작 대응전략수립, 연장수당 집단 진정과 고발)

9/25 – 파업12일차 조합원 564명 오후 555명 참석

  – 아침 비대위회의에서 사측의 단협해지, 직장폐쇄 등 예상 공격에 대한 설명

  – 오전 11시에 축소교섭

  – 통상근무자중 필수유지 업무자 도시락 간담회제안

  – 환자보호자 선전물 추가 인쇄

  – 추석전 타결 공식제안

  – 의료연대 서울지부 박경득 사무국장 교육

  – 간호본부, 진료부, 기획실장 항의 면담(간호사 대의원)

  – 뱃지 만들기 시작

  – 고용노동부 울산지청 단협위반, 부당노동행위 고발장 접수

  – 의료연대본부 현지현 국장 배치

9/26 – 파업13일차 조합원 오전 555명 오후 556명 참석

  – 의료연대본부 집중집회, 전하동 우리은행, 전하체육관, 명덕저수지 행진.

  – 오후2시 실무교섭, 오후7시 축조교섭(사측 임금안 철회 검토)

- 10시30분 기자회견(민주노총울산지역본부 울산대병원 분회 파업해결 촉구)
- 복귀 시 탄압, 장기 투쟁 시 단결방안 농성장 토론
- 원장실 앞 대기 농성시작

9/27 - 파업14일차 조합원 544명 참석
- 조합원 교육 위임장 받기
- 2시30분. 오후7시 두 차례 실무
- 연장수당 임금체불 고소고발 기자회견
- 원장실 항의 방문
- 혈종외래, 62병동 수습 조합원 복귀 승인
- 약제팀 간담회
- 노조중앙에 대책위 구성제안

9/28 - 파업15일차 조합원 527명 참석
- 강연주 감사 국회조직사업 상경.
- 도시락 데이, 조합원들 동구전역에 선전전 진행
- 분회장 삭발식
- 전 조합원 카톡방 개설
- 통상근무, 수술, 마취 포함(병동, 외래 제외) 파업부분철회(29일04시)

9/29 - 파업16일차 부분파업. 조합원 오전 307명 참석
- 사측제시안 대의원투표를 통해 잠정합의, 파업철회
- 조합원 1명(소화기내과) 탈퇴서 제출
- 무료노동 설문지 작성, 조합원 교육 위임장 작성,
- 울산대학교병원 교회 관련 지역 목사 5명 방문
- 무노무임 관련 인사팀개입에 대해 항의공문 발송

9/30 - 농성장 청소 및 선전물 정리

2017 파업 돌입 기자회견

– 오전,오후 현장순회
– 부당노동행위 신고센터 설치

9월 14일 새벽 4시 파업에 돌입했다. 14일 새벽 조합원들에게 발송된 파업참가 비밀지침은 "간호사들은 맥도날드 매장으로 모이라"는 것이었다. 아침 6시부터 병원 각 출입문마다 병원 관리자와 노동조합 간부들이 진을 치고 조합원들을 기다리고 있었다. 그러나 8시가 다 되어가도록 출근하는 사람이 많지 않았다. 100명이 넘는 간호사들이 노동조합의 지침에 따라 맥도날드에서 아침을 먹었다. 8시가 넘어서자 조합원들이 병원로비로 들어오기 시작했다. 8시 40분쯤이 되자 조합원들로 신관 로비가 가득 찼다.

9월 14일 파업을 시작하면서 공공운수노동조합 울산본부차원에서 울산경찰청 항의 방문을 진행하였다. 항의 방문의 이유는 울산대학교 병원분회 조합원 결의대회에 앞서 울산동부 경찰서에서 경고장을 보내 옥내집회에 대한 업무방해 및 경찰 직무집행법위반의 가능성을 알렸기 때문이다. 일종의 협박이었다. 울산지방경찰청 항의 방문에서 경찰청장은 동부경찰서장을 불러 사실 확인을 하고 주의를 주겠다는 약속을 받아냈다. 이는 과거처럼 노동조합의 옥내집회에 경찰이 과도하게 개입하는 일을 차단하기 위한 행동이었다. 한편 고용노동부 울산지청에도 부당노동행위 감시를 위한 근로감독관 배치를 요구했다. 이런 사전 조치들은 사측관리자들의 부당노동행위를 사전에 차단하거나 줄이는 효과를 만들었다.

신관 로비를 빼곡하게 메운 600여 명의 파업대오는 오전 10시에 파업출정식을 가졌다. 병원 역사상 최대의 파업조직이었다. 14일 하루 내내 병동을 비롯한 현장에서 파업에 참여하려는 조합원과 이를 막으려는 사측이 대립했다. 사측 관리자들은 "환자를 버리는 것이 간호사냐?"라며 환자를 볼모로 조합원들을 압박했다.

16일의 파업 일정은 오전에는 출정식, 확대 간부회의, 현장순회, 파업교육으로, 오후에는 부서별 장기자랑, 외부 집회, 토론, 선전활동 등으로 채워졌다. 특별히 조합원 40여 명을 파업기자단으로 구성해 파업 현장 취재, 선전물편집, 동영상 제작, 시민선전, 언론모니터링을 진행했다. 파업기자단의 활동은 전체 조합원에게 활력을 불어넣었다.

파업 시 가장 크게 드는 비용은 식사비였다. 식사비 지출을 줄이기 위해 저가의 도시락을 준비하다가 김밥으로 바꾸었고 일주일에 한두 번씩 점심을 부서별로 해결하는 도시락 데이를 운영했다.

노동조합이 파업에 돌입하자 병동 폐쇄를 고민하던 병원은 5일째부터 본격적으로 병동을 폐쇄에 들어갔다. 파업에 참여하지 않는 직원들을 한곳으로 모아 환자들은 관리하기 위한 조치였다. 일부 관리자들이 "병동 폐쇄하면 파업에 참가한 조합원들의 일자리가 없어진다."는 유언비어를 유포했지만 조합원들은 흔들리지 않았다. 파업기간 평균 파업 참가자는 550명 내외로 유지되었다. 파업이 길어지면서 일부 조합원들이 복귀를 요구하기도 하였지만 5~6명 미만으로 극소수였다.

파업 기간 동안 4차례 외부집회를 진행했다. 공공운수노동조합 울산본부 주관과 자체 주관으로 현대백화점을 돌아 현대중공업 앞을 지나는 코스로 두 번의 거리행진을 했고, 민주노총 울산본부 주관으로 울산시청 앞에서 집회를 하고 주변을 행진했다. 의료연대본부 주관으로 전하동 우리은행을 거쳐 한마음회관을 거치는 행진을 진행했다. 거리행진하면서 생각보다 긴 대오를 확인한 조합원들은 스스로 감동하고 많은 힘을 받았다. 거리 행진은 지역주민들에게 울산대학교병원의 파업상황을 알리고 분회 조합원들의 의지를 충분히 보여주는 계기가 되었다.

파업 기간 동안 파업기자단과 문화공연팀이 조직되어 활동했다. 파업기자단은 각 부서별 추천된 인원을 모아 40여 명으로 구성되었다. 파업기자단은 대외선전 3개팀, 내부선전 1개팀, 취재기자 3명, 편집 3명, 사진 영상 2명으로 부분별 조를 편성해 활동했다. 파업기자단은 동구지역 시장, 버스정류장 등 사람들이 모이는 곳에서 창의적인 방법으로 울산대학교병원노동자 파업의 정당성을 알리는 선전전을 진행하였다. 취재기자들은 현장조합원들의 목소리를 모아 파업에 참여한 조합원들의 의지, 업무과정의 문제점, 투쟁방안 등에 대해 세밀한 취재활동을 벌였다. 사진, 영상팀은 동영상을 만들어 유포하고, 편집팀은 선전물을 자체 역량으로 만들었다. 한편 파업과 관련한 언론보도를 모니터링해 언론사에 시정을 요구하거나 항의하는 역할도 했다.

문화팀은 각종 공연을 준비해 조합원들에게 보여주었는데 파업에 참

파업 기간 동안 창의적으로 파업의 정당성을 알린 파업기자단

여한 조합원들에게 많은 웃음을 선사했다. 파업기자단과 문화공연팀의
자발적인 역할은 파업투쟁이라는 요리에 맛을 내는 소금과도 같았다.

울산대학교병원 파업을 지지하는 기자회견들이 진행되었다. 노동당

파업 기간 동안 활동한 문화공연팀

울산시당, 민중당울산시당, 울산건강연대에서 각각 울산대병원분회 파업사태 조기 해결촉구 및 지역 의료공백에 대한 대책을 요구하는 기자회견을 진행했고, 노동자연대는 파업현장에 파업투쟁 승리를 위한 대자보를 부착하는 등 연대를 표현했다. 공공운수노동조합과 의료연대본부 산하 단위에서는 집중적으로 투쟁기금과 지지방문을 조직했다. 그 외 다양한 단체들의 투쟁기금 전달과 지지방문이 이어졌다.

파업이 10일을 넘어가면서 울산지역 의료공백이 심각해지기 시작했다. 울산대학교병원에서 다른 병원으로 옮긴 환자들로 인해 울산지역 대부분 종합병원에 입원실 여유가 없었다. 환자들은 동남권원자력의학원과 양산부산대학병원까지 옮겨가야했다. 시급한 환자들은 정상적으로 운영되고 있는 울산대학병원의 응급의료센터로 몰렸는데, 응급실환자들을 받아줄 입원실이 없었다. 다가오는 10일의 추석연휴 기간 동안

행진하는 파업 대오

어떤 일이 벌어질지 매우 불안한 상황이었다. 병원 경영진은 의료공백 사태로 인한 환자들에 대한 대책을 고민하기보다 '이번에 노동조합에게 밀리면 안 된다.'라는 진영논리에 빠져 있었다.

파업 14일차 강연주 회계감사와 의료연대본부 간부들을 중심으로 국회 방문을 진행했다. 국회 내 환경노동위원회 의원실과 보건복지위원회 의원실을 방문하면서 울산대학교병원 간호사들의 공짜 노동 문제와 파업 상황으로 인한 울산지역 의료공백의 문제를 알려냈다. 이정미 의원실은 병원 측에 관련 자료를 요구하고 노동부에 관련 질의를 하기도 하였는데 2017년 말 전국적으로 실시한 병원 사업장의 특별근로감독 대상에 울산대학교병원이 포함되는 계기가 되었다.

파업 15일차에는 김태우 분회장 삭발식이 진행됐다. 추석 연휴를 앞두고 조합원들의 의지를 다지고 분회의 투쟁의지를 표명하기 위한 삭

노동조합 깃발을 앞세우고 행진하고 있는 조합원들

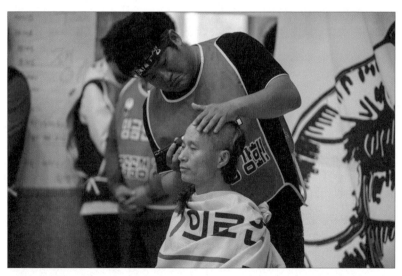

김태우 분회장 삭발

발식이었다. 15일간의 파업에도 조합원들의 요구를 수용하지 않으려는 사측에 대한 분노가 눈물이 되었다.

가자! 총파업

민중의 피눈물이 강되어 흐르는 땅
더 이상 참을 수 없어 기계를 멈춘다.

일하고 또 일해도 잘리고 죽이는 땅
더 이상 죽을 수 없어 기계를 멈춘다.

노동이 침묵 할수록 세상은 더 미쳐만 가고
가진 자들과 독재가 한통속에 노동자 다 죽이고 있다.

가자 총파업투쟁 멈춰라 ~ 자본가 독재
노동자 피눈물의 반격 투쟁 가자 총파업투쟁

4) 파업기간 교섭과 마무리

9/29 - 파업16일차 부분파업. 조합원 오전 307명 참석
  - 사측제시안 대의원투표를 통해 잠정합의, 파업 철회
  - 조합원 1명(소화기내과) 탈퇴서 제출
  - 무료노동 설문지 작성, 조합원 교육 위임장 작성
  - 울산대학교병원 교회 관련 지역 목사 5명 방문

– 무노무임 관련 인사팀 개입에 대해 항의공문 발송

9/30 – 농성장 청소 및 선전물 정리

　　 – 오전,오후 현장순회,

　　 – 부당노동행위 신고센터 설치

10/1 ~10/3 – 오전, 오후, 저녁 현장순회

10/4 ~ 8 – 추석연휴

10/9 ~10/15 – 오전, 오후, 저녁 현장순회

10/10 – 오전, 오후, 저녁 현장순회

　　 – 상집회의

　　 – 조합원 1명(소화기내과) 탈퇴서 제출

10/11 – 오전, 오후, 저녁 현장순회,

　　 – 중식선전전(투쟁속보59호)

10/12 – 오전, 오후, 야간 현장순회(간식배포)

　　 – 대의원대회(특별조합비 일괄 공제 결의)

10/13 – 오전, 오후, 저녁 현장순회

　　 – 영양사 3명, 탈퇴서 제출

10/14 – 오전, 오후, 저녁 현장순회

10/15 – 오전, 오후, 저녁 현장순회

10/16 – 전 조합원 찬반투표

　　 – 상집회의

　　 – Jtbc인터뷰(간호사의 어려움)

10/17 – 전 조합원 찬반투표

　　 – 약국 조합원 간담회

10/18 – 전 조합원 찬반투표 및 개표

파업 초기 실질적인 교섭은 이루어지지 않았다. 실무교섭이 이루어지긴 하였지만 실효성이 없었다. 파업 5일차인 9월 19일 병원장실 항의 방문을 하고 난 뒤에야 본교섭이 열렸다. 그러나 본 교섭 후에도 사측의 태도는 변하지 않아 교섭은 난항을 이어갔다. 주말에도 교섭을 진행했지만 사측의 태도는 달라지지 않았다. 9월 25일 월요일이 되어서야 사측의 태도가 조금씩 달라지면서 임금과 인력충원을 제외한 나머지 사안에 대해 일부 수용하는 입장으로 변화했다. 25일 병원은 간호등급을 1등급으로 상향하되 시기는 못 박을 수 없다는 입장을 제시했다. 시기를 정하지 않으면 인력 기준을 상향하겠다는 약속의 의미가 없었기 때문에 파업에 참여한 간호사들은 사측의 안에 대해 조합원들을 기만하는 것으로 받아들였다. 간호사 대의원들과 상집간부들이 간호본부장실을 항의 방문하고 진료부원장과 기획실장실을 잇달아 항의 방문해 간호 인력 충원과 간호 업무 및 조직문화 개선을 요구하였다. 사측은 파업 15일째인 9월 28일 임금이 정리된다면 간호 인력 충원과 관련해 시기를 못 박을 수 있다는 입장을 제시하였다.

9월 28일 아침 비상대책위원회에서는 9월 30일부터 이어지는 10일 간의 추석연휴를 어떻게 지나갈 것인가에 대해 논의했다. 우선 간호사를 제외한 상근 근무자들은 9월 29일 현장에 복귀하기로 결정하였다. 연휴기간 동안 교섭이 어떻게 진행될지 모르는 상황에서 긴 연휴기간 동안의 무노무임 비용을 최소화하기 위한 조치였다.

29일 아침 신관 로비에는 현장에 복귀한 조합원을 제외한 300여 명의 간호사 조합원들이 자리를 지키고 있었다. 실시간 진행되는 교섭과 파업 상황을 간부들에게 수시로 알렸으나, 깊은 토론과 논의가 병행되기 어렵다보니 상황을 정확히 이해하고 있는 간부들은 많지 않았다. 간부들도 그러할진대 조합원들이 전체 흐름을 이해하기는 더욱 어려웠다. 병원은 추가적인 임금안을 제시하기보다는 이미 제시한 일시금 100만 원을 기본급으로 환산해 인상하는 조삼모사 방식으로 임금안을 제시하였다. 이러한 임금인상 방식은 간부들의 동의를 얻기 힘들었다.

29일 교섭에서는 인력 충원을 비롯한 요구 내용들이 상당부분 합의되었기에 임금(기본급, 생활안정보조금) 문제를 집중적으로 논의하였다. 그러나 당장 내일부터 연휴에 들어가는 상황이라 임금교섭은 쉽게 진전되지 않았다. 사측은 오후 4시경 일시금 10만 원을 추가 인상하고 기존에 제시했던 일시금을 기본급으로 환산해 적용하고, 2019년 상반기까지 간호 1등급 인력을 충원한다는 내용과 각 부서별 비정규직 정규직화에 대한 입장을 추가로 제시하였다. 사측의 새로운 안이 제시되면 언제든지 조합원의 의견을 묻는다는 공개논의 원칙에 따라 대의원 회의에서 사측의 제시안을 설명하고 조합원 토론을 진행했다.

조합원 토론 자리에서 이장우 부분회장이 전체 설명을 맡았다. 병원이 제시한 안을 설명하고 파업이 장기화 될 경우 무노동무임금, 직장폐쇄, 단협해지 등 사측의 공격이 있을 수 있다. 하지만 이런 난관들도 조합원들이 단결하면 헤쳐나갈 수 있다며 설명을 마무리하였다. 부분회장의 설명을 들은 조합원들은 '집행부가 파업을 정리하려고, 장기파업 시 예상되는 사측의 공격을 언급하면서 조합원 토론에 영향을 미치려한다.'는 느낌을 받았다. 조합원들은 집행부의 투쟁의지를 의심하며 술렁이기 시작했다. 한 시간의 조합원 토론이 끝나고 소집된 대의원 회의에서 김태우분회장은 대의원 한 사람 한 사람에게 토론의 결과를 물었다. 대의원들은 해당 부서원들의 의견을 찬성, 반대로 표했다. 사측 안에 찬성하는 대의원은 25명, 반대는 16명이었다. 대의원회의 결과를 로비에서 대기하고 있는 조합원들에게 발표했다. 조합원들은 대의원들의 결정인 사실상 "파업철회"에 당황했다. 김태우 분회장이 파업철회를 선언하고 해산을 선언했지만 조합원들은 자리에서 일어나지 못했다. 일부 조합원들은 큰소리로 집행부를 비난하기도 하고 일부 조합원들은 허탈함과 분노에 눈물을 흘리기도 하였다. 조합원들은 질문을 쏟아 냈다. 김태우 분회장과 이장우 부분회장이 조합원들의 항의와 질문에 일일이 답했다. 그러나 조합원들의 분노는 쉽게 가라앉지 않았다. 한 시간 가량의 항의와 분노를 쏟아내고 나서야 조합원들이 귀가했다.

파업 해산 이후 집행부가 파업을 지속할 의지가 애초부터 없었다는 의심이 확산되면서 노동조합 밴드에 비난이 쏟아졌다. 간부들은 조합원들을 실망시켰다는 마음에 사기가 바닥으로 떨어졌다. 그러나 맥을 놓고 있을 수는 없었다. 연휴 기간 동안 파업 참가자들에게 어떤 탄압이 있을지 모를 상황이었기 때문에 현장탄압에 대한 대응을 준비해야 했다.

9월 30일부터 시작된 연휴기간 동안 상집간부들이 출근해 부당노동행위 신고센터를 설치하고 현장순회를 진행했다. 일부 병동에서 파업에 참여한 조합원들에게 불이익을 주는 근무표를 편성하기도 하였다. 노동조합은 병동별 변화된 근무표를 일일이 확인하고 불이익한 근무표를 수정하도록 하는 등 부당노동행위에 적극 대응했다.

16일 파업, 마무리 할 때 정말 후회 되는 게 많습니다. 대의원들이 25대 16으로 파업을 철회하자고 했을 때 반신반의 했지만 조합원들이 그렇게 분노하고 반발할 줄은 생각을 못했어요. 대의원회의 결과를 발표했을 때 조합원들이 전체투표 다시 하자고 했어요. 대의원들의 결정이 있었더라도 파업 조합원들이 전체 투표로 결정하자고 했으면, 다시 회의해서 그걸 받았어야 했어요. 그런데 받지 않았어요. 변명 같지만 마음속에 장기 파업에 이어지는 10일 연휴 뒤의 조직력에 대한 걱정이 많았습니다. '잘못하다간 노동조합이 반쪽이 될 수도 있다'는 생각... 지금 생각하면 기우였다는 생각이 강합니다. 제 자신이 문제였던 거지요. 조합원들의 의지가 그만큼 강했는데 찬물을 끼얹은 겁니다. 몇달 동안 굉장히 괴로웠습니다. 지금도 생각하면 가슴이 먹먹합니다. 어쩌다 집회에 가서 파업 때 매일 시작과 끝에 부르던 "가자 총파업"을 들으면 정말 죄송한 마음이 들어요.

파업 마무리 과정을 수도 없이 복기해 봤습니다. 더 잘할 수 있는 길이 많이 있었는데 그렇게 못했습니다. 조합원들의 그때 눈빛을 절대로 잊지 못할 겁니다.

부분회장 이장우

5) 2017년 파업의 의미

2017년 임단협의 3대 목표로는 1. 조합원의 자기 요구와 투쟁 참여 2. 정당한 노동의 대가 쟁취 3. 노조활동 보장 부당노동행위 근절이었다. 2017년 임단협 요구를 조합원 개개인의 요구로부터 만들어나가기 위해, 집행 초기부터 사학연금 전환에 따른 생활안정자금을 요구하고 임금을 추가로 요구하면서 경제적인 문제를 부각시켰다. 사학연금이 도입된 5월, 조합원들은 줄어든 임금수령액을 확인하면서 노동조합의 생활안정자금 요구에 관심을 가지게 되었다. 아울러 노동조합은 그간 임금이 상대적으로 적게 인상된 부분을 지속적으로 선전해 공감대를 형성하였다. 격려금이 지급되지 않는 8월 급여에 국민연금보다 대폭 증액된 사학연금이 공제되면서 조합원들의 불만은 최고조에 달했다.

인력충원의 요구도 지속적인 현장순회를 통해 노동강도의 문제가 인력부족과 과중한 간호업무 때문이라는 것을 알려냈다. 간호노동의 심각함을 부각시켜 전체 직원들이 공감하도록 노력했다. 투쟁기간 동안 간호인력 요구는 핵심쟁점으로 부상했고, 환자보호자들과 사회적인 공감을 얻어내면서 병원노동자 파업투쟁에 긍정적인 요소로 작용했다. 이러한 분위기는 실질적으로 간호인력 충원 약속을 받아내는 원동력이

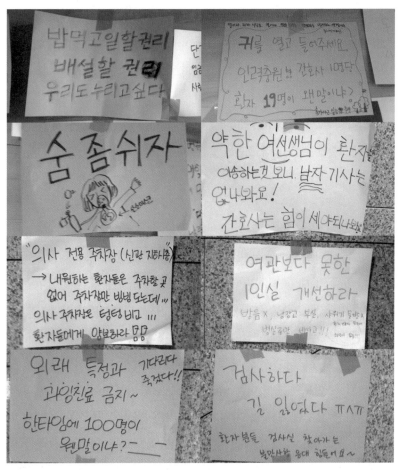

조합원들의 목소리

되었다.

　임금을 비롯한 경제적인 문제와 노동 강도를 중심으로 한 인력충원 문제를 전체 조합원이 공감하는 요구로 통일시켜 조합원들이 자신의 요구를 관철하기위한 투쟁에 직접 나서게 함으로써 "조합원 자기요구와 투쟁참여"라는 2017년 투쟁 목표에 근접하였다.

병원은 지속적으로 현장관리자를 통해 부당노동행위를 자행했다. 출정식에 참여한 조합원을 붙잡고 몇 시간씩 개인면담을 하는가 하면, 전화와 문자 메시지를 통해 복귀하라는 협박을 하고 파업이 끝난 후에도 근무표를 조작해 불이익을 주거나 전환배치로 압박했다. 사측의 압박과 회유에도 극소수의 조합원을 제외한 대부분의 조합원들은 흔들리지 않았다. 집행부의 끊임없는 현장순회와 부당노동행위에 대한 즉각적이고도 단호한 대응이 사측 관리자들을 위축시키는 한편, 조합원들에게 부당노동행위를 이겨낼 수 있는 힘을 제공했다. 결국 부당노동행위 근절과 노조활동 보장은 조합원들의 의지에 달려있다는 것이 증명한 투쟁이었다.

인력충원 요구는 100%를 쟁취하지 못했지만 간호인력 1등급이라는 개선목표를 설정하고 그 외 노동 강도를 줄이기 위한 보조인력 충원과 업무개선위원회 구성에 합의함으로써 성과를 만들었다.

공짜노동 근절을 위한 노력은 2017년 투쟁 내내 되새김질 하듯 주장하고 요구했던 부분이었다. 공짜노동에 관한 고소고발을 준비하며 사용자들을 압박하는 한편 조합원들이 현장에서 직접 요구하고 실천하며 사내문화를 개선토록 유도하였다. 보다 편리하게 연장근로 신청을 하기 위해 전산 신청을 관철시키고, 조출금지를 위해 병원 내 회람공지와 문화개선 노력을 하겠다는 합의를 만들어냈다. 그 외에도 조합원 교육 등 노동조합 활동에 병원이 협조하겠다는 약속을 받아냈다. 특히 국회 방문 면담을 통해 간호노동의 문제를 알려냄으로써 특별근로감독을 이끌어낸 것은 현장의 문제를 정치권의 압박을 통해 접근한 새로운 시도였다.

투쟁을 준비하면서부터 조합원들과 더 많이 소통하기 위해 노력하였고, 적극적인 소통의 결과로 울산대학교병원노동조합 역사상 가장 많은 조합원들이 참여하는 파업투쟁을 만들어냈다. 그러나 임금인상과 생활안정자금 쟁취라는 경제적인 목표는 우리의 요구에 턱없이 못 미치는 결과를 만들었다. 이러한 결과는 파업종료시점의 부족한 소통문제와 맞물리면서 조합원들에게 패배감을 안겨주었다. 파업투쟁 과정에서 나타난 문제들을 치유하면서, 파업을 통해 확인된 조합원들의 의식을 바탕으로 조직 강화에 매진해야 하는 과제가 남았다.

2017년 울산대학교병원노동조합 조합원들은 자신의 요구를 쟁취하기위해 스스로 판단하고 직접 행동했다. 1,300 조합원이 함께한 16일 동안의 파업투쟁은 울산대학교병원노동조합과 조합원들의 자랑스러운 역사로 기록 될 것이다.

참고문헌

해성병원노동조합 회의자료, 선전교육 자료
보건의료노조울산대학교병원지부 회의 자료, 선전교육 자료
공공운수노동조합 울산대학교병원분회 활동보고서 (각 연도)
공공운수노동조합 의료연대본부 회의자료

『현중노조 20년』(현중노조 20년사 편찬위원회, 현대중공업노동조합, 2007)
『신새벽- 서울대병원노동조합 20년 역사』(김영수·정경원, 한내, 2013)

구술자 명단(가나다순)

권기호 김귀애 김남일 김태우 박경형
송영대 신영희 이군재 이장우 이점자
임상구 임송자 주재명

역대 집행부 명단

7인 대책위원회(1987)

송영대, 이말수, 윤태술, 김영태, 민무웅, 권기호, 김귀애

해성병원노동조합 초대 집행부(1987.8 ~ 1990.7)

위원장 – 송영대
부위원장 – 이말수, 윤태술
사무장 – 김영태
회계감사 – 민무웅, 권기호, 김귀애
조직부장 – 조한석
총무부장 – 김장희

해성병원노동조합 2대 집행부(1990.8 ~ 1993.7)

위원장 – 송영대
부위원장 – 이말수, 임상구, 이은희
사무장 – 김영태, 손인숙
회계감사 – 한신희, 손인숙
조직부장 – 이수기, 김정인
문화부장 – 강아미
총무부장 – 김장희,김재범 총무차장 – 오태영
체육부장 – 임상구
교육선전부장 – 이을례
여성부장 – 김장년
조사통계부장 – 이철구

해성병원노동조합 3대 집행부(1993.8 ~ 1996.3)

위원장 – 임상구
부위원장 – 김장희, 전성용, 우향영, 강아미

회계감사 - 최흥룡, 류정옥
사무장 - 김태욱
조직부장 - 윤태희, 조직차장 - 김형준
총무부장 - 권순영, 총무차장 - 이곤문, 조상일
문화부장 - 최현주, 문화차장 - 전중련, 유선희
교육선전부장 - 이을례
조사통계부장 - 정미선, 조사통계 차장 - 이미숙
여성부장 - 이상희, 여성부차장 - 박희숙
편집부장 - 박기범, 편집부차장 - 김영상, 유정순, 이미현, 정유경

울산대학교병원노동조합 4대 집행부(1996.4 ~ 1998.10)

위원장 - 임상구
회계감사 - 여환숙, 김종학
부위원장 - 안월림, 박기범
사무장 - 윤태희
조직부장 - 김태욱, 조직차장 - 최건한
총무부장 - 권순영, 총무차장 - 한복순, 윤경미
문화부장 - 최현주, 문화차장 - 김수정, 신은옥
교육선전부 - 정추영
조사통계부 - 김영미, 조사통계차장 - 이미숙
여성부장 - 서승일
의료부장 - 강현수
편집부장 - 김영상, 편집부차장 - 이미현, 유정순, 주재명

울산대학교병원노동조합 5대 집행부(1998.11 ~ 2001.9)

위원장 - 송영대
회계감사 - 박세훈, 김종학
부위원장 - 손인숙, 황승현
사무장 - 최현주, 신은아
총무부장 - 변영한, 총무차장 - 안경옥
조직부장 - 이장우, 조직차장 - 김석한, 한복순
조사통계부장 - 곽진근

의료부장 – 정유봉, 의료부차장 – 서문상
문화부장 – 주재명
교선부장 – 김태우

보건의료노조 울산대학교병원지부 6대 집행부(2001.10 ~ 2003.1)

지부장 – 이장우
회계감사 – 김장년, 고영주
부지부장 – 주재명, 이은영
사무장 – 신은아
조직부장 – 방영재, 조직차장 – 김남일
편집부장 – 안준모
문화부장 – 주재명
문화차장 – 이선화
교육부장 – 김정은
선전부장 – 한정아
총무부장 – 서문상, 총무차장 – 권형정

보건의료노조 울산대학교병원지부 7대 집행부(2003.2 ~ 2004.12)

지부장 – 신은아. 사무장 – 주재명
조직부장 – 방영재, 조직차장 – 박창원
노동안전부장 – 안형진
편집부장 – 이향순
교육부장 – 김태우
문화부장 – 김정은
선전차장 – 한정아
총무부장 – 김남일, 총무차장 – 안경옥, 권형정
상급 전임 – 이장우

보건의료노조 울산대학교병원지부 8대 집행부(2005.1 ~ 2007.12)

지부장 – 임상구. 사무장 – 김남일
부지부장 – 윤태희, 이장우(상급단체 전임), 장명화

회계감사 - 곽진근, 권금도, 이승윤, 전성용
총무부장 - 권순영, 총무부차장 - 박영실, 권형정, 여윤정
조직부장 - 김태욱, 조직부차장 - 여윤정, 박창원
문화부장 - 김동호, 문화부차장 - 최자경
교육부장 - 도순화, 교육부차장 - 이병근
정보지원부장 - 김치한
편집부 - 김영상
선전부 - 박창모, 김윤희

공공노조 울산대학교병원분회 9대 집행부(2008 ~ 2010)

분회장 - 김태우, 사무장 - 박창모
부분회장 - 이장우(상급전임)
조직부장 - 장민석
총무부장 - 김경옥
회계감사 - 주재명, 이건우
교육선전부장 - 박창원
정보지원부 - 한주현
문화부장 - 이군재

공공운수노조 울산대학교병원분회 10대 집행부(2011 ~ 2014)

분회장 - 한성기, 사무장 - 이현정
부분회장 - 김남일, 박창모
회계감사 - 김치한
조직부장 - 박창원
총무부장 - 김소현
정책부장 - 배기원
교육선전부장 - 강용래
문화부장 - 이군재
노동안전부장 - 황호현
여성부장 - 황연희

공공운수노조 울산대학교병원분회 11대 집행부(2014 ~ 2016)

분회장 - 이장우. 사무장 - 강연주
회계감사 - 권형정, 박창모
부분회장 - 김태우, 박창원
조직부장 - 최옥희
총무부장 - 황미연
문화부장 - 김재민
정책부장 - 류성하, 정책차장 - 문부철
여성부장 - 문미아
교육부장 - 황연희
선전부장 - 최은숙
노동안전부장 - 성순점
조사통계부장 - 전재효

공공운수노조 울산대학교병원분회 12대 집행부(2017 ~ 2019)

분회장 - 김태우, 사무장 - 최옥희
부분회장 - 이장우, 김재선
회계감사 - 강연주, 박창원
총무부장 - 정정예
조직부장 - 박기수, 이민규, 최자경, 이영림
교육부장 - 김도희, 라은숙
조사통계부장 - 유은옥
문화부장 - 김용관, 김재민, 배장홍, 신종근
여성부장 - 최은숙
노동안전부장 - 손영욱, 전재효
선전부장 - 성순점, 오신애
복지부장 - 김소은, 황연희

문화패 명단

초기 풍물패 (1987 ~ 1988)

   김장희, 전성용, 방준호, 김상철, 김종학

2기 풍물패 (1988 ~ 1993)

   전성용, 서승일, 김영미, 전선금, 윤태희, 김태욱, 유미옥, 박정희

3기 풍물패 (1994 ~ 1998)

   윤상철, 여윤정, 이기희, 전중련, 신은옥, 최희선, 류은정, 정영철

노래패 (1991 ~ 1993)

   윤재수, 이수종, 김성주, 김장년, 김홍철, 차재훈, 정추영, 이강림

노래패 (1994)

   최현주, 손인숙, 이상희, 박희숙

문화패 (1997 ~ 1999)

   최현주, 이상희, 김소은, 김인자, 김수정, 이명복, 권현숙, 박우영, 허순옥

문선패 (2003 ~ 2007)

   이군재, 김정은, 김동호, 김태경, 정창태, 강미란, 윤은혜

연혁

1974년

10월 5일 해성병원 설립위원회 발족

1975년

10월 1일 해성병원 개원, 현대조선 부속병원 9개과 120병상 (1대 병원장 유순자)

1979년

2월 14일 현대조선 부속병원에서 현대중공업 부속병원으로 변경 (해성병원)

1987년

7월 22일 송영대 외 6인으로 노조설립 추진 대책위원회 구성
8월 7일 노동조합 결성대회 -노동회관 3층 강당, 참석인원 54명 규약 제정, 임
　　　　원 선출
8월 8일 노동조합 설립 신고
8월 21일 노동조합 설립 신고증 교부 받음
8월 24일 노동조합 설립 보고대회 (7층 강당)
9월 2일 현대그룹노동조합협의회 울산시청 행진 참여
10월 25일 노동조합 산행 단합대회
12월 12일 전국병원노동조합협의회 결성 및 참가
12월 21일 임금 및 단체 협약 체결

1988년

8월 10일 노동조합설립 1주년 기념 및 임투승리 단결제
9월 1일 2대 대의원 선출
9월 6일 임금 협약 체결
10월 19일 노동조합 정기 1년차 조합원 총회

11월 24일 1년차 정기 대의원 대회
12월 17일 전국병원노동조합연맹 결성 및 가입. 한국노총 연합노련 탈퇴
12월 31일 단체 협약 체결

1989년

2월 17일 단체 협약 체결
4월 8~9일 전국병원노련 경남지부 임투교육
10월 7일 임금 협약 체결
11월 2일 노동조합 2년차 정기총회
11월 20일 3대 대의원 선출
11월 30일 정기 대의원 대회

1990년

2월 1일 보충협약 체결
4월 12일 현대그룹노동조합총연합 가입
6월 29일 제2대 위원장 선거 (송영대 후보 당선)
8월 13일 4대 대의원 선출
8월 17~18일 병원노련 중앙집행위원회
9월 12일 노동조합 3년차 정기총회
10월 6일 경남지부 가을 문화제 창녕 왕산 병원 방문
11월 2일 대의원 대회
11월 15일 임금 협약 체결

1991년

1월 12~27일 노동조합 조합원 교육
3월 27일 단체협약 체결
4월 5일 조합원 극기 훈련 산행 (간월산)
5월 3일 춘계 체육대회
8월 7일 노동조합 4년차 정기총회
8월 27일 쟁의신고 찬반투표
8월 29일 임금 협약 체결
9월 11일 5대 대의원 선출

9월 17일 4년차 정기 대의원 대회
10월 5~6일 대의원, 상집위원 간부 극기훈련 (천성산)
11월 10일 전국노동자대회
12월 15일 병원노련 3주년 기념제

1992년

1월 30일 보충협약 체결
5월 23~24일 확대간부 수련회
6월 12일 양건모 위원장 사전구속영장 철회 철야농성 (동구 민주당사)
6월 19일 제1회 해성병원노동조합 가요제
7월 27일 1992년 임투 출정식
7월 28일 상견례, 6대 대의원 선출
8월 7일 노조 창립 기념
8월 12일 5년차 정기 대의원 대회
8월 22~23일 현총련 대의원 하기수련회 (관성해수욕장)
9월 20일 제3회 노동자 가요제 (주관 노동자신문) 금상수상
10월 11일 영남노동자 등반대회
10월 17일 임금 협약 체결
12월 4~6일 조합원 국내 연수
12월 6일 병원노련 창립4주년 기념제 (중앙대 루이스홀)

1993년

3월 11일 병원정상화 결의대회
3월 20~21일 경남지부 전체 간부 수련회 (거제도)
4월 28일 제3대 위원장 선거 (임상구 후보 당선)
4월 29일 7대 대의원 선출
5월 15일 춘계 조합원 체육대회 (현대여중)
5월 2일 세계 노동절 104주년 기념 및 박창수 열사 2주기 추모
5월 3일 단체협약 체결
5월 20일 6년차 정기 대의원 대회
6월 17일 병원노련 합법성 쟁취 보고대회 (서울 경희 의료원)
6월 30일 현총련 임투 촉구 결의대회 (일산 해수욕장)
7월 19일 임투 출정식

8월 6일 노동조합 창립 6주년 기념식 및 제2회 노동조합 가요제
8월 21~22일 경남지부 하계 수련대회(관성해수욕장)
9월 17일 임금 협약 체결
10월 23일~24일 병원노련 경남지부 가을 문화제

1994년

4월 15일 제8대 대의원 선출
5월 1일 영남 노동자대회
5월 3~10일 제7년차 정기 대의원 대회, 단체협약 체결
6월 2일 1996년 임투 출정식
7월 7일 병원노련 제7차 정기대의원대회
8월 5일 노동조합 창립 7주년 기념식 및 노동조합 가요제
8월 17일 94년 임금교섭 전 조합원 총회
8월 20~21일 병원노련 경남지부 하계 물놀이(관성해수욕장)
8월 27일 임금 협약 체결
10월 21일 부위원장 보궐선거 (전성용, 우향영후보 당선)

1995년

1월 14~15일 병원노련 경남지부 전체간부 수련회
3월 11~12일, 18~19일 조합원 교육
5월 3일 제8년차 정기 대의원 대회
7월 7일 단체협약 체결
8월 7일 노동조합 창립 8주년 기념식
10월 5일 제9년차 정기 대의원 대회
10월 24일 임금·호봉제 협약 체결
10월 29일 병원노련 경남·부산지역본부 합동 가을 문화제(천황산)
11월 11일 전국민주노동조합총연맹(민주노총) 창립

1996년

1월 11일 임시 대의원 대회 (민주노총 가입)
3월 8일 제4대 위원장 선거 (임상구 후보 당선)
4월 10일 임시 대의원 대회

7월 12일 파업전야제
7월 13일 파업(4시간)
7월 16일 임금, 보충협약 체결
8월 7일 노동조합 창립 9주년 기념식
9월 23일 제10대 대의원 선출
10월 16일 제10년차 정기 대의원 대회
12월 27일 신한국당 노동관계법 날치기 민주노총 총파업 선언, 노동법개악
　　　저지 투쟁 돌입

1997년

4월 26~27일 임시 대의원 대회 (규약변경)
5월 19일 1997년 임단투 출정식
6월 11일 현총련 임단투 공동투쟁승리 전진대회
7월 23일 파업전야제
7월 24~26일 전면파업(3일)
7월 31일 임·단협 체결
8월 7일 노동조합 창립 10주년 기념식
9월 30일 제11대 대의원 선출
10월 15일 제11년차 정기 대의원 대회

1998년

8월 7일 노동조합 창립 제11주년 기념식
8월 20일 파업전야제
9월 18일 제12대 대의원 선출
9월 22일 임금·보충협약 체결
9월 30일 제5대 위원장 선거 (송영대후보 당선)
10월 30일 4대 5대 위원장 이 취임식
11월 10~11일 제12년차 정기 대의원 대회
12월 8~12일 우수 조합원 연수 (제주도)
12월 12일 정리해고 저지, 민중생존권 사수, 재벌 해체, IMF 반대 울산 민중대회
12월 16일 제7회 송년가요제

1999년

2월 26일 전국보건의료노동조합 울산대학교병원지부. 산별노동조합 조직 전환
3월 27일 구조조정, 정리해고 중단, 노동시간 단축, 사회 안전망 구축, 산업별
     교섭 보장 민주노총 대정부 투쟁 전진대회
5월 1999년 임단투 출정식
6월 6일 파업 전야제
6월 임단협 조인식
10월 2일 제13년차 정기 대의원대회
12월 전 조합원 송년의 밤

2000년

5월 29일 2000년 임단협 출정식
6월 2일 노사현안문제 합의 체결
6월 29일 파업 전야제
6월 30일 파업(1일)
8월 30일 임금협약 체결
9월 25~29일 전국보건의료산업노동조합 울산경남본부 합동 조합원 교육
10월 10일 제14년차 정기대의원 대회
11월 8일 임금체불 정몽준 이사장 및 홍창기 병원장 고소
11월 15일 어린이집 공사 착공

2001년

3월 2일 울산대학교병원 어린이 집 개원 개소식
5월 29일 2001년 임투 출정식
7월 4일 임금·단체협상 체결
8월 7일 울산대학교병원지부 창립기념행사
9월 10 제15년차 대의원 선거 (29명 선출)
9월 30일 제6대 지부장 선거 (이장우 후보 당선)
11월 1~2일 제15년차 정기 대의원 대회 (지부운영 규정 및 회계연도, 선관위 규정 변경)
11월 1일 부지부장 선출 (주재명, 이은영 부지부장 선출)
12월 13일 울산대학교병원지부 노동문화제

2002년

3월 28일 임보협 출정식
4월 2일 발전노조 파업 연대 민주노총 파업 (지부 간부 참여, 민주노총 파업 철회)
5월 3일 보건의료노조 전 지부 합동 대의원대회
6월 24일 임금 및 보충협약 협상 체결 (산별교섭 참가 합의서 체결)
9월 25~27일 "악질 사용자 응징, 노조탄압 분쇄, 직권중재 철폐, 장기 파업투
    쟁 승리" 보건의료노조 간부 파업
10월 16일 보건의료노조 총파업 참여. 중식 집회(200명) 삼산동 현대백화점 집회(100
    명)
12월 11일~13일 전국보건의료산업노동조합 제3대 위원장 및 본부 임원선거
    (이장우 지부장, 울경본부 본부장 당선)

2003년

1월 30일 제6대 이장우 지부장 사퇴
2월 16~17일 제7대 지부장 및 사무장 보궐선거 (지부장 신은아 사무장 주재명 당선)
3월 6대, 7대 임원 이 취임식
4월 10일 17년차 정기 대의원 대회
5월 20일 2003년 임단협 상견례
7월 8일 임금 및 단체협약 체결
11월 30일 17년차 대의원 선거 (32명 선출)
12월 8~12일 우수 조합원 연수 (제주도)

2004년

2월 14~4월9일 현대중공업 박일수 열사 투쟁
3월 11~12일 18년차 정기 대의원 대회 (영진수련원)
3월 17일 보건의료노조 산별교섭 상견례
4월 1일 울산지역 3개지부 (울산대학교병원,울산병원, 동강병원) 합동교섭 상견례
4월 7일 식당 및 청소 업무 비정규직 외주화 합의
4월 20일 울산지역 3지부 2004투쟁 공동 출정식
6월 10~22일 보건의료노조 총파업
7월 27~29일 보건의료노조 산별협약 및 지부교섭 찬반 전 조합원 총회 투표
8월 17일 2004 산별협약 조인식

9월 20일 지부 임단협 조인식
11월 13~14일 전태일 열사 정신 계승 전국 노동자 대회
11월 23~25일 통합 8대 산별 4대 임원 선거 (지부장 임상구, 사무장 김남일 당선)
12월 6일~10일 우수 조합원 국내 연수 (제주)

2005년

1월 5일 제8대 지부장 이,취임식
2월 3~4일 19년차 정기 대의원 대회
4월 26~29일 울산지역 합동 조합원 교육
5월 13일 임.단협 상견례, 확대간부 회의
6월 1일 임단투 출정식
7월 11일 조합원 토론회-보건의료노조탈퇴에 대한 공개 토론회
7월 12~14일 조합원 총회(보건의료노조 탈퇴 찬반투표)
7월 18일 조직형태 변경신고
7월 21일 5차 임시 대의원대회(규약 제정, 집행부 승계)
8월 12일 2005년 단체협약 및 임금협약 조인식
11월 9일 제주영리병원 공청회 저지투쟁 참여
12월 8일 송년문화제
12월 13~14일 제20년차 대의원 선거
12월 22일 인사.호봉 공청회

2006년

1월 10일 인사 및 호봉제도 합의서 체결
2월 2~3일 정기 대의원 대회
2월 9~10일 병노협 출범식 및 대의원대회
4월 22일 조합원 한마음 등반대회
7월 6일 임보협 상견례, 임금 및 보충협약 쟁취 출정식
7월 19~21일 조합원 총회 (조직형태 변경의 건 - 의료연대노조 가입)
8월 4일 노동조합 창립 기념행사
8월 9일 전국노동자대회(포항)
9월 1~2일 의료연대노동조합 창립대회
10월 17일 경상병원 폭력사태 결의대회 연대
11월 27일 임금협약 및 보충협의 체결

11월 30일 전국공공서비스노동조합 창립대회
12월 5일 노동조합 송년 문화제
12월 14~16일 우수 조합원 연수 (제주도)

2007년

2월 2일~3일 정기대의원대회
2월 21~23일 공공노조 임원 선거
6월 20일 임단협 승리를 위한 전 조합원 결의대회 (출정식)
8월 6일 노동조합 창립 20주년 기념행사
9월 3~5일 조합원 총회(쟁의행위 찬반투표)
9월 11일 파업전야제
9월 12~17일 6일간의 파업투쟁 (하위호봉제 합의)
10월 9~11일 조합원 총회(가합의(안)에 대한 찬반투표)
10월 29일 임금 및 단체협약 체결
11월 10~11일 전태일 열사정신계승 전국노동자 대회
11월 27~29일 통합 9대 임원 선거 (분회장 김태우, 사무장 박창모 당선), 분회 대
　　　　　 의원 선거
12월 5~7일 우수 조합원 연수 (제주도)
12월 18일 노동조합 송년회

2008년

1월 9일 8·9대 분회장 이·취임식
2월 1~2일 제22년차 정기 대의원 대회
3월 21~28일 분회 현안문제 해결을 위한 집중 투쟁
5월 14일 2008년 임보협 출정식
5월 29일~ 광우병 쇠고기 반대 촛불문화제 참석
8월 7일 노동조합 창립 21주년
8월 21일 임금 및 보충협약 체결
9월 9일 ABC시스템 관련 대응투쟁
11월 8~9일 전국노동자 대회
12월 3~5일 우수 조합원 연수 (제주도)
12월 11일 노동조합 송년의 밤

2009년

2월 5~6일 제23년차 정기대의원대회
6월 17일 2009 임단협 출정식
8월 6일 노동조합 창립 22주년 기념식
9월 22~24일 공공노조3대 임원선거
9월 28일 2009년 임단협 잠정합의안 찬반 조합원 총회 투표
10월 1일 임단협 조인식
12월 2~6일 우수 조합원 연수 (제주도)
12월 10일 노동조합 송년의 밤
12월 14~16일 24년차 대의원선거
12월 30일 병원 관리자들 분회장 폭행

2010년

1월 12일 분회장 폭행 관련 병원장 사과, 재발 방지 약속, 노조 활동 보장 등
　　　　합의
2월 4~5일 제24년차 정기 대의원대회
3월 5일 민들레 분회 결성
6월 9일 2010임보협 출정식
8월 6일 노동조합 창립 23주년 기념식
8월 12일 2010 임금 및 보충협약 체결
11월 2~4일 분회 10대 임원선거 (분회장 한성기, 사무장 이현정 당선)
12월 1~3일 우수 조합원 연수 (제주도)
12월 16일 노동조합 송년의 밤

2011년

1월 5일 9, 10대 분회장 이·취임식
1월 27~28일 제25년차 정기 대의원 대회
4월 19일 타임오프 관련 합의안 조인식
6월 22일 2011년 임단협 출정식
8월 5일 노동조합 창립 24주년 기념
9월 26~28일 임단협 잠정합의안 찬반투표 총회
10월 5일 임금 및 단체협약 체결

11월 28~30일 분회 26년차 대의원 선거
12월 7~9일 우수 조합원 연수 (제주도)
12월 21~23일 공공운수노조 1기 대의원선거
12월 22일 송년의 밤

2012년

2월 2~3일 26년차 정기 대의원 대회
8월 3일 노동조합 창립 25주년 기념식
9월 25~27일 2012년 잠정합의안에 대한 찬반 조합원 총회 투표
10월 4일 임금 및 보충협약 체결
11월 11일 전태일 열사 정신 계승 전국 노동자 대회
11월 26일~30일 민주노총 울산지역본부임원선거, 공공운수노조 임원선거
12월 5~7일 우수 조합원 연수 (제주도)
12월 13일 조합원 송년의 밤

2013년

2월 14~15일 27년차 정기 대의원 대회
7월 17일 2013년 임단협 출정식
8월 6일 노동조합 창립 26주년 기념식
9월 11~13일 2013 임보협 잠정합의안 전조합원 총회(부결)
10월 14~16일 2013 임보협 잠정합의안 전조합원 총회(가결)
10월 22일 2013년 임금 및 단체협약 체결
11월 18~20일 제11대 임원선거 (분회장 이장우, 사무장 강연주 당선), 제28년차
　　　대의원 선거
12월 4~6일 우수 조합원 연수 (제주도)

2014년

1월 8일 10, 11대 분회장 이·취임식
2월 13~14일 제28년차 정기 대의원 대회
6월 11일 2014임보협 출정식
7월 21일 통상임금 소급적용 지급 소송 울산지방법원 접수
8월 7일 노동조합 창립 27주년

10월 1일 2014임보협 승리 전조합원 결의대회
10월 7~8일 확대간부 파업
10월 9일 동구지역 노동자 가족 결의 한마당
10월 13~11월 18일 부당노동행위 규탄 아트리움로비 농성
10월 29일 부산지방노동위원회 필수유지업무 결정
11월 8~9일 전태일 열사정신계승 전국 노동자대회
11월 18일 파업전야제
12월 2일 민들레분회 파업 연대, 공무집행방해 건으로 동부경찰서 연행 및 입건
12월 10~12일 우수 조합원 연수 (제주도)

2015년

2월 5~6일 29차 정기 대의원 대회
3월 5일 2014년 4/4분기 노사협의회
5월 8일~6월 2일 콜센터 외주화 반대 아트리움로비 농성
8월 5일 노동조합 창립28주년 기념식
10월 14일 파업 전야제
10월 15일 총파업
10월 16~20일 확대 간부 파업
10월 30일 2015년 임단협 조인식
11월 14일 전태일 열사정신계승 전국 노동자 대회, 민중총궐기
11월 30일~12월 2일 31년차 대의원선거
12월 5일 2차 민중 총궐기
12월 7~9일 민주노총울산본부 임원선거
12월 19일 3차 민중총궐기
12월 21일 노동조합 송년회

2016년

1월 28~29일 30년차 정기 대의원 대회
2월 27일 4차 민중총궐기
6월 22일 2016년 임보협 출정식
9월 6일 2016년 임보협 조인식
10월 31~11월 2일 12대 임원 선거 (분회장 김태우, 사무장 최옥희 당선)
11월 9일~11일 우수 조합원 연수

11월 12일 2016년 박근혜 퇴진 민중총궐기
12월 16일 2015년 민중총궐기 참가자 항소심 결심공판 (이장우 분회장 벌금100
　　　만 원 외 9명의 상집간부 유죄 판결)
12월 20일 부속병원 전환 관련 특별교섭 시작

2017년

1월 12일 11대, 12대 이취임식
1월 5일~4월11일 특별교섭(부속병원 및 사학연금 전환에 따른 교섭)
2월 9~10일 31년차 정기대의원대회
6월 1일 2017년 임단협 출정식
9월 13일 간부 파업, 파업전야제
9월 14~29일 16일간 전면파업
11월 1일 2017 임단협 조인식
12월 6~8일 2017 우수 조합원 연수
11월 30일~12월28일 민주노총, 민주노총 울산본부, 공공운수노동조합 임원
　　　선거, 울산대학교병원분회 32년차 대의원 선거
12월 18일 송년회